G 1880

JOLLEN SEGELN

Titel der englischen Originalausgabe
Bond/Sleight DINGHY SAILING
First published in Great Britain 1983

Deutsche Bearbeitung: Ramon Gliewe

ISBN 3-7688-0418-6
Die Rechte für die deutsche Ausgabe liegen beim
Verlag Delius Klasing & Co, Bielefeld

Printed in Italy 1983
by A. Mondadori, Verona

Inhalt

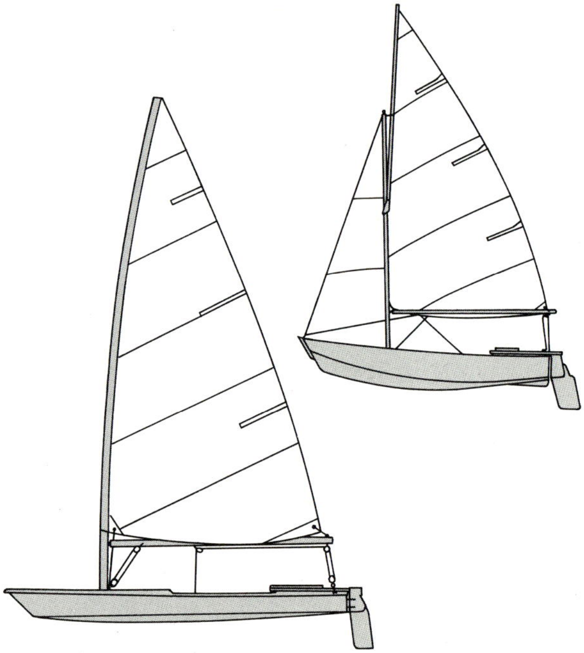

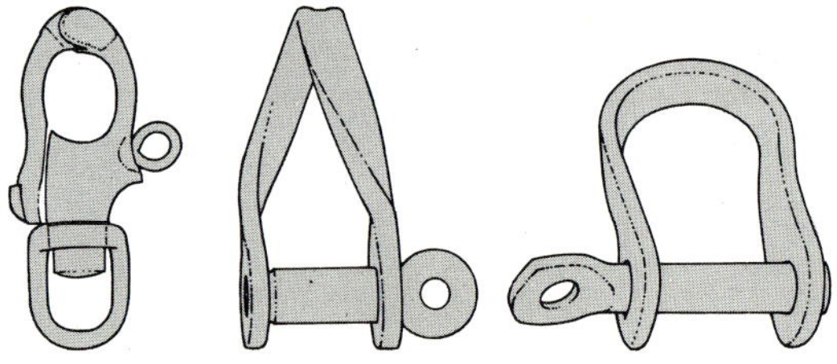

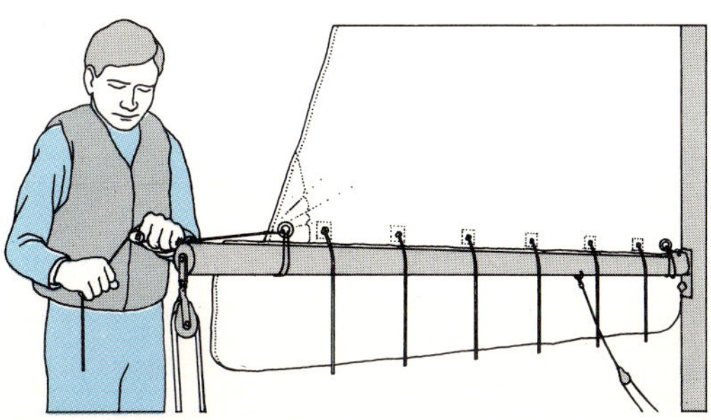

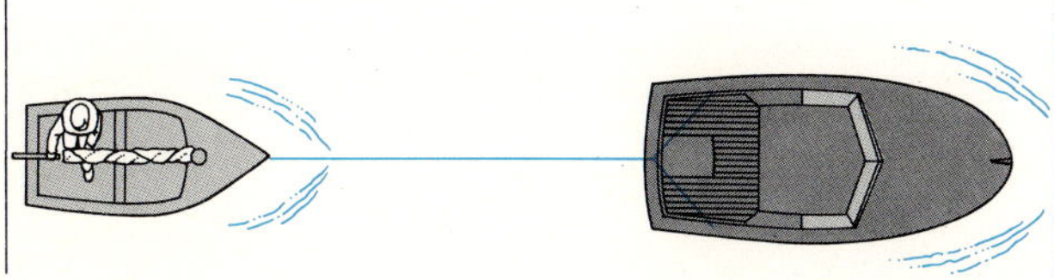

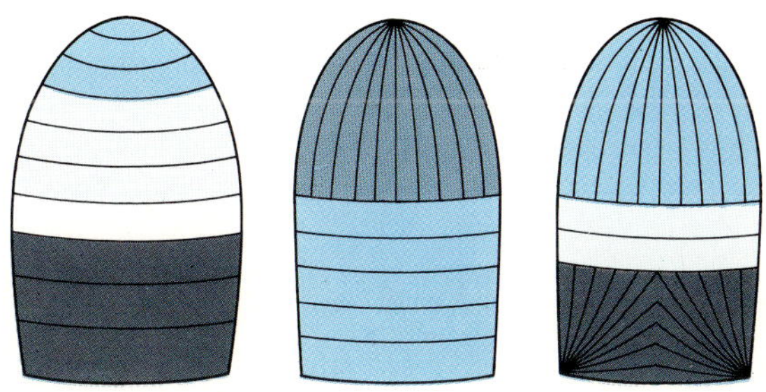

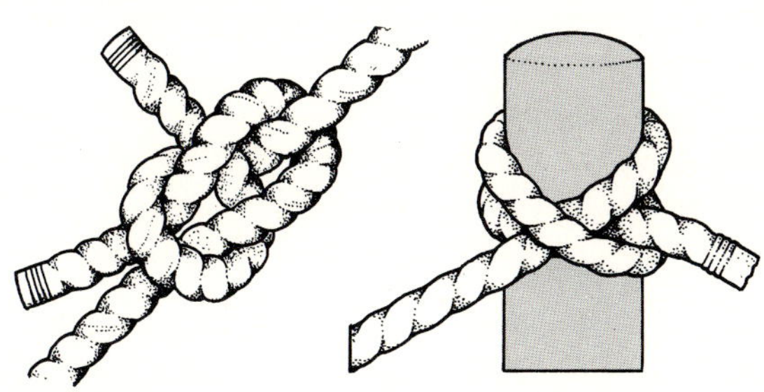

Ein Wort voraus

Nicht jeder, der mit dem Segeln beginnt, will auch gleich ein Weltmeister werden, aber der Wunsch der meisten ist es doch, ein Segler zu werden, der sein Boot in allen Lagen sicher beherrscht.

Bei der Planung dieses Buches konnten wir auf einen beträchtlichen Erfahrungsschatz zurückgreifen. Erfahrungen, die auf dem weiten Gebiet des Segelsports gesammelt wurden. Angefangen bei Segelkursen bis hin zur Ausrichtung von Regattaveranstaltungen. Wir hoffen nicht nur ein leicht verständliches Lehrbuch für Segelanfänger geschrieben zu haben, sondern auch ein praktisches Handbuch für den erfahrenen Segler, mit dem er seine Segeltechnik noch verbessern und sich vervollkommen kann.

Wir haben zahlreiche Illustrationen verwendet, um den Text so anschaulich wie möglich zu machen, und wir sind Schritt für Schritt vorgegangen, so daß ein Segelneuling ohne alle seglerische Vorkenntnisse dieses Buch verstehen und danach lernen kann. Es führt ihn bis ans Rennsegeln heran.

Seit frühen Jahren sind wir beide begeisterte Segler und wir hoffen, daß etwas von unserer großen Begeisterung für unseren Sport in diesem Buch seinen Niederschlag gefunden hat. Weiterhin hoffen wir aber auch, hierdurch eine neue Generation für das Jollensegeln zu motivieren und ihnen eine solide seemännische Grundlage für ihren Sport vermitteln zu können.

Mast- und Schotbruch!

Bob Bond
Steve Sleight

Die Entwicklung der Segelschiffahrt

Segeln hat sich zu einer Freizeitbeschäftigung entwickelt, die überall in der Welt ihre begeisterten Anhänger hat. Es ist eine verhältnismäßig junge Sportart. Begonnen hatte es im 18. und 19. Jahrhundert mehr als ein exklusiver Zeitvertreib der feinen Gesellschaft. Man ließ segeln. Seine Popularität erlangte der Segelsport so recht erst nach dem Zweiten Weltkrieg mit dem preiswerten Kunststoff-Serienbau von Booten.

Natürlich hat die See die Menschheit bereits seit Jahrtausenden fasziniert, und der erfinderische menschliche Geist fühlte sich durch sie herausgefordert. So kam er aufs Boot. Flüsse und Seen bildeten nicht nur eine reiche Nahrungsquelle für den frühen Menschen, sondern sie waren auch Verkehrswege, Verbindungen zwischen oft anders unzugänglichen Regionen. Ziemlich sicher ist, daß die ersten „Boote" nur für die Binnenfahrt gedacht waren und nicht für die offene See. Der Mensch besaß noch keine navigatorischen Kenntnisse, und die unbekannte Weite des Meeres erfüllte ihn mit Furcht.

Die frühesten „Boote" waren wohl sicher nichts weiter als simple Baumstämme, die von der Strömung mitgenommen wurden. Was lag dann näher, als mehrere zu einem Floß zusammenzulaschen, das mit Stakstangen dirigiert werden konnte. Wo es kein Holz gab, band man statt dessen Schilfbündel zusammen. Solche archaischen Schilfboote gibt es heute noch am Nil und auf dem Titicacasee in den Anden. Als man gelernt hatte, das Feuer zu beherrschen und scharfe steinerne Werkzeuge herzustellen, wurde der Baumstamm zum Einbaum ausgehöhlt und mit hölzernen Paddeln fortbewegt. Solche Einbäume findet man noch heute in Teilen Afrikas, Südamerikas und der Südsee.

Der Segel-Antrieb

In der Bronzezeit entstand das über ein Spantenskelett gebaute Plankenschiff, und man entdeckte den Wind als Antriebskraft. 1906 wurde in einem ägyptischen Grab das Modell eines Segelschiffes aus der Zeit um 2400 v. Chr. gefunden. Es trägt ein einfaches Rahsegel an einem kurzen mittschiffs stehenden Mast. Gesteuert wurde mit einem großen paddelförmigen Ruder, das am Heck befestigt war. Solche ursprünglich ägyptischen Rahsegel entdeckt man noch in malaiischen Gewässern. Auch das Lateinersegel gilt als eine ägyptische Erfindung. Es revolutionierte die Segelschiffahrt, ermöglichte es doch, weitaus höher am Wind zu segeln als mit einem Rahsegel. Auf Fischerbooten im Mittelmeer und arabischen Daus hat es bis heute überlebt. Eine stärker dem Rahsegel angeglichene Segelform, aber mit guten Am-Wind-Eigenschaften, entwickelten die Chinesen: das Dschunkenrigg. Es war den europäischen Takelagen der Entdeckerzeit eindeutig überlegen. Neuerdings sieht man es gelegentlich auch auf modernen Yachten.

Viele Prinzipien der alten Handelsschiffahrt finden sich auch im Konzept der modernen Sportsegelei wieder. Damals wie heute war es das Ziel, schnelle

Traditionelle Riggs von Arbeitsbooten aus aller Welt.

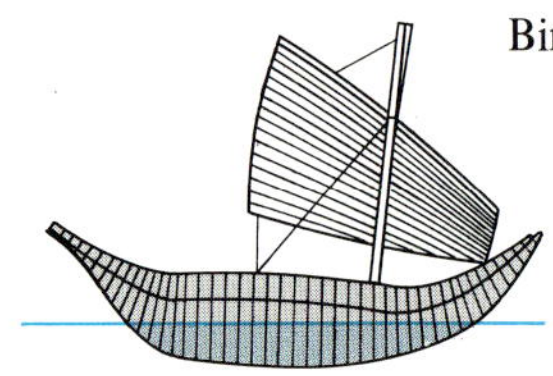
Binsenboot

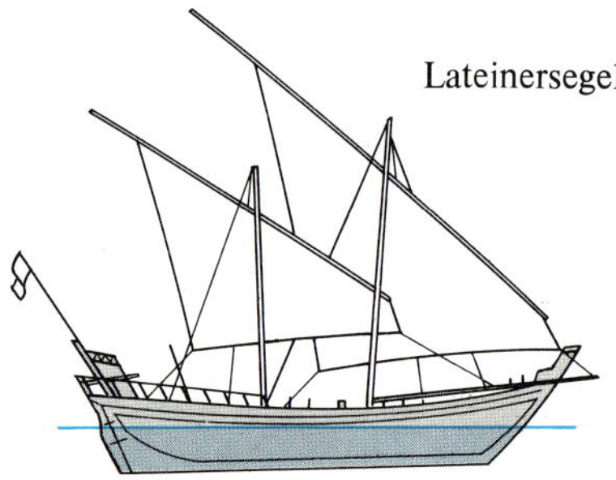
Lateinersegel

Chinesisches Dschunkenrigg

Schiffe zu bauen. Man wußte, daß der Wirkungsgrad der Segel im proportionalen Verhältnis zur Bootsgröße stand. Je größer die Segel, die ein Schiff tragen konnte, um so schneller war es. Der Größe eines Segels aber waren Grenzen gesetzt, dort, wo es nicht mehr zu bedienen war oder zu vieler Arbeitskräfte bedurfte, um es noch zu bedienen. Europäische Bootsbauer versuchten das Problem zu lösen, indem sie die Segelfläche in handigere Größen unterteilten und auf mehrere Masten verteilten. Die Schiffe der Entdeckungsreisenden, die neue Seewege und Kontinente erschlossen, waren nach diesem Prinzip getakelt. Aber auch die Schiffe, die später fast vier Jahrhunderte lang den Welthandel über die Ozeane abwickelten. Und die großen Schulschiffe, die uns Heutige als Windjammer begeistern, sind es noch immer.

In der Küstenfahrt dagegen, und besonders in der nordeuropäischen, entwickelten sich spezielle Riggs, die den örtlichen Gegebenheiten angepaßt waren. Während die Rahsegler hervorragend geeignet waren, die beständig wehenden Winde auf ihren Ozeanrouten voll zu nutzen, brauchten die Küstensegler Riggs für häufig wechselnde Windverhältnisse. Man kombinierte auf die verschiedensten Weisen Rah- mit Schratsegeln, die besser für vorliche Winde und Kreuzkurse geeignet waren. So entstand eine Fülle charakteristischer Schiffstypen wie Barken, Barkentinen, Briggs, Brigantinen, Schoner und Ketschen.

Verschiedene Variationen des Gaffelriggs, der traditionellen Takelung der meisten west- und nordeuropäischen Arbeitsboote bis zum Beginn der Dampfschiffahrt.

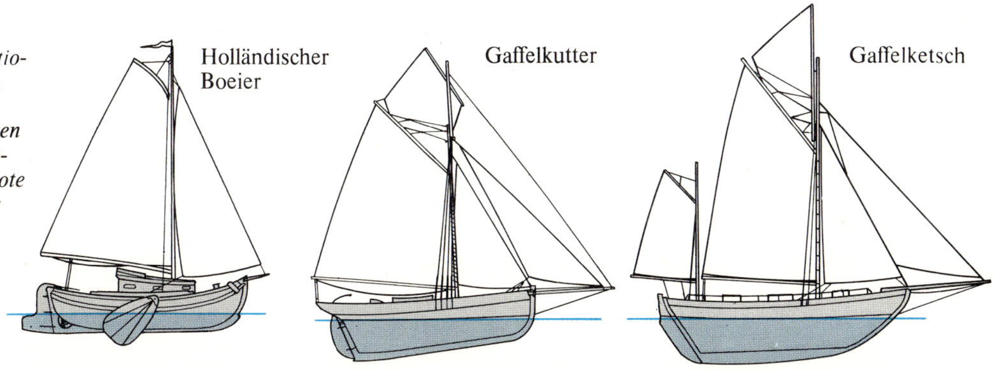

Das Bermudarigg, uns als Hochsegel geläufiger, löste das Gaffelrigg ab und ist heute die übliche Yachttakelung.

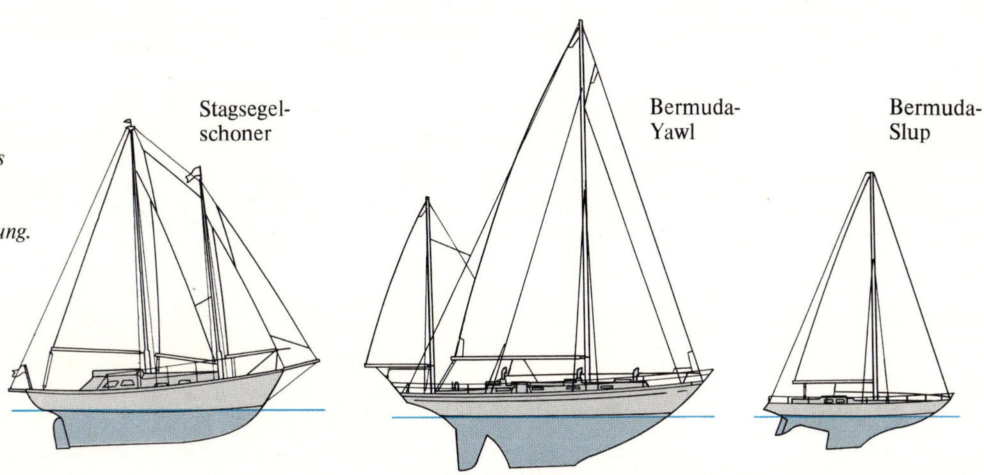

Im 19. Jahrhundert erreichten die großen Handelssegler den höchsten Grad ihrer Vollendung. Regelrechte Rennen, die sich die Kapitäne auf den Routen in den Fernen Osten und nach Australien untereinander lieferten, führten zu immer effektiveren Schiffen und Takelagen. Als geradezu sensationell galten die in den USA entwickelten Klipper. Ein klassisches Beispiel für diese schnellen Segler ist die 1845 gebaute *Rainbow*. Stolz erklärte der Kapitän: „Es wird kein Schiff geben, das sie je schlagen kann!" Fast ein halbes Jahrhundert lang sollte er recht behalten. Die Klipper verkürzten die bisherigen Segelzeiten fast um die Hälfte. Ihre Konstruktion basierte auf den Chesapeake-Frachtseglern. Sie hatten einen scharfen Bug, einen stromlinienförmigen Rumpf und eine Kombination von Rah- und Schratsegeln.

Mit Beginn der Industrialisierung tauchten erste Versuche auf, Schiffe mit einer Dampfmaschine anzutreiben. Doch diese ersten Dampfer waren gegenüber den schnellen Seglern überhaupt nicht konkurrenzfähig. Das änderte sich aber bald, und die Dampfschiffe dominierten nun in der Fracht- und Passagierschiffahrt. Segler wurden fast nur noch in der näheren Küstenfahrt beschäftigt.

Zu Anfang des 20. Jahrhunderts hatten die Dampfmaschinen die Segel überflüssig gemacht. Doch die Menschen hatten inzwischen begonnen, das Segeln als Freizeitvergnügen zu entdecken. Viele der in der Frachtschiffahrt arbeitslos gewordenen Küstensegler wurden zu Yachten umfunktioniert. Das Gros der frühen Yachten, gerade in Deutschland, aber auch in anderen europäischen Ländern, waren Frachtschiffe und Fischereifahrzeuge. Die Segelschiffahrt wurde zur Domäne von begeisterten Amateuren. Seitdem hat sich der Yachtbau zu einem wichtigen Zweig des Schiffbaus entwickelt, entstanden die verschiedensten Konstruktionen und Typen von Yachten. Die modernen Sportboote sind nicht nur sicherer und schneller geworden, sie sind auch weitaus leichter zu handhaben.

Eine Idee von Abenteuer und Freiheit ist es, was so viele Menschen am Yachtsport so ungeheuer fasziniert – wenn sie sich in kleinen Booten mit den Elementen und Kräften der Natur messen. Ganz besonders auch beim Jollensegeln.

In Handikap-(Yardstick-)Regatten können die verschiedensten Bootsklassen gegeneinander segeln. Hier im Bild ein Internationales Kanu, eine Hornet und ein Fireball an einer Wendemarke.

Links: Das englische Mirror Dinghy ist eine sehr erfolgreiche Jollenklasse mit starker Verbreitung (außer bei uns). Sie wird von Kindern gesegelt und ist auch bei Anfängern beliebt.

Der Cherub ist eine sogenannte Konstruktionsklasse, die dem Eigner freistellt, mit Rumpf und Rigg zu experimetieren. Die einzelnen Boote können dementsprechend erheblich voneinander abweichen (wird bei uns nicht gesegelt).

Das Jollensegeln

Das Angebot an Jollentypen und Jollenklassen ist selbst für Experten unüberschaubar geworden. In fast jedem Land gibt es eine Fülle von nationalen Klassen, die schon im Nachbarland kaum bekannt oder verbreitet sind.

Als echte Jollenvorläufer kann man die bereits um 1875 in den USA gebauten Scharpies bezeichnen. Offene, völlig flachbödige Arbeitsboote mit einem schmalen, sehr langen Mittelschwert, wie es erst für die modernen Gleitjollen wiederentdeckt wurde. 1887 entstand in Irland die erste speziell zum Freizeitsegeln konstruierte Einheitsklasse. Es war die Water Wag, 14 Fuß, 3 Inch (4,33 m) lang. Sie wurde eifrig auf der Bucht von Dublin gesegelt. Und es gibt diesen Bootstyp auch heute noch, fast 100 Jahre später.

Die erste Jolle, in der verhältnismäßig regelmäßig internationale Regatten ausgetragen wurden, war das englische 14-Fuß-Dinghy. Eine sogenannte Grenzmaßklasse, in der man konstruktiv experimentieren kann. Sie wurde in Großbritannien zwar erst 1923 zur nationalen Klasse erhoben – 1927 zur internationalen –, war aber schon vor dem Ersten Weltkrieg entstanden. Allerdings blieb sie im wesentlichen auf Großbritannien und die USA beschränkt. In Deutschland wurde sie überhaupt nicht gesegelt. Das berühmteste 14-Fuß-Dinghy war die von Uffa Fox konstruierte *Avenger.* In 57 Wettfahrten des Jahres 1928 belegte sie 52mal den 1. Platz. Die steigenden Kosten in dieser Klasse führten schon bald zu dem kleineren 12-Fuß-Dinghy, das es dreimal – 1920, 1924 und 1928 – zu olympischen Ehren brachte.

Die eigentliche Wiege des mitteleuropäischen Jollenbaus aber stand an der Spree. Dort entstanden zu Anfang dieses Jahrhunderts verschiedene Typen von Binnenjollen. Von dort führte der Weg zu den Wander- und H-Jollen und den Jollenkreuzern für Binnenfahrtensegler und zu den schnellen Rennjollen. Zu den 10- und 20-m^2-Rennjollen und den 22-m^2-Nationalen Jollen.

Es waren rassige schmale lange Renner, die noch heute als das Nonplusultra im Jollenbau gelten. Man fand sie vom Platten- bis zum Gardasee auf nahezu allen größeren Binnenrevieren. Die 20-m^2-Rennjolle beispielsweise war 7,70 m lang. Obwohl aus schwerem Vollholz gebaut, kamen diese Rennjollen unter günstigen Voraussetzungen bereits ins Gleiten. Ihre Geschwindigkeiten blieben unerreicht, bis Anfang der 50er Jahre die modernen Leichtbaujollen auftauchten.

Dagegen war die 1931 von William Crosby im Auftrag der amerikanischen Bootszeitschrift „Rudder" konstruierte 4,72 m lange Snipe ein ausgesprochen schwerfälliges und häßliches Boot. Dennoch brachte sie es durch starken Rückhalt im amerikanischen Mutterland bis zum Anfang der 50er Jahre auf die

Cadet-Jollen im Rennen, ein internationales Zweimann-Jugendboot, das bei uns jedoch nicht gesegelt wird.

Rechts: Eine traditionelle britische Binnenjolle, karweel aus Holz gebaut und mit Gaffelsegel, ein typisches Familien- oder Wanderboot.

größte Jollenklassen-Flotte der Welt. Nur in Deutschland beziehungsweise der Bundesrepublik und einigen anderen europäischen Ländern konnte sie nie Fuß fassen.

1938 entstand in dem berühmten amerikanischen Konstruktionsbüro Sparkman & Stephens die 5,80 m lange Knickspantjolle Lightning. Auch sie fand starke Verbreitung, wird aber bei uns auch nicht gesegelt. In Deutschland war von Carl Martens die 5,00 m lange Piratenjolle konstruiert worden, als preiswert herzustellendes Jugendboot, das sich schnell in Österreich und der Schweiz, in Ungarn, Dänemark und Schweden durchsetzte.

Die große Revolution im Jollenbau wurde Anfang der 50er Jahre durch die aus Sperrholz und später Kunststoff gebauten Gleitjollen eingeleitet. Am Anfang steht die von dem Engländer John Westell 1953 gezeichnete 5,05 m lange 505er-Jolle. Sie stand zusammen mit dem holländischen Flying Dutchman zur Diskussion als Olympiaklasse, verlor dann aber gegen die holländische Jollenkonstruktion. In einem kompetenten Urteil hieß es seinerzeit über den 505er: „Man kann diesen geradezu revolutionären Entwurf nur uneingeschränkt bewundern." Alle seitdem entstandenen Gleitjollen-Konstruktionen sind mehr oder minder stark vom 505er beeinflußt worden, weit stärker als vom Flying Dutchman.

In den 60er Jahren stammte fast die Hälfte aller neuen Jollen-Konstruktionen aus Frankreich. Manche von ihnen errangen den internationalen Status. So der 470er, der olympische Klasse wurde. Um 1960 tauchten auch die ersten Katamarane – Doppelrumpfboote – auf den Jollenrevieren auf und mischten kräftig mit. Erste Einheitsklasse wurde der von den englischen Brüdern Prout konstruierte Shearwater, ein 5,03 m langer Rennkatamaran. Mit dem Tornado kam ein Katamaran zu olympischen Ehren. Obwohl einige Jollensegler anderer Auffassung sind, zählen auch die Rennkatamarane zu den Jollen. Durch sie wurde die Jollenszene erheblich bereichert.

Links: Die Ex-Weltmeister im 505er, Peter White und John Davis, demonstrieren ihr Können auf dieser anspruchsvollen Hochleistungsjolle.

Die ungewöhnlich große Segelfläche der Bermuda-Einheitsjolle verlangt eine sehr erfahrene Crew.

Bootsbau

Jahrhundertelang war das einzige Bootsbaumaterial Holz. Heute hingegen kann auf verschiedene Materialien zurückgegriffen werden. Die meisten Serienboote werden aus glasfaserverstärktem Kunststoff (GFK) gebaut, einem recht neuen Bootsbaumaterial. Erste Versuche damit wurden Anfang der 40er Jahre in den USA gemacht. Im Yachtbau fand der Kunststoff erst Ende der 50er Jahre Eingang, in Deutschland sogar noch später. Er ermöglichte den modernen relativ preiswerten Serienbau und trug wesentlich zu der lawinenartigen Ausbreitung des Segelsports bei. Das traditionelle Vollholz wird nur noch in Liebhaberbauten (zu Liebhaberpreisen) verarbeitet. Zweifellos hat es seine Vorzüge. Sorgfältig gebaute Vollholzschiffe haben eine sehr hohe Lebenserwartung.

Klinker und Karweel

Es gibt zwei Arten der Beplankung von Vollholzschiffen: die Klinker- und die Karweelbauweise. Die Klinkerbauweise ist die ältere. Sie geht auf die Wikingerschiffe zurück, wenn nicht gar auf noch frühere Zeiten. Die Planken überlappen dachziegelartig. Früher wurden sie mit den Spanten durch Holzdübel verbunden, später mit Kupfernieten. Da es an der Überlappung der Planken Dopplungen gibt, sind klinkergebaute Schiffe relativ schwer, auch wenn sie mit weniger Spanten auskommen als karweelgebaute. Für schnelle Hochleistungsyachten war diese Bauweise deshalb nicht geeignet. Allerdings ergibt sie äußerst robuste Rümpfe von hoher Lebensdauer.

Die traditionelle Klinkerbauweise sieht man heute nur noch bei schweren Arbeitsbooten. Rechts eine Spantsektion mit den überlappenden Plankengängen.

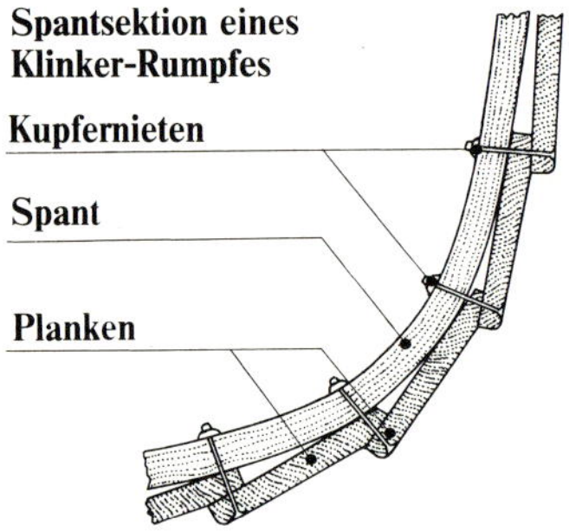

Bei der Karweelbauweise stoßen die Planken plan aneinander. Sie ergibt ebenfalls starke, aber etwas leichtere Rümpfe und eine glatte strömungsgünstigere Außenhaut. Zwischen die Stoßkanten kommt ein flexibles Füllmaterial, früher aus geteerter Baumwolle, heute aus Synthetik. Innen werden die Stoßnähte manchmal durch sogenannte Nahtspanten abgedeckt. Beide Bauweisen haben den Nachteil, daß die Rümpfe undicht werden, wenn sie stärker austrocknen.

Bootsbausperrholz

Die Entwicklung des Bootsbausperrholzes revolutionierte den Holzbootsbau. Es besteht aus wasser- und kochfest verleimten Holzfurnieren und kann kaum schrumpfen, schwellen oder sich verziehen. Eine sorgfältig gebaute Sperrholzbootshaut bleibt immer dicht. Aus Sperrholz kann man ebenso steife und solide Rümpfe wie aus Vollholz bauen, aber sie sind wesentlich leichter. Erst der Sperrholzbau ermöglichte die Konstruktion leichter moderner Gleitjollen.

Die ersten Sperrholzboote wurden noch recht konventionell gebaut. Im Grunde war es eine Karweelbeplankung, nur daß die Außenhaut aus größeren Platten bestand, die zusätzlich durch Preßdruck mit den Spanten verleimt wurden. Ein Problem gab es allerdings dabei: die Sperrholzplatten ließen sich nur in einer Richtung krümmen. Wurden sie also in ihrer Länge gekrümmt, um die Kurven des Vor-und Hinterschiffs zu erhalten, konnten sie nicht mehr in der Breite verformt werden, um dem Boot die erwünschte runde Rumpfform geben zu können. So entstand eine neue Konstruktion: die Knickspantbauweise. Der Rumpf – Seitenteile und Boden – bestand aus mehreren Platten, die in verschiedenen Winkeln (Knicken) gegeneinanderstießen. So erhielt er eine, je nach Bootstyp, mehr oder minder,

Obwohl neuer, hat auch die Karweelbauweise für den Yachtbau fast nur noch historischen Wert. Rechts im Bild ein kleiner sogenannter Doppelender, unten ein alter Yachtrumpf, karweel geplankt, und eine alte Wanderjolle (ganz rechts).

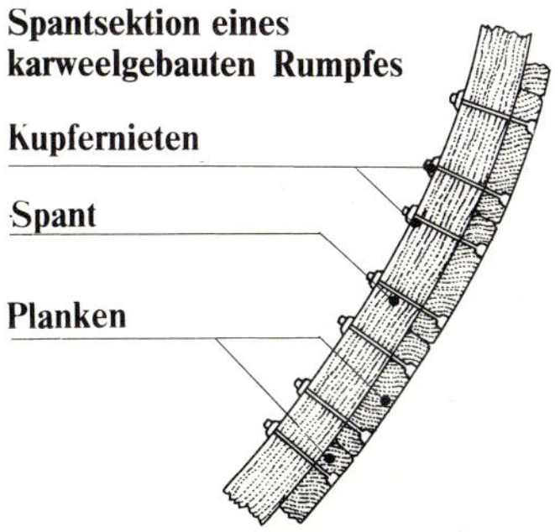

einmal oder mehrfach geknickte Querschnittsform. Da Knickspanter eine größere Formstabilität haben als vergleichbare Rundspanter, war diese Bauweise besonders bei Familien-Jollen beliebt. Man behielt diese Spantform vereinzelt auch später im Kunststoff-Bootsbau bei.
Auch die Klinkerbauweise wurde gelegentlich mit Sperrholz praktiziert, indem die Platten in schmalere Bänder geschnitten wurden, die wiederum ermöglichten, dem Rumpf eine Rundspantform zu geben.
Ein weiterer Schritt in der Entwicklung des modernen Bootsbaus waren die formverleimten Sperrholzrümpfe. Die Außenhaut besteht aus diagonal gegeneinander versetzten Schichten dünner geschälter oder gemesserter Furniere, die miteinander verleimt werden. Je dünner die Furniere sind, um so mehr Schichten und Leimfugen sind notwendig, und um so fester und steifer wird die Bootsform. Spanten sind kaum noch erforderlich, um genügend Querfestigkeit zu erreichen. Die Furniere wiederum eignen sich nur für rundspantige Rumpfformen. Um ihnen die gewünschte Form geben zu können, ist ein festes Blockmodell, auch Baukern genannt, notwendig. Um den hohen Anpreß- und Leimdruck zu erzeugen, gibt es verschiedene Verfahren: vom Nageln bis zu Druckkammern aus Stahlblech.

Baukästen

Da Sperrholz auch von Bootsbau-Amateuren verhältnismäßig leicht zu verarbeiten ist, wurden denn auch bald Jollenbaukästen für Selbstbauer angeboten. Besonders in England wurden sie ein großer Erfolg. In Deutschland hingegen haben sie nie eine Rolle gespielt. Eine der größten englischen Jollenklassen, die Mirror, verdankt ihre enorme Verbreitung überwiegend den Hobby-Bootsbauern.

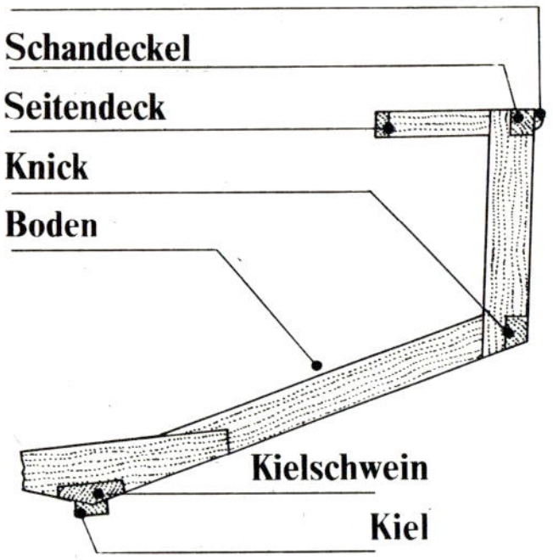

Knickspant-Sperrholz-Bauweise, sie ermöglichte erst die Konstruktion leichter Gleitjollen wie den Fireball (rechts unten). Eine verhältnismäßig preiswerte und auch von Amateuren leicht zu bewerkstelligende Bauart.

Die Rümpfe wurden oder werden zum Teil „genäht". Die zusammenstoßenden Bauteile – Boden, Seitenteile, Deck, Schwertkasten – sind an ihren Kanten, auf Paß, mit Löchern versehen. Durch Kupferdraht werden sie miteinander verbunden. So erhält der Rumpf seine Form und Steifigkeit. Anschließend werden die Nähte mit synthetischer Dichtungsmasse wasserdicht versiegelt.

Der Kunststoff-Bootsbau

Heute werden Jollen fast nur noch, und auch der größte Teil der Yachten, aus Kunststoff gebaut. Ein Material, das fast beliebig verformbar ist, so daß sich jedes Bauteil daraus herstellen läßt. Die Boote werden überwiegend in einer Hohlform oder Matritze und nur selten über einen Kern, die Patritze, gebaut. Für die Herstellung dieser Arbeitsform ist zunächst ein Modell erforderlich, meistens aus Holz. Die Kunststoffrümpfe, man spricht von Schalen, werden entweder im Handauflegeverfahren oder im Spritzverfahren hergestellt. Beide Verfahren eignen sich für jede Formgröße. Zunächst wird die Hohlform mit einem Trennmittel präpariert, um später das Entformen der Schale zu ermöglichen. Dann trägt man mit Pinsel, Lammfellwalze oder Spritzpistole die äußere Deckschicht aus Harz auf, das sogenannte Gelcoat. Ist es ausgehärtet, kommt darauf eine Harzschicht, in die die erste Glasfasereinlage eingebettet wird. Darüber kommt wieder eine Harzschicht. So wird eine Lage nach der anderen eingebracht und mit Harz durchtränkt, bis die vorgesehene Wandstärke erreicht ist.
Beim Spritzverfahren hat man eine Harzspritzanlage, die mit einem Schneidwerk kombiniert ist, das die von Spulen zugeführten Glasfaserstränge zu Glasseidenstapeln verschiedener Länge schneidet. Sie werden dann gleichzeitig mit dem Harz unter hohem Druck in die Form gespritzt.
Bei kleineren Booten arbeitet man mit einer einteiligen Rumpfform (Schale), bei größeren Yachten oft mit zweiteiligen. In jeder Form entsteht eine Bootshälfte, die später in der Mitschiffsebene zur kompletten Schale verbunden werden. Deck und Aufbauten bilden fast immer eine gesonderte Form. Wie beim formverleimten Sperrholzbau kommt man auch beim Kunststoffbau mit wenigen Versteifungen des Bootskörpers aus, die nachträglich hineingeklebt – einlaminiert – werden.

Kunststoff (GFK) ist heute das hauptsächliche Baumaterial für Jollen, wie auch für diese 505er. Es ermöglicht, Boote leicht, aber von gleicher Festigkeit wie Holzboote herzustellen und erlaubt einen rationellen Serienbau.

Bootstypen

Das Angebot, gerade an Jollen, ist so riesig und unübersichtlich, daß es einen künftigen Bootskäufer vollständig verwirren muß. Man müßte schon ziemlich genau wissen, für welchen Zweck man sein Boot einsetzen will: zum Fahrtensegeln, allein oder mit Familienangehörigen, oder zum sportlichen Segeln. Wer diesbezügliche Ambitionen hat, muß wiederum nach einer Regattaklasse Ausschau halten, die auf seinem Revier – oder von seinem Club – gesegelt wird. Überhaupt spielt auch das künftige Revier bei der Kaufentscheidung eine Rolle. Ist es ein sehr flaches oder tiefes Gewässer? Ein windarmes oder ein windreiches Revier?
Wer ein Gebrauchtboot kaufen möchte, muß sehr genau auf den Umfang der zusätzlichen Ausrüstung achten. Sie kann sich gewaltig im Preis niederschlagen. Wer sein erstes Boot kauft, sollte sich unbedingt von einem erfahrenen Segler beraten lassen oder sogar einen Sachverständigen hinzuziehen.

Ein Mirror Dinghy – der Briten liebstes Kinderboot.

Familien-Jollen

Es gibt ausgesprochen stabile Jollen, die vornehmlich als Wander- oder Fahrtenboote gedacht sind und denen es nicht viel ausmacht, wenn man ihnen einige Kilo Gepäck einlädt. Die 5 m lange Conger-Jolle ist beispielsweise so ein Boot, für zwei Erwachsene und ein Kind. Sie hat eine kleine Schlupfkajüte, in der man auch mal übernachten kann. Sportlich ambitionierte Familien können im Conger auch Regatten bestreiten. Als reines Familien- und Wanderboot war ursprünglich auch der 5,80 m lange Zugvogel konzipiert. Im Laufe der Jahre mauserte er sich jedoch immer mehr zu einem Regattaboot. Die ursprünglichen Vorzüge, geräumiges Cockpit für bis zu vier Personen, und hohe Stabilität aber sind erhalten geblieben. Da die Bauvorschriften die Cockpiteinrichtung freistellen, gibt es Konstruktionen, die mehr in die eine oder andere Richtung ausgelegt sind. Noch größere Sicherheit für das Familiensegeln bietet die Kielversion des Zugvogel, gedacht auch für Wanderfahrten auf Küstengewässern. Sie ist kentersicher und ebenfalls Regattaklasse. Größere Verbreitung als Familien-Wanderboot hat die 4,80 m lange holländische VB-Jolle gefunden, ein relativ steifes Boot. Zwei Schläfer haben unter der Zeltkajüte bequem Platz.

Zugvogel

Rennjollen

Die meisten Jollen fallen unter diese Kategorie. Aber da gibt es viele Spielarten. Sie stellen recht unterschiedliche Anforderungen an das seglerische Können und die körperlichen Kräfte des einzelnen. Jüngere und leichtgewichtigere Segler sind mit dem 420er sicher gut beraten. Diese internationale Jollenklasse ist weit verbreitet und wird mit Trapez – zum Ausreiten des Bootes – und Spinnaker gesegelt.
Der 420er ist ein interessantes und noch relativ leichtes Boot, das regatta-ambitionierten Jungseglern und -seglerinnen viele Möglichkeiten bietet, in Meisterschaften ihr Können unter Beweis zu stellen.
Der 470er ist gewissermaßen der größere Bruder des 420er. Er ist olympische Klasse und dementsprechend noch stärker international verbreitet, stellt aber auch höhere seglerische Ansprüche.
Eine geradezu explosionsartige Verbreitung fand der Laser, eine Einmann-Jolle. Innerhalb von elf Jahren wurden über 100 000 Boote gebaut. Er erfreut sich, besonders unter jugendlichen Seglern großer Beliebtheit. Obwohl simpel zu bedienen – es gibt kein Vorsegel und keine komplizierten Beschläge –, verlangt er große körperliche Gewandtheit und ausgefuchste Segeltechnik. Der Laser II ist die größere Zweimann-Version für leichtgewichtige Segler und ein guter Einstieg in die Regattaszene. Für Fortgeschrittene bietet sich der Flying Dutchman an, seit 1960 olympische Klasse. Noch anspruchsvoller und schwieriger zu segeln ist der 505er, gewissermaßen das Nonplusultra einer Rennjolle.

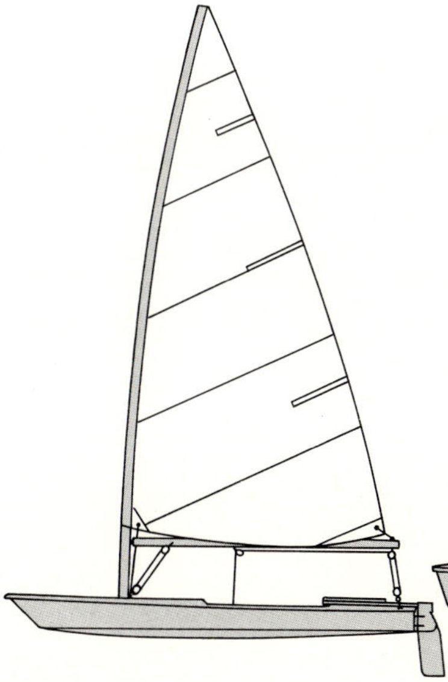

Laser

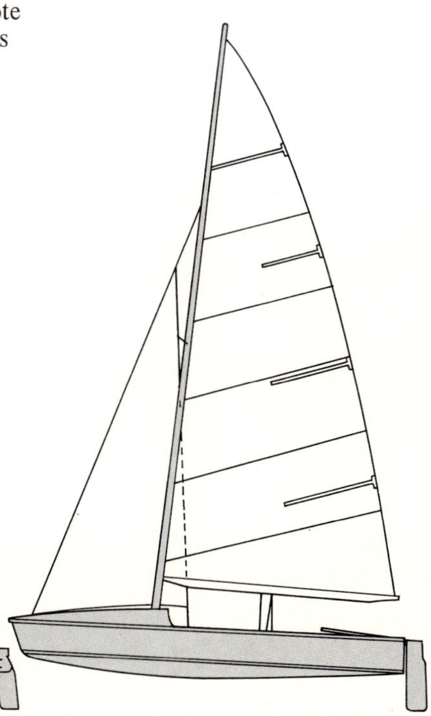

505er

Kinderjollen

Wer für seinen jüngsten Seglernachwuchs eine Jolle sucht, ist sicher mit der amerikanischen Kinderjolle Optimist gut beraten. Das nur 2,30 m lange kastenförmige Boot hat eine unwahrscheinlich schnelle Verbreitung in aller Welt gefunden. Wer damit richtig umzugehen gelernt hat, der kann segeln – so sagt man. Bereits 6jährige tummeln sich im Opti, denn die nur 3,50 m² große Segelfläche können sie schon gut beherrschen. Fortgeschrittenen bieten sich im Opti viele Möglichkeiten, Regatten zu segeln. Sogar internationale Meisterschaften gibt es. Der Enthusiasmus und das seglerische Geschick, das die kleinen Regattahasen dabei entwickeln, zwingt den Großen oft genug alle Achtung ab.
Es gibt auch noch andere Kinderjollen wie etwa das in England sehr verbreitete Mirror Dinghy, aber keine kann es an Popularität mit dem Opti aufnehmen.
Ein Aufsteigerboot für Optisegler ist die 3,66 m lange Jugendjolle Filius, mit 8 m² Segelfläche und zu zweit zu segeln.

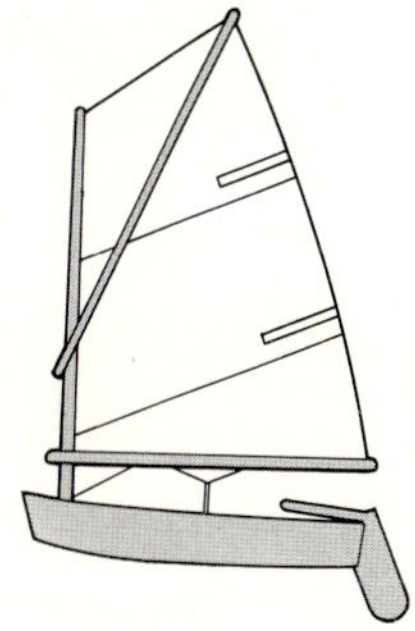

Optimist

Was man vorher wissen muß

Weshalb so viele Menschen segeln und dem Segelsport über Jahre, meist ein ganzes Leben lang treu bleiben, dafür gibt es verschiedene Erklärungen: Freizeitspaß, körperliche Fitneß, ein Hauch von Freiheit und Abenteuer oder auch sportlicher Ehrgeiz. Segeln ist eine Freizeitbeschäftigung für jeden, ob noch voller jugendlichen Tatendrangs oder schon reifer an Jahren, und auch für fast jeden Geldbeutel. Man muß nur für seine Zwecke und sein seglerisches Können das geeignete Boot herausfinden.

Grundsätzlich ist zwischen zwei Konstruktionsprinzipien zu unterscheiden: den offenen Jollen – sie sind das Thema dieses Buches – und den größeren eingedeckten Kajütbooten. Es ist sicher richtig, auf einer Jolle segeln zu lernen. Man bekommt da viel schneller das richtige Gefühl für das Verhalten eines Bootes, weil eine Jolle viel unmittelbarer reagiert als ein schwerfälliges Kajütboot. So unterrichten denn auch die meisten Segelschulen auf Jollen. Niemand sollte sich einfach in ein Boot setzen, um irgendwie loszusegeln. Ohne gründliche praktische Ausbildung geht es nicht. Dazu sind die Gewässer viel zu befahren, gibt es zu viele genau zu beachtende Verkehrsvorschriften. Man würde nur sich und andere in Gefahr bringen. Am besten, man besucht eine Segelschule. Das Studium dieses Buches ist eine hervorragende Vorbereitung auf solch einen praktischen Segelkursus. Ich habe versucht, die Segeltechnik durch Illustrationen so klar und allgemeinverständlich wie möglich darzustellen. Wenn man alles genau befolgt, kann man daraus eine Menge lernen – oder erkennen, was man falsch gemacht hat. Vermitteln möchte ich hier vor allem die Grundkenntnisse des Jollensegelns, aber auch einiges für Fortgeschrittene, wie das Spinnaker- und Trapezsegeln.

Um praktische Segelerfahrungen zu sammeln, ist es nicht notwendig, selbst ein Boot zu besitzen. Im Gegenteil, es ist sogar sinnvoller und besser, zunächst als Vorschoter mit einem erfahrenen Steuermann zu segeln. Erst wenn man sich absolut sicher und allen Situationen gewachsen fühlt, sollte man an den Kauf eines eigenen Bootes denken. Denn Segeln zählt zu jenen Beschäftigungen, in denen die Erfahrungen erst allmählich aus der eigenen Praxis erwachsen und man vielleicht am meisten aus seinen anfänglichen Fehlern lernt.

Segeln ist einfach eine Sache, die viel Spaß macht. Es bedarf dazu keiner außerordentlichen körperlichen Kräfte, nur einer gesunden Konstitution und eines aufgeweckten Geistes. Man lernt dabei, ein gesundes Selbstvertrauen zu entwickeln, seine angeborene Intelligenz zu gebrauchen und wird für die Elemente Wind und Wasser sensibilisiert. Viele werden bald herausfinden – so wie auch ich seinerzeit –, daß Segeln zu einem großartigen Lebensinhalt werden kann.

Ein Mirror Dinghy unter Spinnaker und eine Lark-Jolle.

Einmann-Jollen vom Typ Topper während einer Clubregatta.

6729
21657
8015
9359

Bekleidung und Sicherheitsausrüstung

Die Bekleidung hängt vom Boot ab, das man segelt, vom Wetter und der Gegend, in der man segelt. Da die Temperatur auf dem Wasser stets niedriger ist als an Land, muß die Bekleidung warmhalten und außerdem soll sie wasserdicht sein. Jollensegler, die fast ständig Spritzwasser ausgesetzt sind, tragen meistens einen wasserdichten Overall und darunter einen Naßbiber genannten Neoprenanzug. Außerdem sollte man stets ein oder zwei wasserdicht verpackte dicke Pullover dabei haben. Eine Schwimmweste oder, besser noch, eine Rettungsweste sollte an Bord einer Jolle ständig getragen werden.

Der Steuermann trägt einen wasserdichten Overall und eine Schwimmweste darüber.

Ölzeug und Naßtaucheranzug

Die wind- und wasserdichte Oberbekleidung, Ölzeug genannt, ist verschieden in Schnitt, Qualität, Material und Farbe. Es gibt sie als Overalls, oder Hose und Jacke getrennt. Leicht aus dünnem Nylon oder sehr derb aus mit PVC-beschichteten Textilien, oft mit einem Innenfutter, um die starke Schwitzwasserbildung darunter zu reduzieren. Alle Nähte müssen verschweißt sein, um wirklich wasserdicht zu sein. Zweiteiliges Ölzeug ist nie so vollständig wasserdicht wie ein Overall, dafür aber kann man die Stücke, je nach Bedarf, auch einzeln tragen. Öljacken sind angenehmer als Ölblusen, weil man sie auch offen tragen kann und nicht so stark darin schwitzt. Sie sind aber auch nicht so wasserdicht wie Blusen. Die Ärmel sollten unbedingt eine enganliegende Gummimanschette haben, damit einem nicht pausenlos Wasser reinläuft.

Ein doppelter Verschluß der „Knopfleiste" hält Nässe fern.

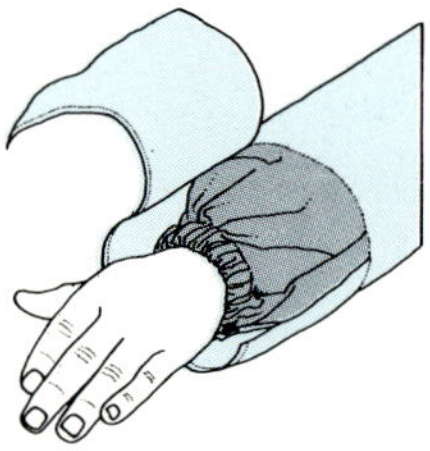

Elastische Gummizüge in den Ärmeln gegen eindringendes Wasser.

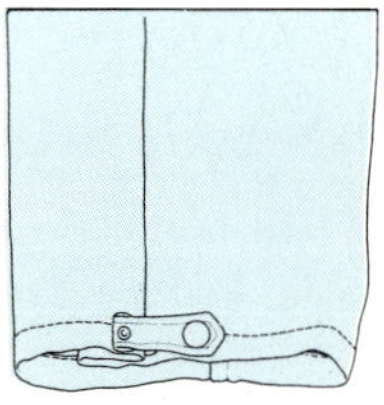

Verschlüsse unten am Hosenbein dienen dem gleichen Zweck.

Wärmeschutz

Jollensegler, vor allem die Regattasegler unter ihnen, müssen damit rechnen, zu kentern und ins Wasser zu fallen. Das kann zu einem plötzlichen und erheblichen Wärmeverlust des Körpers führen. Der beste Schutz dagegen ist ein Neopren-Naßtaucheranzug, als Naßbiber bekannter. Zwischen Haut und Naßbiber bildet sich ein durch die Körpertemperatur erwärmter Wasserfilm. Er verhindert eine schnelle Auskühlung durch Wärmeaustausch mit dem umgebenden kalten Wasser. Der ärmellose „Long John" ist unter Seglern deshalb beliebt, weil er die Bewegungsfreiheit nicht allzu sehr einschränkt. Gewöhnlich wird eine Bolero genannte Überjacke darüber getragen.

Man kann ferner zum Warmhalten mehrere Kleidungsstücke übereinanderziehen, wie Wollhemden und Pullover. Man sollte nicht glauben, daß ein dicker Pullover mehr wärmt, als zwei übereinandergezogene dünnere. Das Gegenteil ist der Fall. Auch gibt es Spezialunterwäsche, die die Körperwärme in ihrer flauschigen Innenstruktur festhält und zudem noch sehr schnell trocknet.

Schwimm- und Rettungswesten

Jeder Jollensegler sollte ständig eine Schwimm- oder Rettungsweste tragen. Das Angebot ist groß, und man muß deutlich zwischen den unterschiedlichen Funktionen unterscheiden. Im Gegensatz zur Schwimmweste, die nur als Schwimmhilfe dient, ist die Rettungsweste ohnmachtssicher. Das heißt, sie dreht einen Bewußtlosen in eine stabile Rückenlage und hält sein Gesicht über Wasser. Bewußtlosigkeit kann schnell durch Unterkühlung eintreten. Viele Jollensegler und Segler auf kleineren Binnengewässern ziehen Schwimmwesten vor, auf See aber gehören, aus Sicherheitsgründen, grundsätzlich Rettungswesten. Sie müssen den Richtlinien des Bundesverkehrsministeriums entsprechen und ein amtliches Prüfsiegel tragen.
Schwimmwesten sind durchweg Feststoffwesten, gefüllt mit geschlossen-zelligem Schaumstoff. Rettungswesten dagegen sind fast ausschließlich luftgefüllt. Es gibt verschiedene Aufblassysteme: Entweder wird eine CO_2-Patrone durch Seewasser aktiviert oder mit einer Reißleine ausgelöst oder aber die Weste wird mit dem Mund aufgeblasen. Westen mit Patronenfüllung müssen jährlich gewartet werden. Leib- und Schrittgurte verhindern, daß sich die Weste hoch- oder gar über den Kopf schiebt.

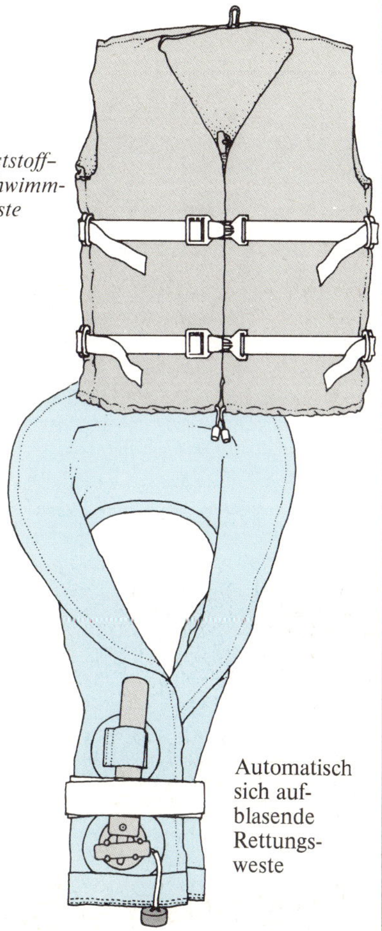

Feststoff-Schwimmweste

Automatisch sich aufblasende Rettungsweste

Dieser Laser-Steuermann trägt eine Schwimmweste, wie sie auf Binnenrevieren fast ausschließlich von Jollenseglern getragen werden. Sie sind nur Schwimmhilfen.

Schuhzeug

Auf einer Jolle stets Stiefel oder Schuhe tragen. Niemals barfuß segeln, denn allzu leicht kann man auf dem nassen Boden ausrutschen oder sich die Füße an Beschlägen verletzen. Seglerschuhzeug wird aus verschiedenen Materialien hergestellt. Wichtig ist eine griffige, gut profilierte Sohle.

Weitere Dinge

Vom Schotenreißen bekommt man schnell Blasen in den Händen. Deshalb sind spezielle Segelhandschuhe empfehlenswert. Bei kühleren Temperaturen unbedingt eine enganliegende Wollmütze und einen Wollschal tragen, um die kälteempfindlichen Nackenpartien zu schützen. Bei sonnigem Wetter mit einer breiten Schirmmütze das Gesicht vor Sonnenbrand schützen. Brille oder Sonnenbrille mit einem Band um den Nacken sichern, damit sie nicht außenbords fallen. Auf längeren Fahrten unbedingt trockene Kleidung zum Wechseln mitnehmen. Alles in wasserdichte Plastikbehälter verstauen und sicher festzurren.

Begriffe rund ums Boot

Jedes Boot, ob klein oder groß, hat die gleichen Bestandteile: Einen Rumpf, einen Mast, ein Segel, einen Kiel – auf der Jolle ersetzt ihn ein aufholbares Schwert – und ein Ruder. Der Rumpf dient dazu, die Besatzung aufzunehmen und Mast und Segel zu tragen, die man als Rigg bezeichnet. Die Form des Rumpfes ist ganz entscheidend für das Fahrverhalten eines Bootes. In ihm zeigt sich das Können des Konstrukteurs. Einen idealen Rumpf für alle Wind-und Seegangsverhältnisse gibt es nicht. Jeder ist ein mehr oder minder gut gelungener Kompromiß. Das Vorschiff wird als Bug, das Hinter- oder Achterschiff als Heck bezeichnet.
Als Segelform hat sich das Hoch- und Bermudasegel allgemein durchgesetzt. Größe und Schnitt der Segel sind abhängig von der Größe des Bootes und dem Zweck, für den es konstruiert wurde. Rennjollen beispielsweise tragen auf einem leichten Rumpf eine relativ große Segelfläche, die das Boot zwar schnell macht, aber auch stärker krängt. Deshalb muß es von der Mannschaft „ausgeritten" werden. Auf den meisten Booten werden die Masten von Drahtseilen gehalten: den Wanten, die am Seitendeck angreifen, und dem Vor- und Achterstag, die zu den Bootsenden führen. Diese Verstagung bezeichnet man als stehendes Gut. Das laufende Gut umfaßt alle beweglichen Leinen und Drähte, mit denen etwas bewegt wird: die Fallen zum Hochziehen der Segel, die Schoten, mit denen die Segelstellung zum Wind reguliert wird, Auf-, Nieder- und Achterholer und Streckertaljen. Am Fuß des Großsegels ist ein sogenannter Baum üblich, der das Segel in Form hält. Der Baumniederholer verhindert ein Steigen.
Die Segel sind aus einzelnen Bahnen zusammengenäht. Als Segeltuch wird überwiegend das aus Polyester entwickelte Dacron verwendet.
Gesteuert wird mit dem Ruder am Heck. Es wirkt mit seiner Unterwasserfläche aber auch der seitlichen Abdrift entgegen, die durch den Winddruck auf die Segelfläche hervorgerufen wird. Hauptsächlich jedoch verhindert das Schwert die Abdrift.

Segelbezeichnungen

Üblich auf Yachten ist als Großsegel das dreieckige Hochsegel, auch als Bermudasegel bezeichnet. Es hat das frühere Gaffelsegel seit der Mitte der 30er Jahre nach und nach verdrängt. Das Gaffelrigg findet man heute eigentlich nur noch auf Oldtimern und in England. Das Großsegel wird im oberen Bereich durch die um den Mast schwenkbare Gaffel ausgespreizt. Noch seltener ist das Luggersegel, bei dem eine ursprüngliche Rah zu einer Gaffel verkürzt ist, die allerdings nach vorne über den Mast hinausragt, ebenso wie meist auch der Baum. Das Segel wird nämlich nicht mit dem Baum am Mast angeschlagen, sondern mit der Gaffel am Mast aufgehängt. Das Sprietsegel ist ein viereckiges, durch eine diagonale Spreize ausgesteiftes Segel. Es ist die charakteristische Besegelung der Kinderjolle Optimist. Hoch- und Gaffelsegel werden meistens mit einem Vorsegel – der Fock oder Genua – kombiniert. Führt ein Boot nur ein Großsegel an einem weit vorne stehenden Mast, spricht man von einer Kattakelung. Fast alle Einmann-Jollen sind solche Katboote.

Jollendetails

Die Illustration zeigt eine 4,20 m lange Jolle mit Hochtakelung für zwei Mann. Sie enthält fast alle typischen Details eines Bootes, das keine allzu hohen seglerischen Anforderungen stellt. Sehr untypisch ist allerdings die englische Heckschotführung. Sie ist bei uns nahezu unbekannt und recht unpraktisch im Gegensatz zu der üblichen Mittelschotführung, wie sie das Bild rechts oben zeigt. Etwas ungewöhnlich ist auch die Ducht.

Mittelschotführung

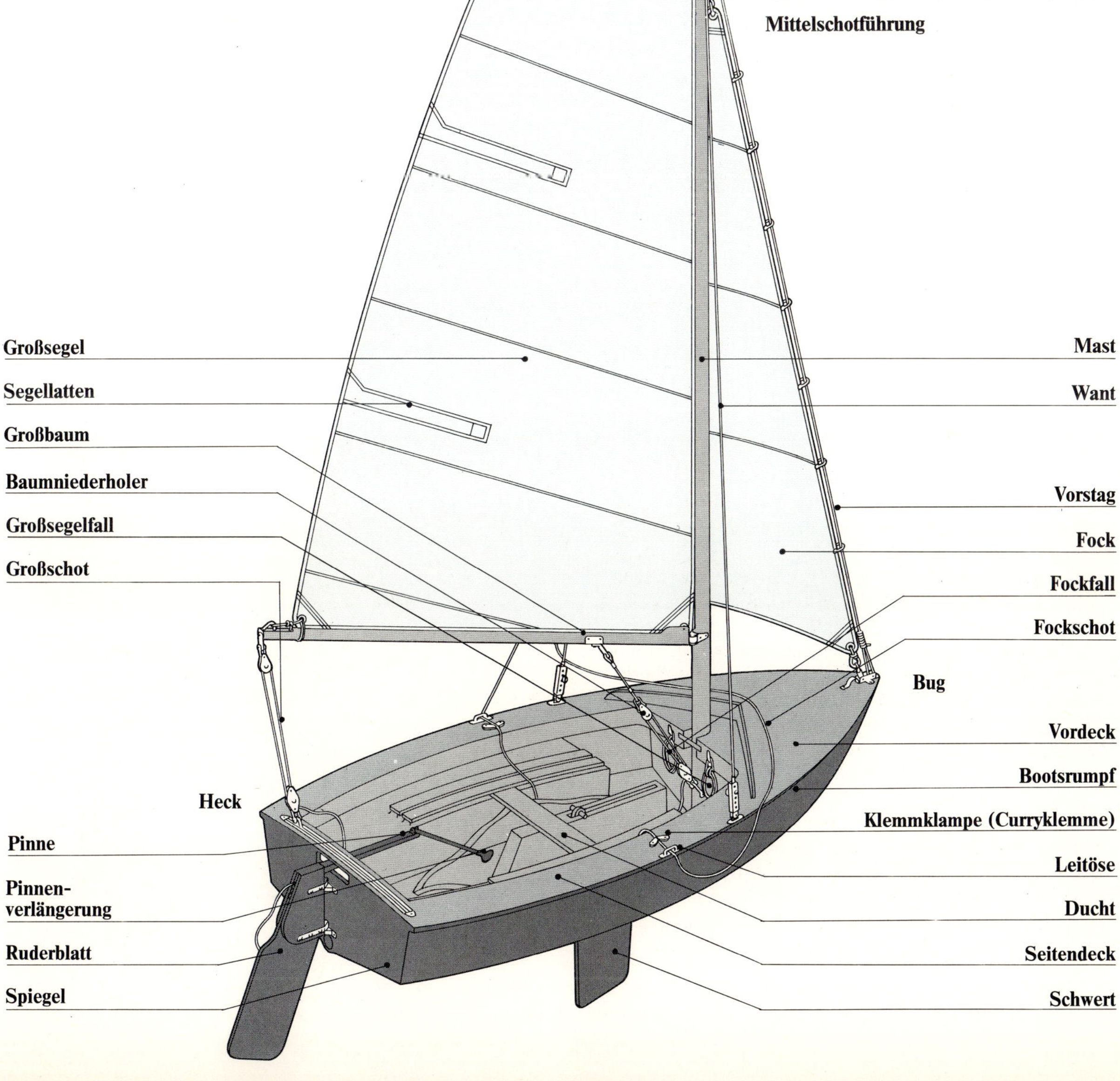

Eindeckung und Sitzgelegenheiten

Fast alle Jollen sind teilweise eingedeckt, um Spritzwasser und überkommendes Wasser, so weit wie möglich, dem Cockpit fernzuhalten. Aber Umfang und Form der Eindeckung sind bei den einzelnen Klassen sehr unterschiedlich. Üblich ist fast immer eine Eindeckung des Vorschiffs bis zum Mast. Nur wenige Typen sind bis zur Bugspitze vollständig offen. Auf manchen Jollen, vornehmlich solchen für Wanderfahrten, ist auch das Hinterschiff eingedeckt. Üblich sind mehr oder weniger breite Seitendecks, die bis an den Spiegel – den hinteren Abschluß des Cockpits – heranreichen. Sie dienen gleichzeitig der Crew als Sitzfläche. Manche Boote haben auch Seitenbänke und/oder eine Ducht – eine Querbank – im Cockpit. Eine solche Querducht ist stets dann erforderlich, wenn das Boot gleichzeitig als Ruderdingi gedacht ist.

Fußgurte

Fußgurte, auch als Ausreit- oder Trimmgurte bezeichnet, sind auf einer Rennjolle unerläßlich. Es sind breite Gewebebänder, die von einem Punkt nahe am Spiegel bis zu einem Punkt in der Nähe des Mastes über den Boden des Cockpits laufen. Nur mit ihrer Hilfe ist es möglich, eine Jolle optimal auszureiten, indem die Mannschaft sich mit dem Fußrist einhängt. Selbstverständlich müssen die Gurte sehr sicher befestigt sein. Reißt einer, führt das unweigerlich zu einem Sturz über Bord. Außerdem sollten sie für Steuermann und Vorschoter unterteilt und in der Länge verstellbar sein. Bändsel oder Gummistropps halten sie hoch, damit man sie jederzeit sofort mit den Fußspitzen angeln kann.

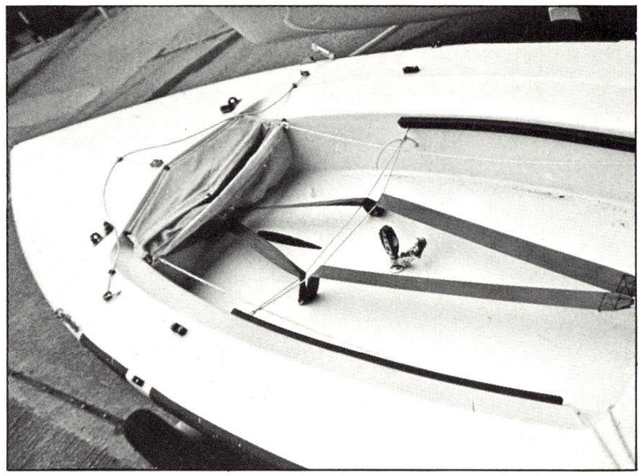

Nylon-Fußgurte, von einem Querstropp angeliftet.

Das Schwert

Mittschiffs in einem wasserdichten Kasten steckt auf einer Jolle ein einziehbares Schwert, entweder aus Holz, Kunststoff oder Metall. Es wirkt der seitlichen Abdrift entgegen. Deshalb muß es auf Kursen am Wind – da ist die seitliche Abdrift am größten – ganz hinuntergelassen werden. Auf Vorm-Wind-Kursen ohne Abdrift dagegen kann man es vollständig aufholen. Es gibt Senk- und Steckschwerter. Das Ein- und Ausfahren eines Senkschwertes geschieht mit dem Schwertfall, das in jeder beliebigen Position in einer Klemme fixiert werden kann. Das Steckschwert beansprucht weniger Platz und wird deshalb vornehmlich auf sehr kleinen Jollen verwendet. Es wird senkrecht in den Schwertkasten hineingesteckt und von einem Gummistropp in Position gehalten. Bei vollständig aufgeholtem Schwert kann es passieren, daß der Baum dagegen schlägt.

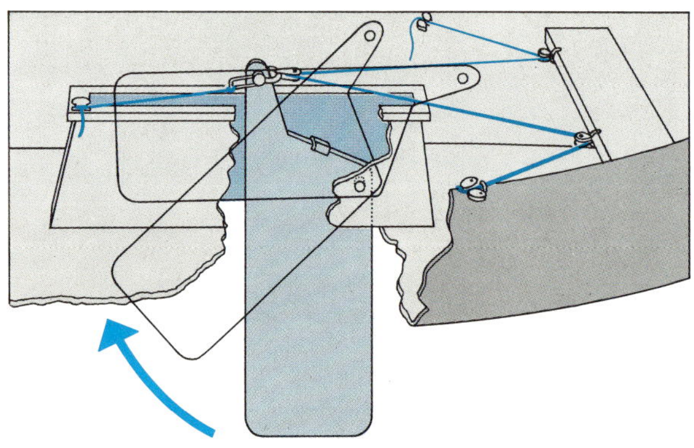

Klapp- oder Senkschwert mit Schwertfall, es hängt an einem Drehbolzen im Schwertkasten.

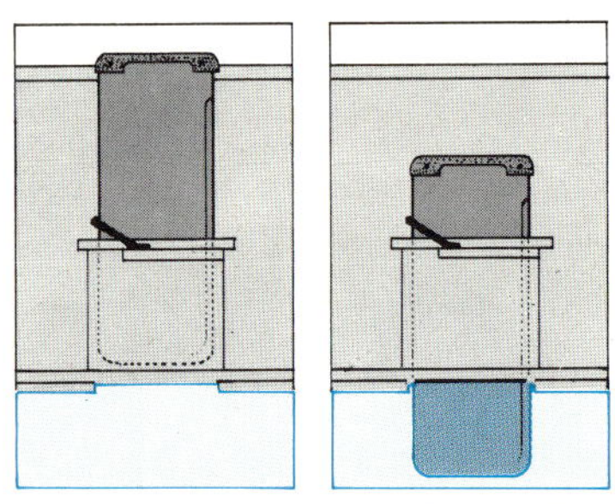

Ein einfaches Steckschwert, aufgeholt und halb gefiert, mit einem Gummistropp arretiert.

Ruder, Pinne und Pinnenausleger

Auf allen Jollen kann man das Ruder abnehmen. Es hängt an Zapfen oder Fingern in entsprechenden Beschlägen am Spiegel. Die meisten Jollen haben ein zwischen zwei Ruderbacken drehbares Ruderblatt, das der Wassertiefe entsprechend, mit einem Ruderfall, aufgeholt oder abgesenkt werden kann. Im Ruderkopf steckt die Pinne, mit der gesteuert wird. Üblich ist heute ein Pinnenausleger. Nur er ermöglicht dem Steuermann, sich beim Ausreiten auf dem Seitendeck weit außenbords zu hängen. Diese Pinnenverlängerung sitzt meist in einem Kardangelenk auf der Pinne und kann daher in alle Richtungen geschwenkt oder geklappt werden. Sie sollte eingeklappt unbedingt eine Arretierungsmöglichkeit haben.

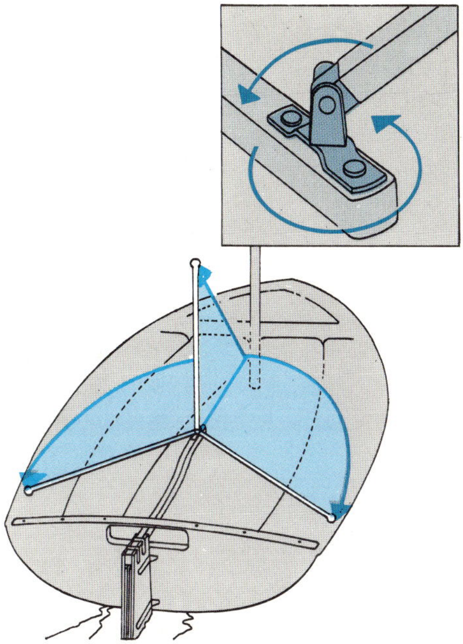

Die Verbindung von Pinnenausleger und Pinne. Die Zeichnung unten veranschaulicht, wie der Pinnenausleger geklappt und gedreht werden kann.

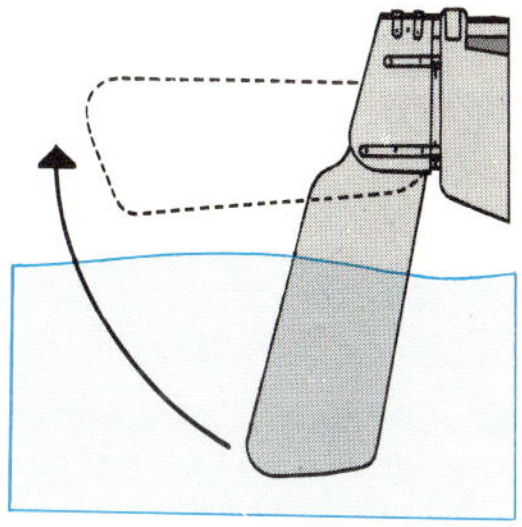

Das schwenkbare Ruderblatt, es wird mit dem Ruderfall aufgeholt, mit einem Niederholer abgesenkt.

Auftriebskörper

Alle Jollen müssen genügend Auftriebskörper besitzen, um das voll Wasser geschlagene Boot und seine Besatzung über Wasser zu halten. Mit anderen Worten: es muß absolut unsinkbar sein. Art und Anbringung der Auftriebskörper kann sehr unterschiedlich sein. Zum Teil wird sie von der Klassenvorschrift für den entsprechenden Jollentyp festgelegt. Bei vielen Jollen ist der Auftrieb in Form von Lufttanks, die zusätzlich noch ausgeschäumt sein können, gleich in die Decksschale integriert. Die Inspektionsluken sollten gelegentlich zur Belüftung der Tanks geöffnet werden. Auf anderen Booten besteht der Auftrieb aus Schaumstoffblöcken oder aufgeblasenen Luftsäcken unter Vor- und Seitendeck. Sie sind leichter zu kontrollieren, können aber auch leichter beschädigt werden. Auf jeden Fall müssen Luftsäcke gleichmäßig aufgeblasen sein, um einheitlichen Auftrieb zu ergeben. Er ist so zu bemessen, daß bei einer Kenterung das Schwert klar über der Wasseroberfläche bleibt. Auch sollte sich das Boot nach dem Aufrichten von seiner Besatzung wieder leersegeln lassen.

Luftsäcke als Auftriebskörper, üblicherweise sind sie unter den Seitendecks und dem Vordeck verzurrt.

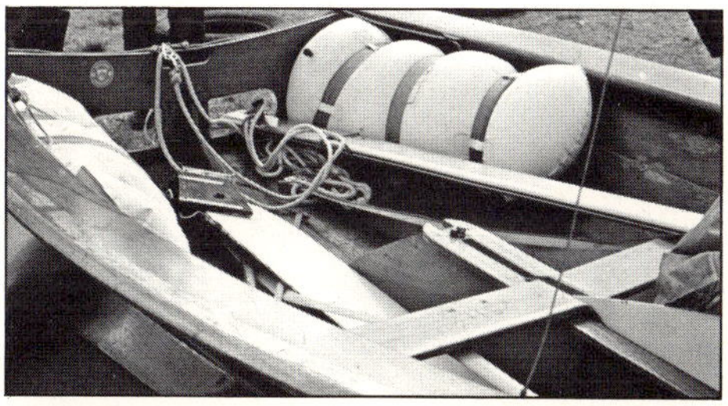

Die meisten modernen Rennjollen haben in Vor- und Seitendeck integrierte Lufttanks, oft auch ausgeschäumt. Auf dem Bild deutlich zu erkennen vorne die Inspektionsluken.

Der Mast

Der Mast trägt das oder die Segel. Die meisten Masten sind aus eloxiertem Aluminium. Hohlverleimte Holzmasten sind sehr selten geworden. Das Hochsegel wird direkt am Mast gefahren. Die Vorderkante des Segels, sein Vorliek, wird in eine Nut an der Rückseite des Mastes eingeführt und darin hochgezogen. Der Mast kann abgenommen werden. Er steht entweder auf dem Kiel oder in einer Mastspur an Deck, auf Jollen häufig in einer Kerb- oder Lochschiene. Sie erlaubt, den Mast zum Trimmen um mehrere Zentimeter nach vorn oder hinten zu versetzen. Kleine Boote, wie Einmann-Jollen, die nur ein Großsegel führen, haben einen unverstagt im Deck steckenden Mast. Das heißt, auf Wanten und Vorstag wird verzichtet. Boote mit einem Vorsegel dagegen kommen ohne Verstagung nicht aus.

Mast und stehendes Gut, typisch für eine kleine Jolle.

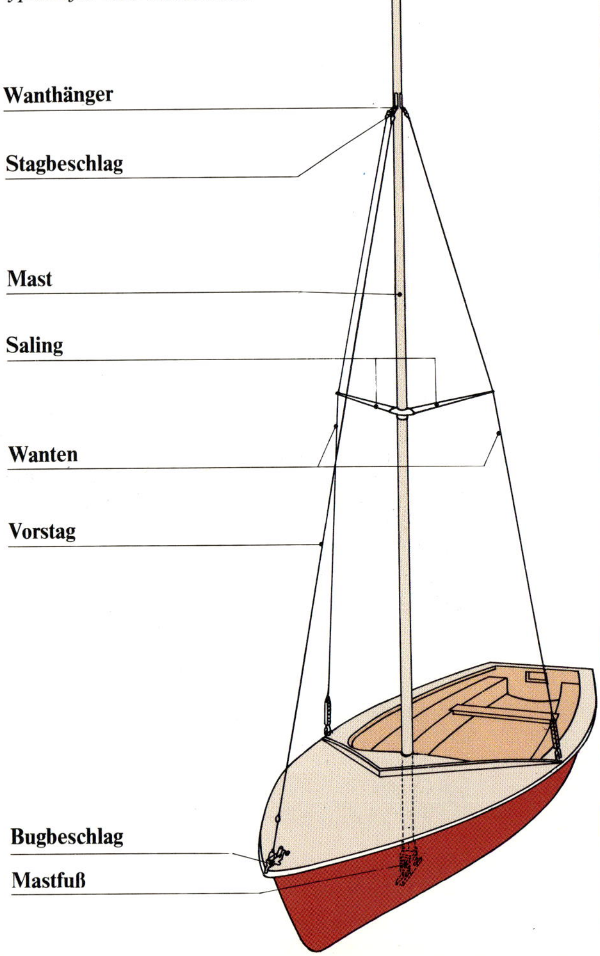

Mastbeschläge

Es gibt eine Reihe von Beschlägen, die dazu dienen, den Mast aufzustellen und zu fixieren und die Verstagung am Mast anzubringen. Unterschiedliche Bootstypen haben auch unterschiedliche Beschläge, entsprechend den seglerischen Anforderungen, die an sie gestellt werden. Auf einer anspruchsvollen Rennjolle beispielsweise ist der Mast ein kompliziertes Instrument zum Segeltrimm unter verschiedenen Segelbedingungen (mehr darüber auf Seite 143). Entsprechend umfangreich ist auch die Bestückung mit Beschlägen. Doch eins gilt für alle Arten von Mastbeschlägen: sie müssen erstklassig befestigt sein. Beim Segeln treten an den Beschlägen ständig wechselnde Belastungen auf, deshalb sollten sie vor jedem Törn auf Schwachstellen hin kontrolliert werden.

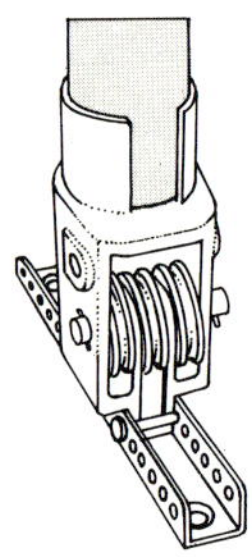

Mastfuß
Die Mastspur hält den Mastfuß in der gewünschten Position. Er kann nach vorne und hinten verstellt werden. Die drei Rollen sind Führungsrollen für Fock-, Großsegel- und Spinnakerfall.

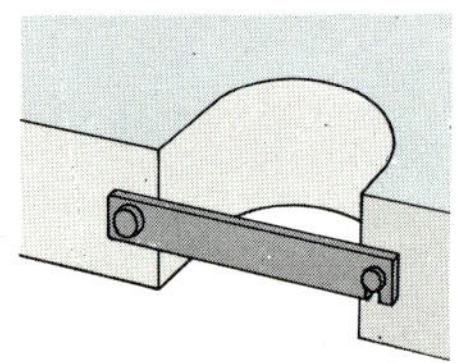

Mastdurchlaß
Masten, die auf dem Kiel stehen, erfahren eine zusätzliche Abstützung durch den Durchlaß. Eine Falle verschließt ihn.

Püttings
So werden die fest mit dem Rumpf verbundenen Stahlplatten bezeichnet, an denen die Wanten sitzen.

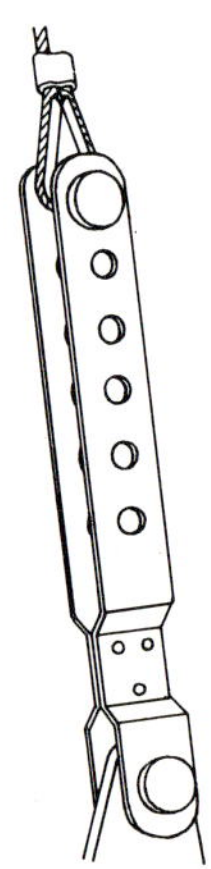

Lochbandbeschlag
Die Wanten können auch direkt mit den Püttings verbunden werden, aber dazwischen gesetzte Lochbänder oder Spannschrauben ermöglichen einen besseren Masttrimm.

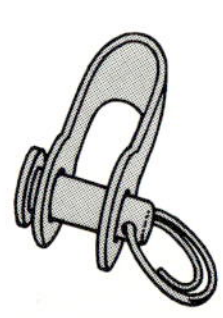

Steckverbindung
Sie dient dazu, die Wanten mit dem Lochband oder Pütting, beziehungsweise mit dem Wanthänger am Mast zu verbinden.

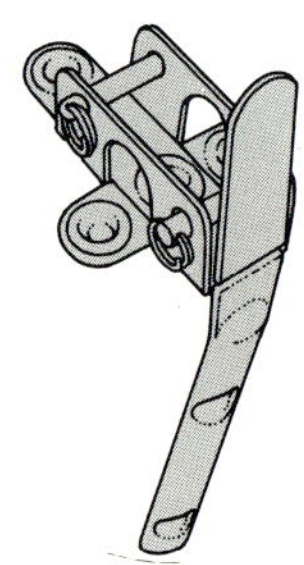

Bugbeschlag
Am Bugbeschlag werden Vorstag, Fockhals und die Vorleine angeschlagen. Da große Zugkräfte auftreten, muß er gut mit dem Deck verbolzt sein. Manchmal ist er – wie hier – mit einer Metallplatte als Stevenschutz verbunden.

Mastsetzen

Zu Beginn der Segelsaison oder – wenn man sein Boot trailert – vor jedem Start muß der Mast gesetzt werden. Das kann man durchaus alleine machen, denn die meisten Jollenmasten sind leicht und handlich, besser aber geht es natürlich zu zweit. Vor dem Aufrichten vergewissert man sich, daß keine Hindernisse, wie etwa elektrische Freileitungen, im Wege sind. Eine Berührung mit dem Alumast kann tödlich sein. Nun legt man den Mast parallel zum Boot, die Mastspitze zum Heck, und klariert die Wanten und das Vorstag. Hat das Boot eine Decksspur, werden die Wanten an ihren Püttings an Deck befestigt, der Mast aufrecht gestellt und aufrecht in seine Spur eingesetzt. Jetzt neigt man ihn, etwas unter Zug, nach vorne und befestigt das Vorstag. Haben die Wanten nicht genügend Spiel, um den Mast neben das Boot zu stellen, wird er längs übers Cockpit gelegt, sein Fuß in die Spur eingeführt und der Mast dann am Vorstag in die Vertikale aufgerichtet. Hat das Boot eine Kielspur und eine Decksdurchführung, zunächst den Mast in seine Spur einsetzen. Falls es eine Decksöffnung mit Falle ist, erst die Falle schließen, damit der Mast nicht nach hinten hinauskippen kann. Danach dann Wanten und Vorstag mit ihren Steck- oder Schraubverbindungen an den Decksbeschlägen anschlagen.

Aufriggen des auf dem Kiel stehenden Mastes eines Fireball.

Decksmastspur

1 *Die Wanten sind an ihren Püttings befestigt, der Mast wird aufgestellt …*

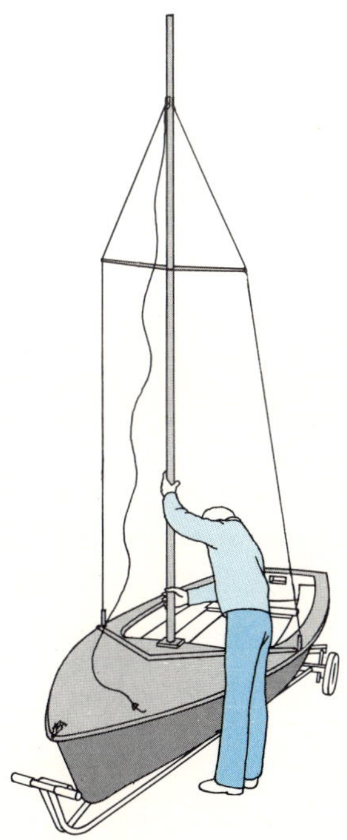

2 *… und in seine Spur an Deck gesetzt und nach vorne geholt, um das Vorstag am Bugbeschlag zu befestigen.*

Der Baum und seine Beschläge

Der Baum ist üblicherweise aus demselben Material wie der Mast, überwiegend also aus Aluminium. Er kann ein rundes, ovales oder rechteckiges Profil haben. Auf der Oberseite befindet sich eine Nut, in die das Fuß- oder Unterliek des Großsegels eingezogen wird. Am vorderen Ende des Baumes gibt es meistens einen Beschlag, an dem der Segelhals – die vordere untere Ecke des Segels – mit einem Schäkel oder Splintbolzen fixiert wird. An einem anderen Beschlag am hinteren Ende des Baumes wird das Schothorn – die hintere untere Ecke des Segels – ausgeholt und befestigt. Die Verbindung zwischen Baum und Mast nennt sich Lümmelbeschlag. Der Lümmel, der von einem Lümmellager aufgenommen wird, kann am Baum, aber auch am Mast sitzen. Es kann ein einfacher Haken, ein rundum schwenkbarer Zapfen, eine Steckbolzenverbindung oder ein Schlitten sein, der auf einer Schiene am Mast auf- und niederfährt. Der Baumniederholer ist eine Talje, die das unerwünschte Steigen des Baumes auf Vorm-Wind-Kursen verhindert. Sie greift auf der Unterseite des Baumes auf etwa einem Viertel der Länge an. Das andere Ende führt zum Mastfuß. Die Zeichnung rechts zeigt einen einfachen Baumniederholer. Auf hochgestochenen Rennjollen handelt es sich um ein raffiniertes System, das dem Trimm von Mast und Segeln dient.

Ein fester Lümmelbeschlag in viereckiger Zapfenform. Der Baum kann nicht gedreht werden.

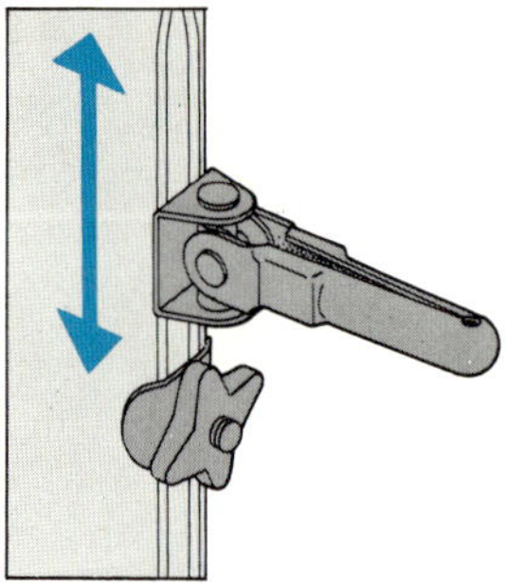

Auf einer Schiene gleitender Lümmelbeschlag mit ebenfalls gleitender Arretierungsschraube.

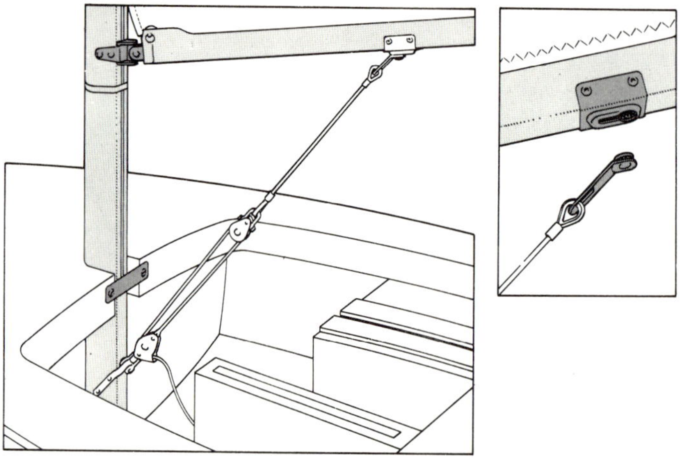

Baumniederholer mit einfacher Talje. Das obere Ende wird in die Platte mit Langloch an der Unterseite des Baumes eingepickt.

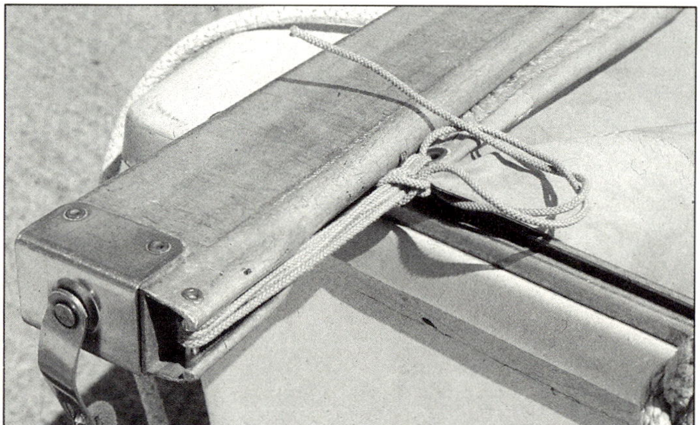

Es gibt verschiedene Systeme, das Schothorn auszuholen. Hier geschieht es mit einem einfachen Bändsel, das über einen Bolzen gezogen wird.

Die Segel

Das Rigg, beziehungsweise die Takelage, bestimmt die Anzahl der Segel. Außer den Einmann-Booten haben fast alle Jollen ein Großsegel und ein Vorsegel (Fock oder Genua). Bis zur Erfindung der Kunstfaser waren Yachtsegel aus Baumwolle. Heute wird fast nur noch das aus Polyester entwickelte Dacron verwendet. Es dehnt sich nicht, hat eine hohe Zerreißfestigkeit und ist wasserabweisend und verrottungsfest. Es leidet allerdings unter ultravioletter Sonnenbestrahlung und ist empfindlich gegen Scheuern und Knicken. Das Tuch wird in verschiedenen Stärken zu Leicht- und Schwerwettersegeln verarbeitet. Einige Boote haben mehrere Satz Segel für unterschiedliche Windverhältnisse. Bei leichtem Wind wird meistens statt der kleinen Fock eine große Genua gefahren. Die Ecken der Segel – als Hals, Kopf und Schothorn bezeichnet – sind verstärkt. Vor- und Fußliek des Großsegels sind mit einem Tau eingefaßt, weil sie in die Nut von Mast und Baum eingezogen werden. Segellatten aus Holz oder Kunststoff in den Lattentaschen am Achterliek des Großsegels dienen der besseren Formgebung und sollen ein Flattern des Achterlieks verhindern. Fock oder Genua werden mit Stagreitern auf das Vorstag gesetzt, auf modernen Rennjollen häufig jedoch auch ohne Stagreiter gefahren. Die Segelstellung wird mit den Schoten reguliert, die entsprechend Vor- und Großschot heißen.

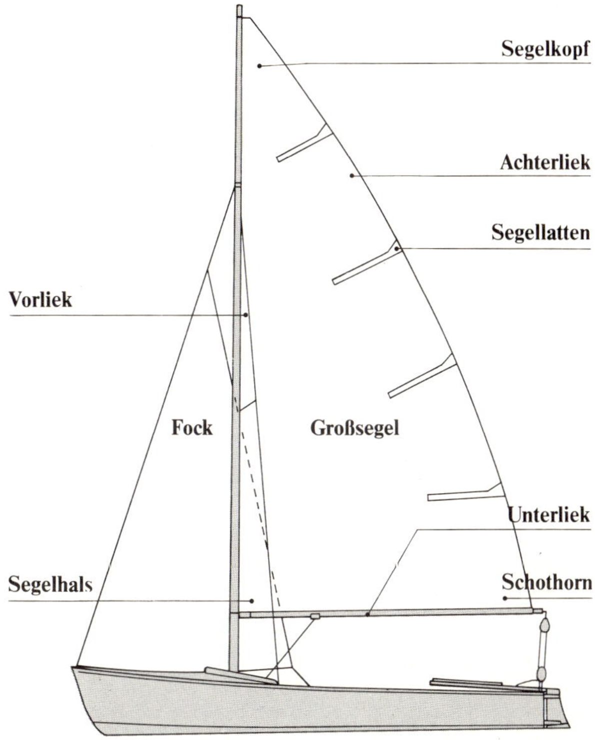

Blöcke

Blöcke sind Gehäuse mit gekehlten Rollen (Scheiben), über die eine Leine läuft. Ein Block kann nur eine Scheibe haben oder aus einer Kombination von Scheiben bestehen. Entsprechend der Art ihrer Verwendung haben Blöcke am Fuß oder am Kopf die unterschiedlichsten Beschläge. Es gibt sie in allen möglichen Größen und aus verschiedenen Materialien. Sie dienen dem Umlenken einer Zugrichtung oder an Taljen, wie beispielsweise der Großschot, der Kraftersparnis.

Block mit Auge und Hundsfott

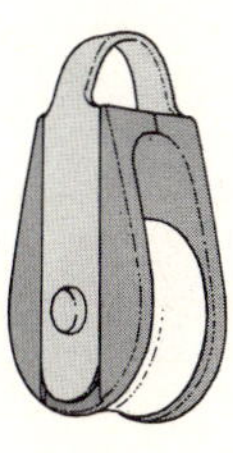

Block mit Auge

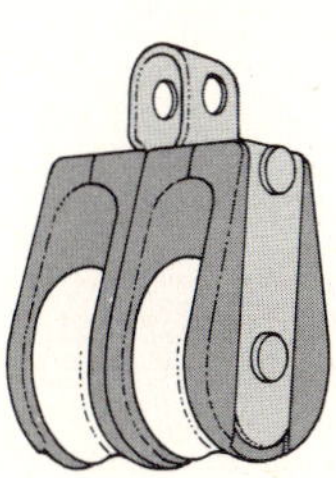

Zweischeibiger Block

Schäkel

Schäkel sind kleine Bügel, heute meistens aus nichtrostendem Stahl, die dazu dienen, alles Mögliche an Bord miteinander zu verbinden. Es gibt sie in verschiedenen Größen und Stärken und verschiedenen Ausführungen für spezielle Verwendungszwecke. Der „klassische" Schäkel ist der D-förmige Schraubschäkel. Daneben gibt es Schlüsselschäkel. Ihr Schäkelbolzen kann nicht heraus- und über Bord fallen, wie es Schraubbolzen gerne tun. Eine andere Spielart sind Schnappschäkel, die ein Federbolzen verschließt. Stets sollte man reichlich Ersatz an Schäkeln bei sich haben.

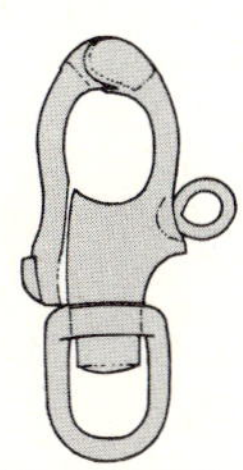

Schnappschäkel

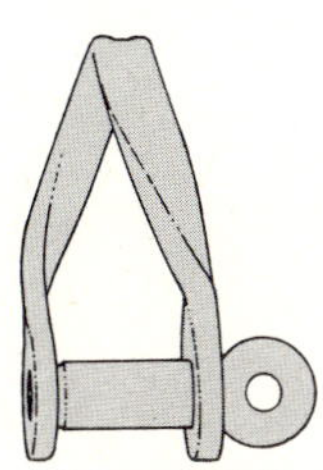

Schraubschäkel gedreht

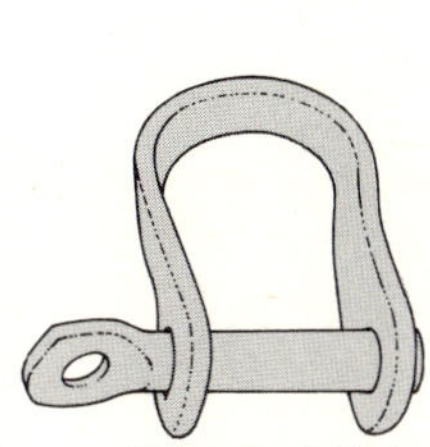

Schraubschäkel geschweift

Das Großsegelfall

Das Großsegelfall ist eine Leine, häufig mit einem Drahtvorläufer. Seltener ist es vollständig aus Draht. Es wird am Kopf des Großsegels angeschäkelt, um das Segel zu setzen. Es läuft zu einer Umlenkrolle in der Rückseite der Mastspitze, dann durch den Mast und tritt im unteren Teil des Mastes über eine weitere Umlenkrolle wieder aus. Üblicherweise an der rechten (Steuerbord-) Seite. Das Fall wird auf einer Klampe am Mast belegt und das Ende, sauber aufgeschossen, dahintergesteckt. Auf älteren Booten läuft das Fall nicht durch den (hohlen) Mast, sondern außen entlang. Ein Drahtfall wird mit einer Schlinge, seemännisch als Auge bezeichnet, über einen Haken gehängt.

Das Fockfall

Es dient zum Setzen des Vorsegels. Es wird ebenfalls am Segelkopf angeschäkelt und besteht meistens aus einer Leine mit einem Drahtvorläufer. Die Führung im Mast ist ähnlich wie beim Großsegelfall, nur tritt es oben an der Vorderseite und unten an der Backbordseite (links) aus. Belegt wird es ebenfalls auf einer Klampe. Auf Hochleistungsjollen allerdings sitzt das Fall häufig auf einem Hebelstrecker (rechts). Er ermöglicht, die gewünschte extreme Spannung auf das Vorliek des Segels zu bringen.

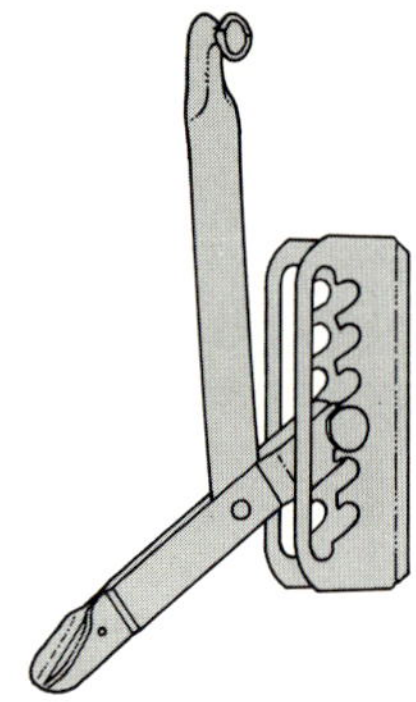

Hebelstrecker oder -spanner für das Fockfall, wie man ihn auf hochgezüchteten Rennjollen findet.

Die Großschot

Die Großschot ist eine geflochtene griffige Leine, mit der das Großsegel bedient wird. Üblich ist auf Jollen die Mittelschotführung. Die Schot sitzt etwa auf der Mitte des Baumes und der Fußblock ebenfalls etwa in der Mitte des Cockpits. Einige ältere und ausländische Jollen, besonders in England, haben eine Heckschotführung. Die Schot greift an der Hinterkante des Bootes, am Spiegel, an. Die Bedienung ist umständlicher. Alle Großschoten sind als Taljen durch Blöcke geschoren, die eine Kraftersparnis von 3:1 bis 4:1 ergeben. Der Fußblock der Mittelschot sitzt häufig auf einem sogenannten Traveller, einer quer übers Cockpit verlaufenden Schiene oder Stange mit einem oft rollengelagerten Schlitten. Der Traveller erlaubt dem Steuermann, die Großschot mehr zur einen oder anderen Seite hin zu fahren, was einen nicht unerheblichen Einfluß auf den Trimm des Segels hat (s. Seite 144). Alle Rennjollen, bei denen es auf solche Feinheiten ankommt, haben Traveller. Auf einigen Booten wird die Großschot ständig aus der Hand gefahren, auf anderen kann sie in Schotklemmen festgesetzt werden.

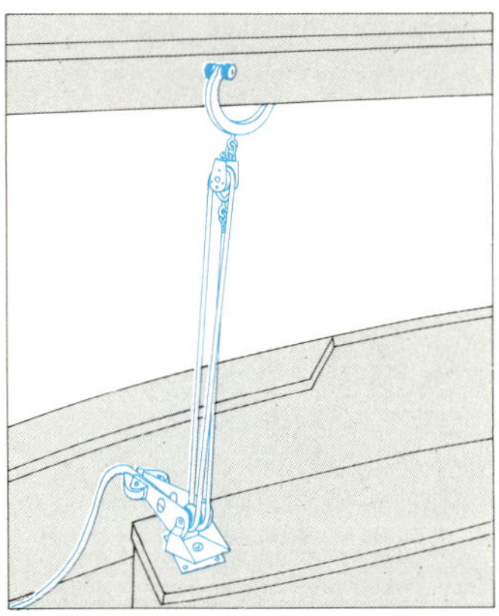

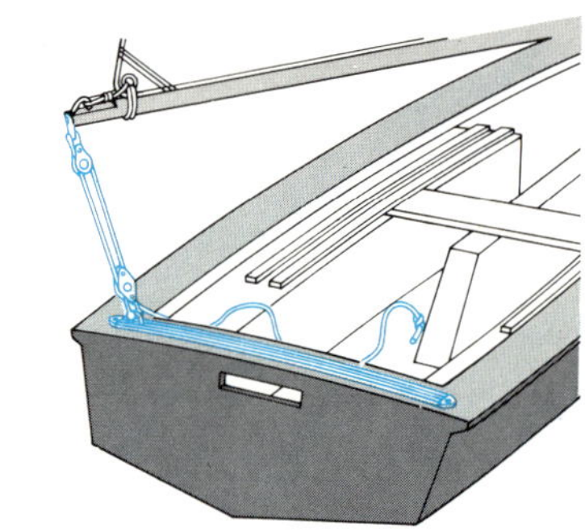

Oben: Heckschotführung mit Traveller, der Fußblock gleitet mit einem Schlitten auf einer Schiene. (Nur noch auf älteren, besonders englischen Jollen zu finden.)

Oben links: Mittelschotführung mit festem Fußblock und Schotring. Er ermöglicht das Großsegel zu reffen (auf den Baum aufzurollen).

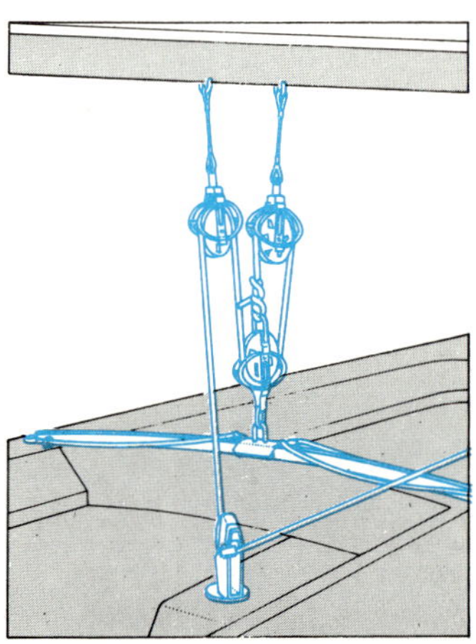

Mittelschotführung mit Traveller und festem Fußblock, wie sie auf allen modernen und internationalen Rennjollen üblich ist.

Die Fockschoten

Das Vorsegel – Fock oder Genua – wird mit zwei Schoten bedient. Sie werden entweder ans Schothorn angeschäkelt oder mit einem Knoten (Palstek) angesteckt. Knoten ist besser, denn der Metallschäkel an einer im Wind schlagenden Fock kann eher Verletzungen verursachen. Ob die Schot besser aus zwei Leinen besteht oder aus einer langen, in der Mitte halbierten, ist Ansichtssache. Man nimmt die beiden Schotenden auf jeder Seite außen um die Wanten herum, fädelt sie durch ihre Leitösen und sichert sie mit einem Achtknoten (s. Seite 146), damit sie nicht ausrauschen können. Die Leitösen sind entweder fast auf dem Seitendeck montierte Ringe oder Bügel, sogenannte Augen, oder sie sitzen verstellbar auf einer Fockschot-Leitschiene – meist einem Lochband mit Federstift.

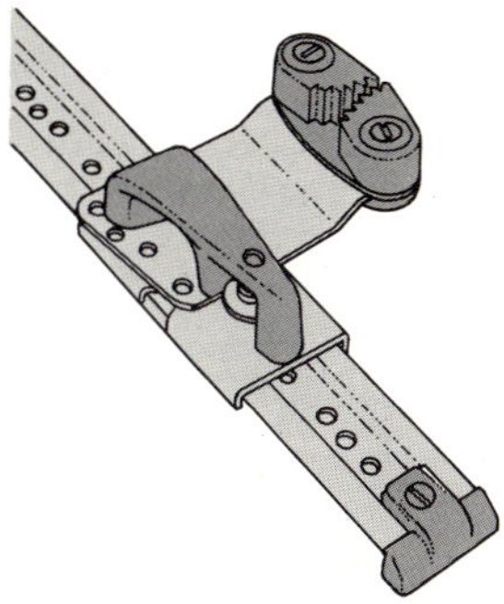

Fockschotleitschiene mit Schlitten, auf dem eine Curryklemme sitzt.

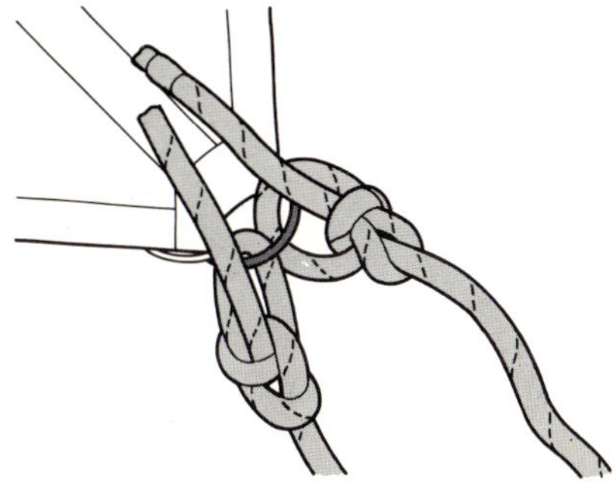

Zwei getrennte Fockschoten, mit je einem Palsteck am Schothorn angesteckt.

Klemmen

Es gibt eine Vielzahl von Klemmvorrichtungen aus unterschiedlichen Materialien. Sie dienen alle dem gleichen Zweck: eine unter Zug stehende Leine sicher zu bekneifen und sich blitzschnell lösen zu lassen. Ursprünglich kannte man nur Klampen (unten rechts), doppelarmige Knaggen aus Holz oder Metall, neuerdings auch aus Kunststoff, um die das Tauende achtförmig herumgelegt wurde und sich auf diese Weise bekniff. Zu den eigentlichen Klemmen zählt die Klampe nicht. Wohl am meisten verbreitet ist die nach ihrem Erfinder benannte Curryklemme (unten links, kombiniert mit einer Leitöse). Sie hat zwei bewegliche gezahnte Backen, die sich unter Gegenzug öffnen. Sie wird vorwiegend zum Festsetzen von Schoten und Streckern verwendet. Gleiche Funktion hat die Kammklemme, auch englisch als Clamcleat bezeichnet. Sie bekneift in einem sich verjüngenden geriffelten Spalt. Man findet sie häufig am Schwert- und Ruderfall.

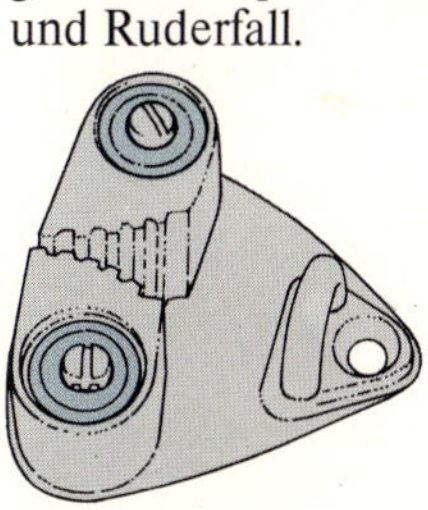

Leitöse mit Curryklemme

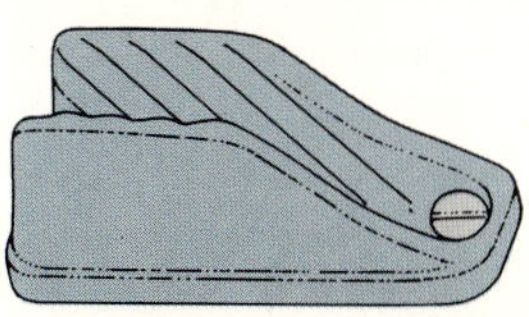

Kammklemme

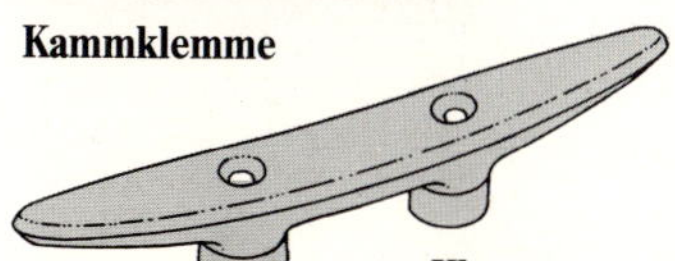

Klampe

Zusätzliche Ausrüstung

Abgesehen von der Ausrüstung, die fest mit dem Boot verbunden ist, braucht man einige zusätzliche Dinge, ohne die man niemals lossegeln sollte. Dazu zählen ein Leichtgewichtanker mit mindestens 20 Meter Leine, zwei Festmacheleinen, zwei Stechpaddel oder Ruder (wenn das Boot zum Rudern eingerichtet ist), Pütz und Schwamm, Reservelenzstopfen, Reserveschäkel und ein Bordmesser mit einem Dorn, um festgefressene Schäkelbolzen zu lösen. Und selbstverständlich gehört für jedes Besatzungsmitglied eine Rettungsweste an Bord. Alle Ausrüstungsgegenstände müssen so – am besten unter dem Vor- oder Seitendeck – gestaut werden, daß sie nicht verloren gehen, falls das Boot kentert. Auszuschließen ist das mit einer Jolle nie.

Lenzeinrichtungen

Eigentlich sollten alle Jollen automatische Lenzeinrichtungen besitzen. Entweder Selbstlenzer im Boden, die das Wasser aus dem Boot saugen, sobald es genügend Fahrt macht, oder aber Lenzöffnungen im Spiegel. Sie können mit Klappen, Stopfen oder ähnlichem verschlossen sein. Manche öffnen automatisch, andere müssen von Hand geöffnet und geschlossen werden.

Weshalb ein Boot segelt

Um segeln zu können, ist es nicht unbedingt erforderlich, die Theorie des Segelns zu kennen. Es gibt sogar sehr erfolgreiche Segler, die sich nie um die Theorie gekümmert haben. Aber es ist schon hilfreich, wenn man eine ungefähre Vorstellung davon hat, welche Kräfte wie auf Boot und Segel einwirken und was sie bewirken. Tatsache aber ist leider auch, daß Anfänger häufig mit sehr viel theoretischem Ballast konfrontiert und dadurch eher verunsichert oder sogar abgeschreckt werden. Besser läßt man sie zunächst einmal selbst herausfinden, was ein Segelboot kann und nicht kann und aus ihren eigenen Beobachtungen lernen. Kinder führen uns vor, wie gut sich diese Methode in der Praxis bewährt. Man lernt schnell, ein Boot allein nach „Gefühl" zu segeln. Und mancher mag sich vielleicht damit zufrieden geben.
Wer jedoch nach mehr Perfektionismus strebt oder nach Regatta-Lorbeeren, der wird ohne Verständnis der Theorie, der aero- und hydrodynamischen Vorgänge am Boot, kaum auskommen.

Wie das Segel arbeitet

Daß Rückenwind schiebt, ist eine jedermann bekannte Tatsache. Nach diesem Prinzip segelt ein Boot vor dem Wind. Das Segel setzt dem Wind einen Widerstand entgegen. Die Luftströmung wird abgebremst. Je größer die Widerstandsfläche ist, umso mehr Luftmasse wird abgebremst und umso größer ist der Schub, der gleichbedeutend mit Vortrieb ist.
Auf andere Art entsteht der Vortrieb beim Segeln im Am-Wind-Bereich. Die Luftmasse wird nicht mehr abgebremst, sondern durch ein flaches, als aerodynamisches Profil geschnittenes Segel störungsfrei abgelenkt – zumindest dann, wenn das Segel richtig geschnitten ist und richtig steht. Die Luftströmung wird dabei gleichzeitig in Luv (der dem Wind zugekehrten Seite) verzögert und in Lee (der Rückseite) beschleunigt. Dabei entsteht ein Überdruck in Luv, und – durch die Beschleunigung der Luftströmung – ein erheblich größerer Unterdruck in Lee. Beide Kräfte – Über- und Unterdruck – wirken als Gesamtkraft in die gleiche Richtung, fast senkrecht zur Richtung des einfallenden Windes. Das Segel arbeitet nach demselben Prinzip wie die Tragfläche eines Flugzeuges. Aus der Aerodynamik stammt denn auch die Bezeichnung „Auftrieb". Er ist nicht mit Vortrieb gleichzusetzen. Der Wind liefert dem Boot überhaupt keinen nach vorn gerichteten Vortrieb, sondern nur einen quer zur Windrichtung orientierten Auftrieb. Wäre das Boot ein flach auf dem Wasser liegendes Brett, würde es einfach seitwärts „segeln". Aber die Lateralfläche – gebildet aus dem Unterwasserschiff, einschließlich Schwert und Ruderblatt – setzt dem seitlichen Abtreiben Widerstand entgegen. Dieser Lateralwiderstand verwandelt einen Teil der quergerichteten Gesamtkraft des durch den Wind erzeugten Auftriebs in Vortrieb. Das heißt, in Fahrt voraus. Je spitzer der Wind von vorne kommt, um so geringer wird der aus der quergerichteten Kraft gewonnene Vortrieb. Schließlich hört er vollständig auf. Damit der Wind das Segel optimal anströmen kann, spielt der richtige Anstellwinkel des Segels zum Wind eine große Rolle.
Die Zeichnung rechts veranschaulicht, wie sich die Gesamtkraft (durchgezogene blaue Linie) in Vortrieb (= Fahrt voraus) und Querkraft aufteilt. Je seitlicher der Wind einfällt, umso mehr nimmt der Vortrieb zu und die Querkraft ab. Kommt der Wind von hinten, erzeugt er nur noch Vortrieb, die Querkraft hört auf.

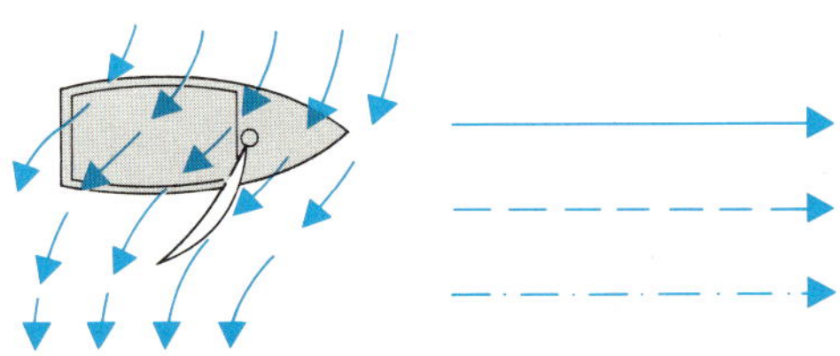

Das Segel spaltet die Luftströmung, dabei entsteht ein Überdruck in Luv und ein Unterdruck in Lee.

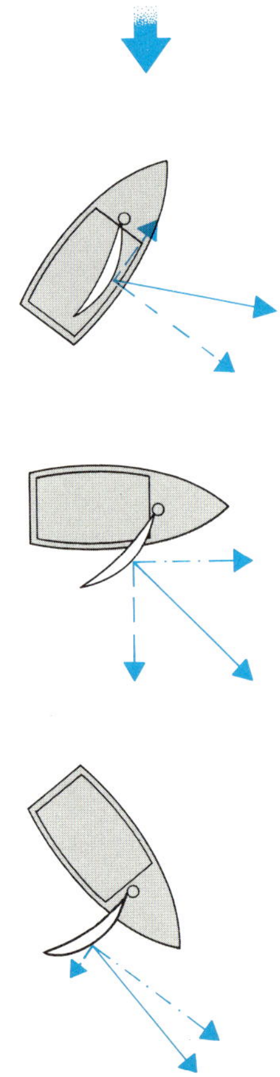

Die Gesamtkraft (durchgezogene blaue Linie) wirkt auf allen Kursen rechtwinklig zum Segel. Die Querkraft nimmt ab, je mehr das Boot vom Wind abfällt.

Wie das Schwert arbeitet

Auf einer Jolle ist es hauptsächlich das Schwert, das der seitlichen Abdrift entgegenwirkt. Je länger es ist, umso wirksamer ist es. Doch es kann auf Am-Wind-Kursen nicht verhindern, daß das Boot unter dem Winddruck auf das Segel stets etwas in Querrichtung ausweicht. Dieser Winkel zwischen dem gesteuerten und dem tatsächlich gesegelten Kurs wird als Abdrift oder Leeweg bezeichnet. Da die seitliche Abdrift am Wind am größten ist, muß das Schwert auf einem Am-Wind-Kurs vollständig hinuntergelassen werden. Je mehr man auf einen Vorm-Wind-Kurs geht, umso mehr kann das Schwert aufgeholt werden. Wird es auf einem Am-Wind-Kurs aufgeholt, rutscht das Boot zwar zur Seite weg, aber die Krängung – die seitliche Neigung – wird geringer, weil dem Winddruck auf die Segel nur ein sehr geringer Gegendruck der Lateralfläche gegenübersteht. Daraus ergibt sich die Feststellung: Je stärker die Abdrift, desto geringer ist die Krängung.
Aber auch bei starker Krängung verringert sich die Lateralfläche durch die starke Neigung des nur noch teilweise eingetauchten Schwertes und Ruderblattes. Deshalb vergrößert sich bei starker Krängung ebenfalls die seitliche Abdrift. Deshalb ist es so wichtig, eine Jolle so aufrecht wie möglich zu segeln, will man gute Fahrt voraus machen. Das wird erreicht, indem die Mannschaft ihr Gewicht so weit wie möglich nach Luv bringt.

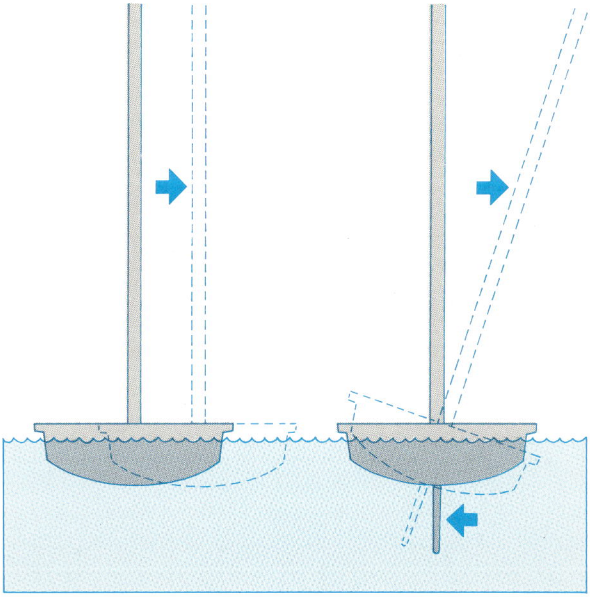

Ein Boot mit aufgeholtem Schwert bietet dem Wind wenig seitlichen Widerstand. Es rutscht zur Seite weg.

Mit dem Schwert unten bildet es unter Wasser einen erheblichen seitlichen Widerstand. Die seitwärts gerichtete Kraft wandelt sich teilweise in eine krängende Kraft um.

Wie das Ruder arbeitet

Das Ruder soll erstens die Lateralfläche vergrößern und so der seitlichen Abdrift entgegenwirken und zweitens ist es das Steuer eines Bootes. Seine Wirkung beruht auf dem Staudruck, der vor dem Ruderblatt entsteht, wenn es gegen das anströmende Wasser angestellt wird. Schlägt man das Ruderblatt beispielsweise nach Steuerbord (rechts) ein, drückt der Staudruck das Bootsheck zur gegenüberliegenden Seite. Die Spitze des Bootes, der Bug, dreht nach Steuerbord. Genau betrachtet ist es das Heck, das man steuert, nicht der Bug. Die Drehachse liegt vor der Bootsmitte, deshalb vollführt das Heck immer einen größeren Bogen als der Bug. Ein Boot dreht stets in die Richtung, in die das Ruderblatt zeigt, auch beim Rückwärtssegeln. Die Pinne jedoch, mit der das Ruder gelegt wird, zeigt in die entgegengesetzte Richtung. Also bei Steuerbord-Ruder, wenn das Boot nach Steuerbord (rechts) dreht, muß die Pinne nach Backbord (links) gelegt werden. Das irritiert Anfänger manchmal zunächst etwas, geht einem aber schnell in Fleisch und Blut über.
Wird das Ruder zu stark eingeschlagen, verliert es seine Wirkung. Das quergestellte Ruderblatt bildet einen so großen Widerstand im Wasser, daß es nur noch als Bremse wirkt, mit der man tatsächlich zu viel Fahrt abstoppen kann. Auch kleinere Ruderausschläge haben stets eine, wenn auch sehr geringfügige Bremswirkung. Deshalb sollte man, um gut und schnell zu segeln, bei Geradeausfahrt so wenig wie möglich mit dem Ruder arbeiten.

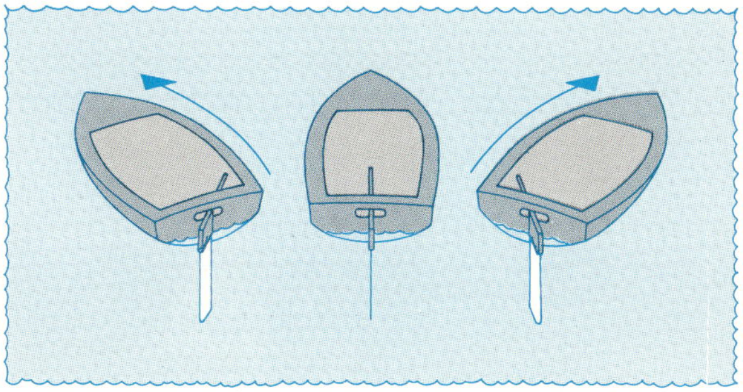

Wird das Ruder nach Backbord gelegt (links), dreht das Heck nach Steuerbord (rechts) und umgekehrt.

Kurse zum Wind

Direkt gegen den Wind ansegeln kann kein Boot. Für jedes gibt es einen unterschiedlich großen Sektor zum Wind, in dem es nicht mehr voraus segelt, sondern sogar rückwärts treibt. Im allgemeinen beträgt dieser tote Sektor 90°, jeweils 45° rechts und links von der Windrichtung. Das macht schon deutlich, wie wichtig es für einen Segler ist, die genaue Windrichtung zu kennen. Da der Wind jedoch nicht zu sehen ist, muß man sich an sichtbare Merkmale halten. Hat man einen Windanzeiger an Bord, einen Verklicker oder Windfäden am Want, wird gerade einem Anfänger die Sache erheblich erleichtert. Der erfahrene Segler hingegen hat ein ziemlich sicheres „Gefühl" für den Wind.

Gesegelt werden kann nur mit dem scheinbaren Wind, der sich aus dem tatsächlich wehenden Wind und dem vom Boot verursachten Fahrtwind zusammensetzt.

Zwischen dem nicht mehr zu befahrenden Sektor am Wind und dem Segeln, „platt vorm Laken", das heißt, mit dem Wind genau von hinten, liegen mehrere Kurse. Sie haben ihre eigenen Bezeichnungen und erfordern jeweils eine andere Segelstellung, teilweise auch einen anderen Trimm des Bootes durch die Mannschaft. Auf diesen verschiedenen Kursen zum Wind immer den richtigen Anstellwinkel der Segel zu finden, macht dem Anfänger die meisten Schwierigkeiten. Doch mit zunehmender Praxis bekommt er fast automatisch das richtige Gespür dafür. Er lernt, Windschwankungen rechtzeitig zu erkennen und auszunutzen, und wie er auf Böen reagieren muß.

Alle Kurse zum Wind können über die rechte Bootsseite (Steuerbord) oder die linke Bootsseite (Backbord) gesegelt werden. Ihre Bezeichnung bleibt jeweils gleich.

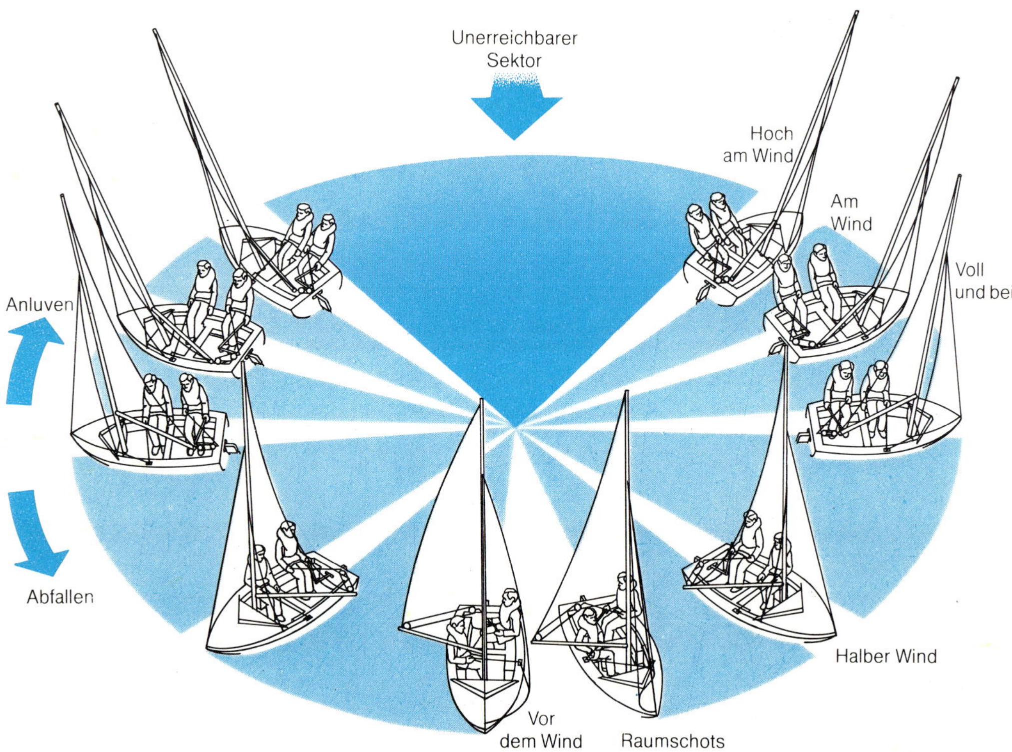

Der unerreichbare Sektor

Es gibt also einen Sektor von 0° (Vorausrichtung) bis zu etwa 45° nach beiden Seiten, in dem ein Boot nicht mehr voraus segelt, sondern entweder mit killenden (flatternden) Segeln stehen bleibt oder sogar rückwärts treibt. Segelt man zu dicht an der Grenze dieses Sektors, beginnt die Fock zu killen und das Boot verliert spürbar an Fahrt. In diesem Fall muß der Steuermann sofort die Pinne zu sich heranziehen und so weit abfallen, bis das oder die Segel wieder voll stehen.

Hoch am Wind

Ein Kurs hart an der Grenze des unerreichbaren Sektors, auf dem das Boot noch Fahrt macht, aber Krängung und Abdrift am größten sind. Die Segel sind so dicht wie möglich geholt, das Schwert ist vollständig unten. Man nennt solches Segeln auch kneifen. Die Mannschaft muß stark ausreiten.

Halber Wind

Das Boot segelt etwa 90° zum scheinbaren Wind. Das Schwert ist ungefähr halb oder noch etwas mehr aufgeholt, die Segel sind so weit gefiert, daß sie gut voll stehen. Auf diesem Kurs erreichen alle Segelboote ihre größte Geschwindigkeit, besonders aber die leichten Gleitjollen.

Am Wind

Auf diesem Kurs läuft ein Boot seine optimale Höhe. Das heißt, man kommt so am besten zu einem Ziel, das in Luv liegt. Krängung und Abdrift werden etwas geringer, die Geschwindigkeit nimmt merklich zu. Wahrscheinlich wird man die Schoten auf diesem Kurs leicht fieren – etwas schricken – müssen.

Raumschots

Ein Kurs raumer als Halbwind, das heißt, mehr vom Wind weg. Das Großsegel ist bis an die Wanten aufgefiert, der Vorschotmann rutscht zur Bootsmitte, das Schwert wird fast vollständig aufgeholt. Raum nennt man jedoch verallgemeinernd auch alle Kurse zwischen „am Wind" und „vorm Wind".

Voll und bei

Das Boot fällt noch weiter ab, das heißt, es dreht weiter vom Wind weg, die Schoten werden etwas mehr gefiert. Krängung und Abdrift nehmen weiter ab, die Geschwindigkeit nimmt zu. Das Schwert kann etwas aufgeholt werden.

Vorm Wind

Der Wind kommt genau von hinten. Da die Fock jetzt vom Großsegel abgedeckt wird, nimmt man sie auf die andere Seite und fährt sie als „Schmetterling". Die Mannschaft sitzt zum Ausbalancieren auf der rechten und linken Bootsseite. Ein schwieriger Kurs.

Windanzeiger

Es ist für einen Segler wichtig zu wissen, woher der Wind weht. Erfahrene spüren das an ihrem Gesicht, nicht so Erfahrene sollten nach anderen Indikatoren Ausschau halten: In strömungsfreien Gewässern drehen sich Boote vor Anker mit dem Bug in den Wind. Rauch und Flaggen wehen in Zugrichtung des Windes. Auch aus den Wellen lassen sich gewisse Rückschlüsse ziehen, doch erfordert das einiges an Erfahrung, denn sie laufen oft nicht in der gleichen Richtung wie der Wind. Die besten Windanzeiger sind ein sogenannter Verklicker – ein ausgesteifter Wimpel – im Masttopp und Windfäden an den Wanten. Auch stellt sich das Großsegel in Windrichtung, wenn man die Schot los gibt.

Natürliche Windanzeiger

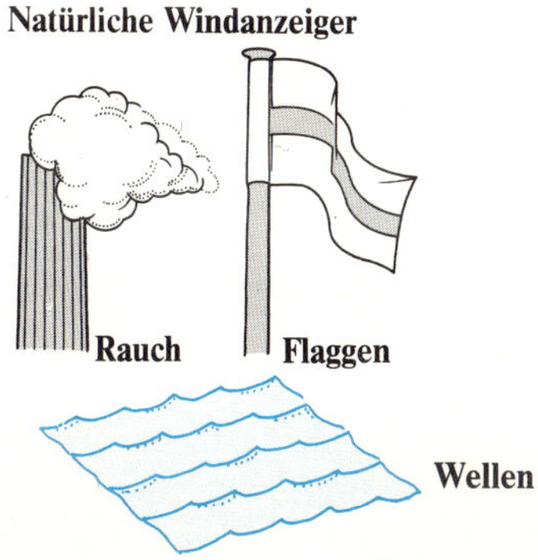

Künstliche Windanzeiger

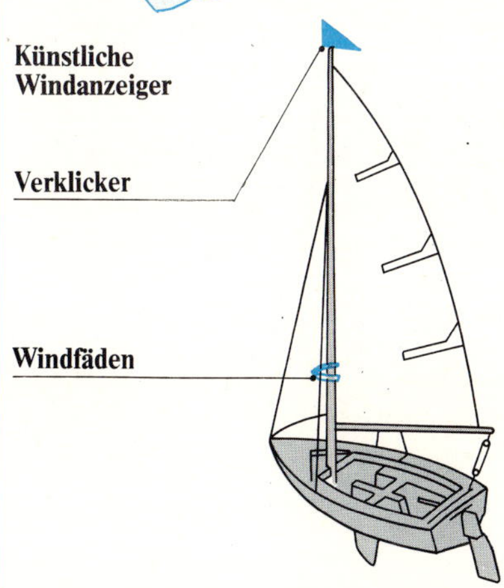

Bootsbedienung

Bevor jemand mit einer Jolle zu segeln beginnt, muß er sich eingehend damit vertraut machen, wie die verschiedenen Einrichtungen an Bord funktionieren, wie sie zu bedienen sind und was man mit ihnen bewirken kann. Obwohl sie, entsprechend der Bootskonstruktion, recht unterschiedlich sein können, funktionieren sie doch nach dem gleichen Prinzip. Steuermann und Vorschoter müssen lernen und wissen, wie sie damit das Beste aus ihrem Boot herausholen.

Bei einer Kursänderung müssen auch Segel- und Schwertstellung, Schot- und Ruderführung und die Sitzposition der Mannschaft geändert werden.

Einsatz der Segel

Abgesehen von der Antriebskraft, die die Segel liefern, haben sie auch größeren Einfluß auf das Kursverhalten eines Bootes. Ein Segel, das sich vor dem Schwert befindet, verleiht dem Bug eine Drehtendenz vom Wind weg. Entsprechend versucht ein hinter dem Schwert gesetztes Segel, das Heck zum Abfallen zu bringen. Stehen die Segel einwandfrei, sind also die Kräfte von Vor- und Großsegel genau ausbalanciert, muß das Boot geradeaus segeln, wenn man die Pinne losläßt. Sind die Segel nicht richtig geschotet, kann es schwierig werden, Kurs zu halten. Wenn man beispielsweise nur die Großschot anholt oder sie wesentlich dichter fährt als die Fockschot, wird das Boot luvgierig (Drehtendenz zum Wind). Holt man dagegen nur die Fockschot dicht, wird das Boot leegierig (Drehtendenz vom Wind weg).

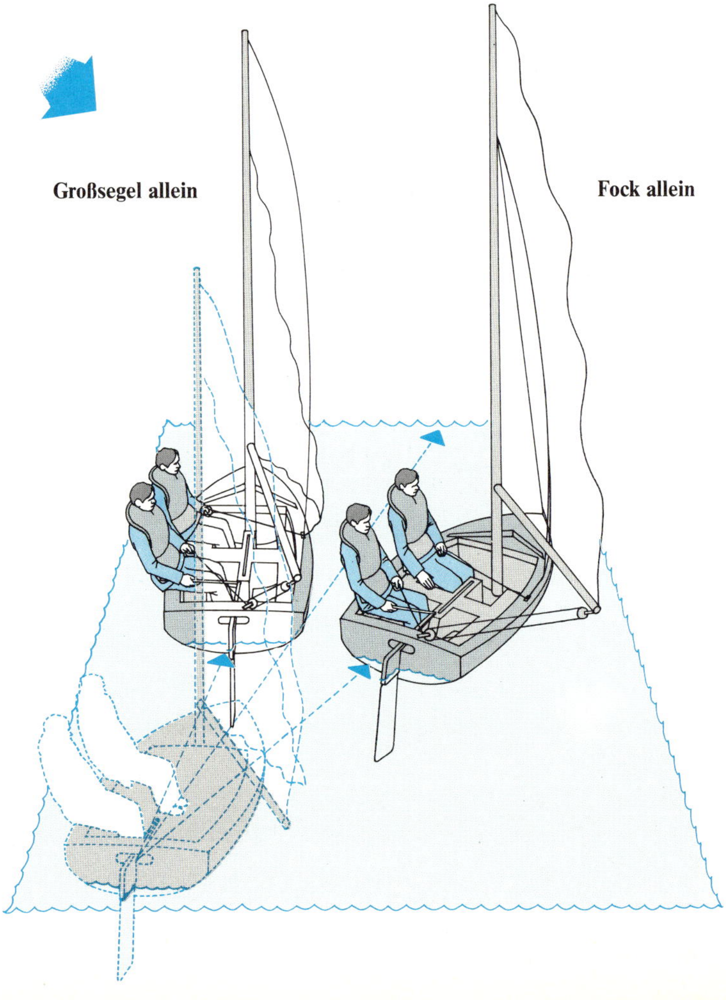

Das Boot liegt mit flatternden (killenden) Segeln in einer Am-Wind-Position. Das Ruder liegt mittschiffs. Läßt man die Fock weiter killen und holt nur das Großsegel dicht, nimmt das Boot Fahrt auf und luvt an (es dreht nach Luv). Holt man in derselben Ausgangssituation nur das Vorsegel dicht und läßt das Großsegel weiter killen, nimmt das Boot ebenfalls langsam Fahrt auf, es fällt aber ab (es dreht nach Lee).

Einsatz des Ruders

Das Ruder wird vom Steuermann mit der Pinne bedient, die häufig einen Pinnenausleger hat. Der Ausschlag des Ruders bewirkt eine Kursänderung des Bootes. Ein nach Luv eingeschlagenes Ruderblatt (Luv-Ruder) dreht das Boot nach Luv, ein nach Lee eingeschlagenes (Lee-Ruder) nach Lee. Die Pinne zeigt stets in die entgegengesetzte Richtung. Beim Anluven drückt der Steuermann die Pinne von sich weg, beim Abfallen zieht er sie zu sich heran. Wegen der starken Bremswirkung sollte das Ruder niemals hart gelegt werden. Bei allen mit dem Ruder eingeleiteten Kursänderungen müssen gleichzeitig die Segel entsprechend bedient werden.

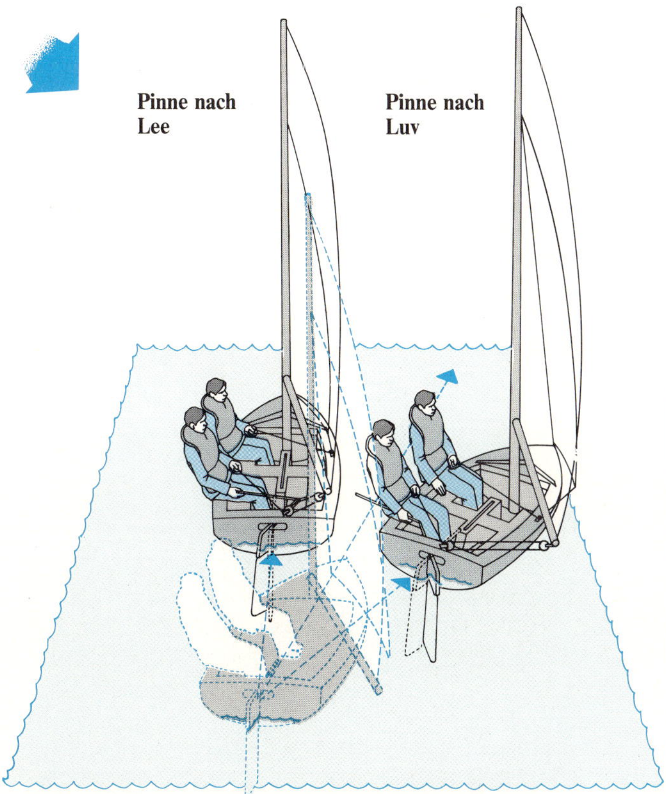

Schiebt der Rudergänger die Pinne von sich weg (nach Lee), luvt das Boot an. Werden die Schoten nicht entsprechend angeholt, fangen die Segel an zu killen. Das Boot kommt zum Stillstand, wenn es vollständig in den Wind gedreht wird. Zieht der Rudergänger die Pinne zu sich heran (nach Luv), fällt das Boot ab. Die Schoten müssen entsprechend gefiert werden, das Boot nimmt mehr Fahrt auf.

Einsatz des Schwertes

Als Anfänger mag es einem schon mal passieren, daß man vergißt, das Schwert hinunterzulassen. Luvt das Boot nicht wie erwartet an, sondern schiebt es sich zur Seite weg, zunächst die Schwertstellung kontrollieren. Mit dem Schwert läßt sich unter Umständen aber auch der Kurs stabilisieren. Ist das Boot leicht luvgierig, genügt es manchmal, das Schwert etwas aufzuholen. Ist das Boot etwas leegierig, mag es genügen, das Schwert vollständig hinunterzulassen.

Bootstrimm

Als Bootstrimm bezeichnet man alle Maßnahmen, die dazu dienen, daß ein Boot besser und schneller segelt. Ist ein Boot so getrimmt, daß es auf „ebenem Kiel" schwimmt, hat es den richtigen Wasserlinienverlauf und es segelt geradeaus. Sitzt die Besatzung zu weit vorne, wird das Boot buglastig. Der Bug taucht zu tief ein, die Wasserlinie verkürzt sich, das Boot wird langsamer und luvgierig. Sitzt die Besatzung zu weit hinten, wird das Boot hecklastig. Die Wasserlinie verkürzt sich ebenfalls, das Heck saugt sich fest, das Boot wird langsamer und leegierig. Wird es stark zu einer Seite gekrängt, dreht es nach der anderen.

Die Mannschaft sitzt zu weit vorne

Die Mannschaft sitzt zu weit hinten

Segelklar machen

Nur recht kleine und leichte Boote wird man von Hand zu Wasser tragen können. Für etwas größere braucht man Bootsrollen, aus Kunststoff oder aufblasbar, oder einen Trolley, einen Bootskarren. Für Sandböden sollte er möglichst breite Räder haben, die nicht so tief einsinken.
Die Abdeckplane (Persenning) wird abgenommen und die bewegliche Ausrüstung ins Boot gepackt. Dabei ist darauf zu achten, daß die Lenzstopfen drinnen sind. Üblich ist es, das Boot bereits auf dem Bootskarren aufzuriggen und die Segel anzuschlagen, aber noch nicht zu setzen, sondern beizubändseln, damit sie nicht auswehen.

Jollen werden bei leichtem Wind an Land für eine Regatta aufgeriggt.

Bootstransport

Ob man die Segel bereits auf dem Stellplatz setzt oder erst am Slip, mag jedem freigestellt bleiben. Auf überfüllten Stellplätzen kann es jedoch Probleme geben. Üblicherweise liegt das Boot auf seinem Stellplatz so auf seinem Trolley, daß es für den Transport weiter hinausgeschoben werden muß. Dazu hebt einer den Bug an, während der andere den Wagen weiter unterschiebt. Aufpassen dabei, daß man nicht versehentlich die Deichsel an den Kopf bekommt. Um das Heck vor rauhem Bodenkontakt zu bewahren, packt man währenddem am besten einen alten Autoreifen drunter. Liegt das Boot richtig auf dem Trolley, kann man den Handgriff der Deichsel mühelos anheben. Die Vorleine vorsichtshalber am Handgriff belegen, damit das Boot nicht vom Wagen fällt, falls man während des Transportes gegen ein Hindernis stößt. Nicht am Boot selbst schieben oder ziehen, sondern nur an der Wagendeichsel. Selbstverständlich achtet man auf Löcher, Steine oder andere Unebenheiten des Bodens. Ist eine Rinne zu queren, geht man sie schräg an und überfährt sie jeweils nur mit einem Rad. Wird das Boot auf einem Slip zu Wasser gelassen, läßt man es mit dem Heck voraus abrollen.
Auf Bootsrollen, die immer wieder hinter dem Heck weggenommen und vor den Bug gelegt werden müssen, ist der Transport etwas mühseliger, aber es geht natürlich auch.

Das Boot liegt gut ausbalanciert für den Transport auf dem Trolley (Slip- oder Bootswagen).

Der Bootswagen wird an der Deichsel gezogen, die Vorleine ist daran befestigt.

Anschlagen des Großsegels am Baum

Das Segel wird aus seinem Sack genommen und mit seinem Unter- oder Fußliek in die Nut auf der Oberseite des Baumes eingezogen. Am besten macht man das zu zweit. Einer führt das Liek ein, der andere zieht das Schothorn bis ans Ende des Baumes. Dann den Segelhals mit seiner Kausch am Baum festsetzen und das Segel mit dem Nockbändsel am Schothorn straff nach hinten ziehen und das Nockbändsel am entsprechenden Beschlag am Ende des Baumes festbinden. Nun die Segellatten in ihre Taschen am Achterliek stecken. Um gleich die richtigen zu finden, sollte man sie sich numerieren. Kontrollieren, ob die Großschot klar durch ihre Blöcke läuft, und dann den Baum als Beschwerung oben auf das Segel legen, damit es nicht ausweht.

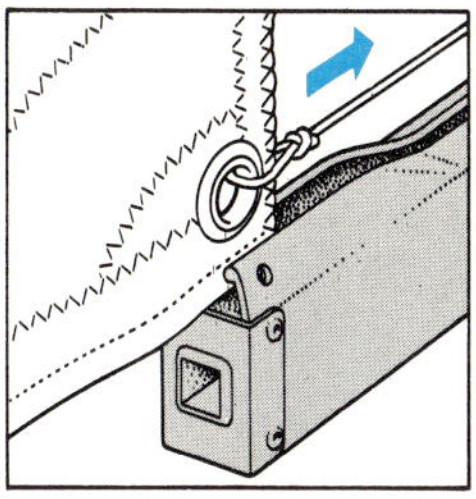

1 *Das Unterliek in die Nut des Baums einführen.*

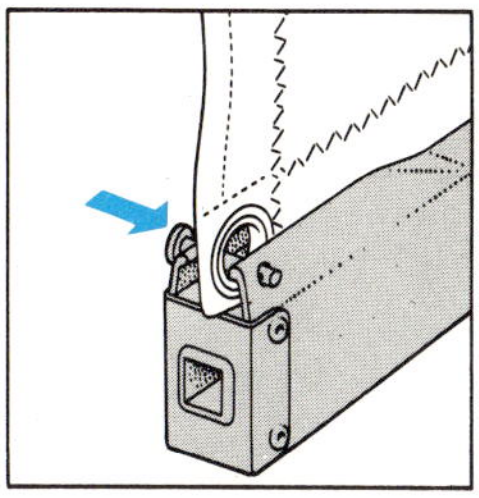

2 *Den Splintbolzen durch den Segelhals stecken.*

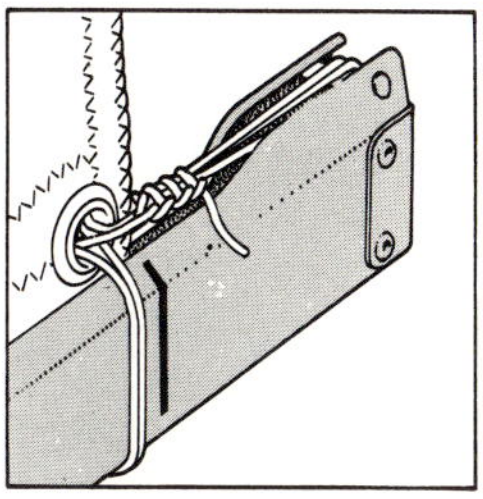

3 *Das Schothorn mit dem Nockbändsel durchsetzen.*

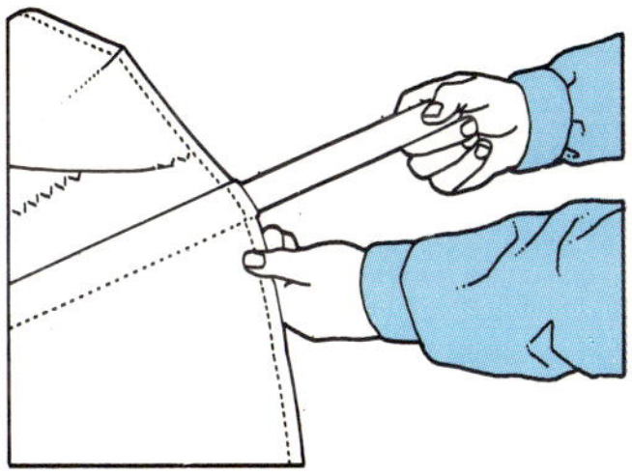

4 *Die Segellatten in die Lattentaschen stecken.*

5 *Ist das Großsegel angeschlagen, den Baum aufs Segel legen, damit es vom Wind nicht weggeweht wird.*

Anschlagen der Fock

Die Fock wird aus ihrem Sack geholt und aufs Vordeck gelegt. Die Ecke mit dem Segelhals heraussuchen und ihn am Bugbeschlag anschäkeln. Dann werden die Stagreiter auf das Vorstag gesetzt, und zwar von unten nach oben. Danach das Fockfall an den Segelkopf schäkeln und die Fockschot ans Schothorn schäkeln oder knoten. Die Fockschoten außerhalb der Wanten zu ihren Leitösen führen und auf die Enden einen Achtknoten setzen. Mit dem Fall oder auch der Fockschot das Segel am Vorstag so beibinden, daß der Wind es nicht auswehen kann.

1 *Den Segelhals am Bugbeschlag anschäkeln.*

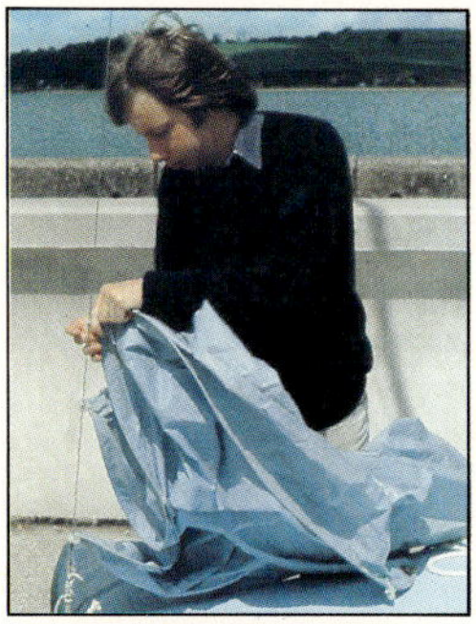

2 *Die Stagreiter aufs Vorstag setzen.*

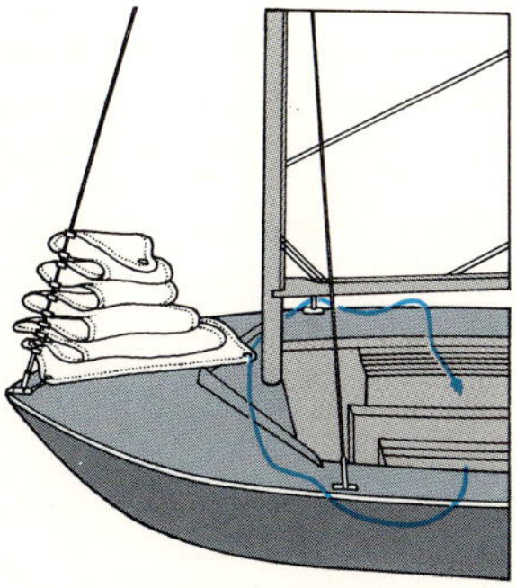

3 *Die Schoten anstecken und durch die Leitösen ziehen.*

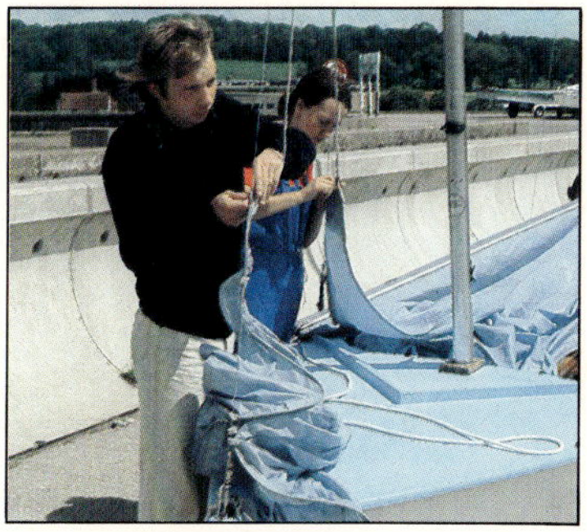

4 *Fock- und Großsegelfall am Segelkopf anschäkeln.*

Leinen los

Sowohl in den Segelclubs, die Kurse durchführen, als auch auf den Segelschulen wird der Anfänger seine ersten Schläge unter den wachsamen Augen eines erfahrenen Ausbilders absolvieren und sich nach dessen Anweisungen richten. Das ist in jedem Fall der beste Weg. Natürlich kann man sich das Segeln auch alleine beibringen. Dann sollte man sich aber bemühen, einen erfahrenen Jollensegler zu finden und ihn bitten, bei den ersten Versuchen mitzusegeln.

Unbedingt sollte ein Segelneuling nur bei leichten Winden starten, bei Windstärken bis allerhöchstens 3. Und auf einem geeigneten und ruhigen Revier. Einem Revier also, ohne starke Strömungen, unberechenbare Fallböen oder regen Schiffsverkehr. Wenn man das Revier selbst nicht kennt, sollte man unbedingt vorher genaue Erkundigungen einziehen. Auch schon deshalb, weil es manchmal Sperrungen gibt oder Schutzzonen, die nicht befahren werden dürfen.

Bevor die Leinen endgültig losgeworfen werden können, gilt ein letzter gründlicher Check dem Boot und seiner Ausrüstung. Befindet sich alles in einwandfreiem Zustand? Hat man nichts vergessen? Ist tatsächlich alles an Bord, was man für die Fahrt braucht (s. Seite 35)? Und es ist auch sicher verstaut? Hat man warme Kleidung dabei, wenn es kühler wird oder man länger als geplant braucht, um wieder an Land zu kommen?

Hat man seine Segel bereits an Land angeschlagen, kann es nicht schaden, das Boot auf dem Bootswagen mit der Nase in den Wind zu drehen und Fock und Großsegel einmal hochzuziehen, um zu sehen, ob nichts verhakt oder „vertörnt" ist, sondern alles klar läuft. Ist es an dem, werden die Segel wieder heruntergeholt und gesichert, damit sie nicht auswehen.

Bringt man sein Boot in einem überfüllten Hafen oder an einem betriebsamen Strand zu Wasser, ist es besser, an einen ruhigen Platz zu paddeln und dort, ohne alle Nervosität, seine Segel zu setzen. Ideal ist es, wenn man dazu eine freie Boje findet, an der man mit dem Bug festmachen kann, so daß sich das Boot in Windrichtung legt. Bei Wind, der auf das Ufer oder den Steg zu weht, muß man sich zum Segelsetzen entsprechend weit entfernen. Denn das Boot wird in der ersten Phase, nach dem Loswerfen der Leine, bevor es Fahrt aufnimmt, erheblich achteraus getrieben.

Hat man später erst genügend Segelerfahrung, ist es meist, mit ein paar kleinen Tricks, kein Problem, auch bei auflandigem Wind, direkt vom Slip, Steg oder Strand loszusegeln.

Mit einer Einmann-Jolle ist manches schwieriger, auch wenn nur ein Segel zu bedienen ist. Man hat keinen Zweiten, der einem bei Zuwasserlassen, beim Segelsetzen und vor allem auch beim Ausbalancieren des Bootes hilfreich zur Hand gehen kann. Da Einmann-Jollen im allgemeinen auch eine geringere Stabilität als ein Zweimann-Boot haben, also leichter kentern können, und ein schnelleres Reaktionsvermögen verlangen, sind sie für einen Einstieg in die Segelei nicht unbedingt das Richtige.

Fortgeschrittene setzen die Segel häufig bereits an Land, Anfänger sollten sie besser erst draußen im freien Wasser setzen.

Zu Wasser lassen

Einen Slip – eine Bootsrampe – sollte man sich sehr genau ansehen, bevor man mit seinem mit dem Boot beladenen Trolley rauf rollt: Wie steil er ist, wie glitschig, und ob er nicht abrupt endet, so daß man ins tiefe Wasser fallen kann. Ist es sehr steil und schlüpfrig, sollte man den Trolley mit einer langen, an einem festen Punkt oberhalb des Slips belegten Leine sichern, damit er sich nicht selbständig machen kann. Die Vorleine des Bootes bleibt so lange am Handgriff des Wagens belegt, bis er das Wasser erreicht. Nun dirigiert einer den Trolley so weit ins Wasser, bis das Boot aufschwimmt. Während der Trolley-Lenker den Wagen aus dem Wasser zieht und wegbringt, holt der andere das Boot an der Vorleine seitlich an den Slip, um den Slip für andere freizumachen, die (meistens) schon warten. Dann klettern beide ins Boot. Wer zuerst drin ist, stabilisiert es für den anderen, der gibt dem Boot beim Einsteigen einen kräftigen Stoß, und dann wird zu der Stelle hinausgepaddelt, wo man seine Segel setzen will.

Links außen: Lösen der Vorleine von der Wagendeichsel bevor der Wagen ins Wasser gerollt wird. Daneben: Das Boot schwimmt auf, einer hält es an der Vorleine, der andere zieht den Wagen drunter weg.

An Land holen

Wenn sich das Boot dem Slip nähert, muß einer raus, bevor es mit dem Boden auf den Slip aufsetzt. Dabei muß er aufpassen, nicht danebenzutreten und ins tiefe Wasser zu fallen. Er hält das Boot so lange neben dem Slip fest, bis der andere mit dem Trolley heran ist. Den Wagen so tief ins Wasser schieben, daß das Boot eingeschwommen werden kann. Niemals das Boot mit Gewalt auf den nicht tief genug abgetauchten Trolley zerren. Zu leicht kann der Wagen dabei beschädigt werden. Nun die Vorleine am Handgriff des Wagens belegen und das Gespann den Slip heraufziehen. Ist er steil und sehr schlüpfrig, wieder eine längere Sicherungsleine an Land ausbringen, damit der Trolley einem nicht entgleitet oder man selbst mitsamt dem Gespann ins Wasser schliddert.

Sowie das Boot richtig auf dem Wagen sitzt, die Vorleine an der Wagendeichsel festmachen und dann erst den Trolley herausziehen.

Rudern

Um sein Boot zum Segelsetzen an einen bestimmten Platz zu bringen oder bei Flaute überhaupt nach Hause zu kommen, muß es gepaddelt oder gerudert – seemännisch gepullt – werden. Gepullt wird mit den Riemen. Sie lagern in Dollen (Drehgabeln). Man sitzt mit dem Rücken nach vorne auf der Ducht (Ruderbank). Beim Ausholen des Riemens sind die Arme nicht ganz ausgestreckt, der Oberkörper wird leicht vorgebeugt. Beide Riemen werden gleichzeitig eingetaucht und durch ruckartiges Beugen der Arme und kurzes Zurückreißen des Oberkörpers aus dem Kreuz heraus durchs Wasser geholt. Werden die Ruderblätter von vorn nach hinten durchs Wasser geholt, macht das Boot Fahrt voraus. Bei einseitigem Pullen mit nur einem Riemen dreht das Boot nach der Seite, auf der nicht gepullt wird. Durch gleichzeitiges Eintauchen des anderen Riemens wird die Drehbewegung noch beschleunigt. Die meisten Jollen haben jedoch keine Einrichtung (Dollen und Ducht) zum Rudern. Außerdem lassen sich die langen Riemen schlecht im Boot unterbringen.

Entweder rudert einer mit beiden Riemen, während der andere steuert, oder beide rudern mit je einem Riemen (rechts). Nur bei exakt gleichzeitigen Aktionen der beiden Ruderer bleibt das Boot auf (Geradeaus-) Kurs.

Paddeln

Man sitzt mit dem Paddel in Fahrtrichtung. Die Hand zur Wasserseite umfaßt den Schaft, die andere Hand den Aufgriff des Paddels. Das Blatt wird fast senkecht ins Wasser gestoßen und nach hinten gerissen. Die Hand auf dem Aufgriff übt dabei einen leichten Gegendruck aus. Der Oberkörper folgt der Bewegung mit einer kleinen ruckartigen Beugung nach vorne. Wird nur auf einer Seite gepaddelt, dreht das Boot zur anderen und der Steuermann muß ständig mit dem Ruder gegenanhalten. Ist man allein, mal auf der einen, mal auf der anderen Seite paddeln, um die Drehbewegung jeweils sofort wieder aufzuheben. Oder man wriggt. Beim Wriggen wird das Paddel mit einem Anstellwinkel von etwa 45° hinter dem Heck von rechts nach links bewegt oder umgekehrt. Am Ende des Weges dreht man das Paddel um 90°, so daß es jetzt in einem entgegengesetzten Anstellwinkel zum Wasser steht, dann wird es von links nach rechts oder umgekehrt bewegt und so fort.

Links außen: Wriggen mit dem Paddel über Heck. Daneben: Paddeln zu zweit über die Seite.

Segelsetzen auf dem Wasser

Um dem Wind beim Setzen der Segel keine Angriffsfläche zu bieten, muß das Boot mit dem Bug im Wind liegen. Deshalb ist es gut, wenn man mit dem Bug an einer Boje oder ähnlichem festmachen kann. Dann stellt sich das Boot, ähnlich einer Wetterfahne, selbst in den Wind. Das Großsegel wird zuerst gesetzt oder geheißt (nicht gehißt!). Dazu muß die Großschot los sein. Wenn bisher noch nicht geschehen, wird das Fall am Großsegelkopf angeschäkelt und das Segel, Hand über Hand, hochgezogen. Zum Schluß wird das Fall in einer Bucht um die Klampe genommen und mit der rechten Hand in das unter Zug stehende Stück des Falls – die sogenannte feste Part – eingefallen, um genügend Spannung auf das Vorliek zu bekommen. Eventuell hebt man den Baum etwas an, um das Fall steifer durchsetzen zu können. Dann das Fall auf der Klampe belegen und das Ende aufschießen und über die Klampe hängen (s. Seite 153). Hat der Baum am Lümmelbeschlag eine Streckertalje, diese ebenfalls steif durchsetzen. Danach, wenn vorhanden, den Baumniederholer am Baum einpicken und durchsetzen.
Vorm Vorsegelsetzen schnell noch ein kontrollierender Blick, ob alle Stagreiter angeschlagen und nicht miteinander verhakt sind, ob die Schoten durch ihre Leitösen gezogen und mit einem Achtknoten gesichert sind. Das Fall wird so steif durchgesetzt, daß das Vorstag gerade anfängt lose zu kommen. Es geht leichter, wenn man mit einer Hand ins Vorstag einfällt. Dann das Fall auf der Klampe belegen, das Ende aufschießen und über die Klampe hängen. Alle Vorsegelfallen kommen stets an die Backbordseite des Mastes, das Großsegelfall wird an Steuerbord belegt. Hat das Fockfall zum Durchsetzen einen Hebelstrecker, das Drahtauge im Fall über den Haken hängen und den Streckerhebel umlegen.

Mit dem Boot an einer Mooring liegend, wird zunächst die Fock . . .

. . . und dann das Großsegel gesetzt. (Bei uns ist die Reihenfolge grundsätzlich genau umgekehrt.)

Erste Segelerfahrungen

Nachdem nun also die Segel gesetzt worden sind, kann endlich losgesegelt werden. Eigentlich sollte man wenigstens auf dieser ersten Ausfahrt einen erfahrenen Segler mit an Bord haben, sofern man sich nicht in der Obhut eines Segellehrers befindet. Um erstmal etwas sicherer im Umfang mit Schot und Pinne zu werden, sollte man zunächst das Wenden üben (s. Seite 53). Ideal ist es, wenn man irgendwo zwei Bojen oder ähnliche Schwimmkörper hat, um die man in 8-Form herumkurven kann. Auf jeden Fall hält man sich bei seinen ersten Segelversuchen stets in Landnähe. Gerät man in irgendwelche Schwierigkeiten, einfach in den Wind drehen und die Schoten loswerfen. Das Boot bleibt dann fast auf der Stelle liegen, und man kann überlegen, was zu tun ist. – Und schließlich muß man auch wieder an Land. Zum Segelbergen macht man dort wieder fest, wo man seine Segel gesetzt hat und paddelt dann zurück zum Slip, Strand oder Steg.

Um die Fahrt aus dem Boot zu nehmen, einfach auf einem Kurs „voll und bei" die Schoten loswerfen und die Segel auswehen lassen.

Schot und Pinne

Zunächst geht es darum, daß Steuermann und Vorschoter richtig sitzen. Der Steuermann üblicherweise auf dem Seitendeck, gut klar vom Ausschlag des Pinnenendes. Er steuert mit der hinteren Hand und hält in der vorderen die Großschot. Pinnen ohne Pinnenausleger gibt es kaum noch. Man hält den Pinnenausleger in der Hand mit dem Daumen oben drauf, oder zwischen Daumen und Zeigefinger. Die zweite Methode ist günstiger, wenn man sich beim Ausreiten weit hinaushängen muß. Immer darauf achten, daß sich das Ende der Großschot nicht irgendwo verhakt, und sei es zwischen den eigenen Füßen. Um die vordere Hand zum Holen der Großschot freizubekommen, klemmt man sich die Schot entweder zwischen die Knie oder bekneift sie zwischen Pinne und Pinnenhand. Beim Auffieren läßt man sie durch die Hand laufen. - Der Vorschoter muß jeweils dort sitzen, wo er mit seinem Gewicht das Boot am besten ausbalancieren kann, damit es aufrecht segelt.

Mit Schot und Pinne so lange jonglieren, bis man ein Gefühl für die Reaktionen des Bootes bekommt.

Lossegeln voll und bei

Sobald die Besatzung ihre Positionen eingenommen hat, kann es losgehen. Der Vorschoter holt die Leeschot, der Steuermann die Großschot an, damit das Boot allmählich in Fahrt kommt. Das Schwert ist gut halb gefiert (hinuntergelassen). Der Steuermann zieht die Pinne etwas zu sich heran, bis der Verklicker im Masttopp einen Winkel von nicht ganz 80° erreicht, der anzeigt, daß das Boot voll und bei segelt. Nun die Pinne mittschiffs legen und Vor- und Großschot so einregulieren, daß das Vorliek der Segel nicht killt. Auf diesem Kurs zum Wind lernt man wohl am besten das richtige Gespür für Kurs und Segeltrimm. Bewegt man die Pinne leicht hin und her, kann man die Kursänderungen an den Bewegungen des Bugs gegenüber dem Horizont sofort erkennen. Und man merkt auch, wie das Boot schneller oder langsamer wird. Jetzt sucht man sich einen festen Punkt an Land und steuert ihn an, um korrektes Kurshalten zu lernen. Hat man damit keine Schwierigkeiten mehr, kann man sich auf den richtigen Trimm der Segel konzentrieren. Damit beginnt man bei jedem Segel einzeln. Die Schot wird jeweils so weit gefiert, bis das Vorliek anfängt zu killen. Dann wird sie wieder so weit dichtgeholt, bis das Killen gerade verschwindet. So stehen die Segel für diesen Kurs optimal. Windfäden an den Segeln können eine große Hilfe sein. Da der Wind niemals konstant aus einer Richtung weht, muß man den Stand der Segel häufiger auf die beschriebene Weise korrigieren. - Das Gewicht der Besatzung muß so verteilt werden, daß das Boot aufrecht segelt. Krängt es nach Lee, muß die Mannschaft auf der hohen Luvkante ausreiten. Krängt es nach Luv, muß sie sofort ins Boot zurückrutschen.

Für den ersten Törn gutes Wetter und leichten Wind wählen, wenn auch andere Boote draußen sind.

Anluven

Beim Anluven gilt es, alle Kräfte zu nutzen, die eine Luvtendenz des Bootes fördern, und alle auszuschalten, die ihr hinderlich sind. Will man anluven, das heißt, höher an den Wind herangehen, wird zunächst die Großschot dichter genommen, danach erst die Fockschot. Auch das Schwert wird vorher gefiert. Dann schiebt der Steuermann die Pinne gleichmäßig von sich fort. Zwar ist es im Prinzip günstig, wenn das Boot zum Anluven nach Lee krängt, doch möglicherweise luvt es dadurch schneller und höher an den Wind als der Besatzung lieb ist. Sie hält sich bereit, sofort mehr auszureiten, um der zunehmenden Krängung entgegenzuwirken, die durchs Anluven entsteht. Sowie der neue Kurs anliegt, werden die Segel wieder richtig eingestellt.

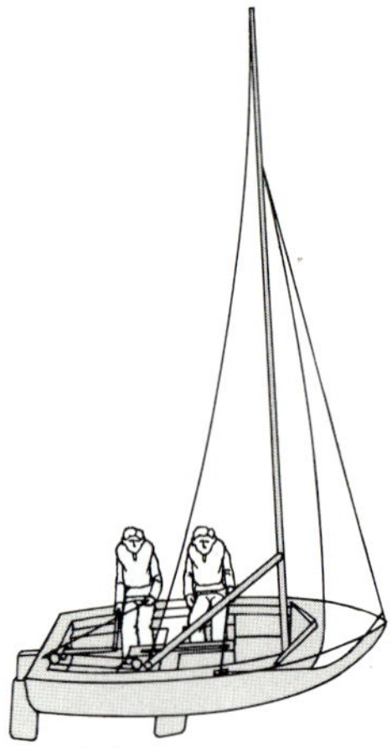

1 *Anluven aus einem Kurs voll und bei. Das Schwert vollständig fieren.*

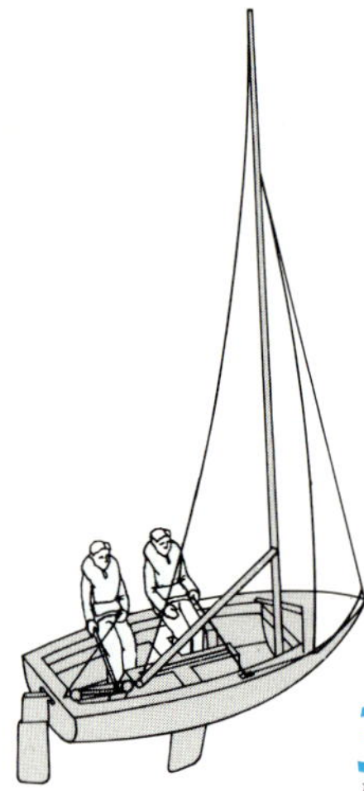

2 *Luv-Ruder legen (Pinne nach Lee) und die Schoten entsprechend anholen.*

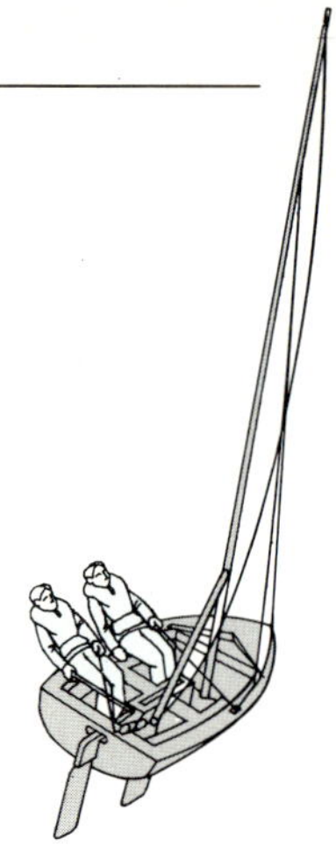

3 *Das Boot ist auf einem Am-Wind-Kurs angeluvt, es krängt mehr, die Crew muß entsprechend stärker ausreiten, die Schoten sind dichtgeholt.*

Abfallen

Beim Abfallen (vom Wind) muß das Boot unbedingt aufrecht segeln. Allenfalls kann es etwas nach Luv krängen. Krängt es nach Lee, erhält es eine heftige Tendenz zum Anluven. Sie kann so stark sein, daß es unmöglich ist, gegenanzusteuern. Zumal, wenn man gerade eine Bö erwischt und die – nun zu dicht gefahrene – Großschot festsitzt. Wenn man vorher das Schwert etwas aufholt, hilft das dem Boot erheblich. Segelt es aufrecht, zum Abfallen zunächst die Großschot auffieren, dann erst Ruder legen, indem man die Pinne zu sich heranzieht. Dieses sollte man sich zum Prinzip machen, um instinktiv richtig zu reagieren, wenn man sehr plötzlich abfallen muß, etwa um einem unvorhergesehenen Hindernis auszuweichen. Liegt der neue Kurs an, werden die Segel entsprechend geschotet.

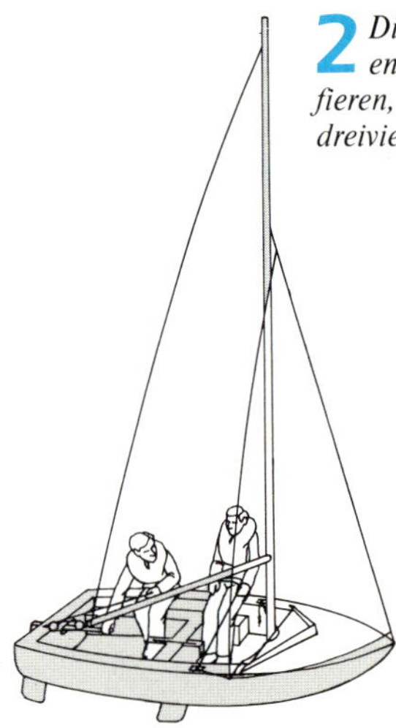

1 *Abfallen von einem Kurs voll und bei. Der Vorschoter sitzt bereit, das Schwert aufzuholen, Lee-Ruder legen (Pinne nach Luv).*

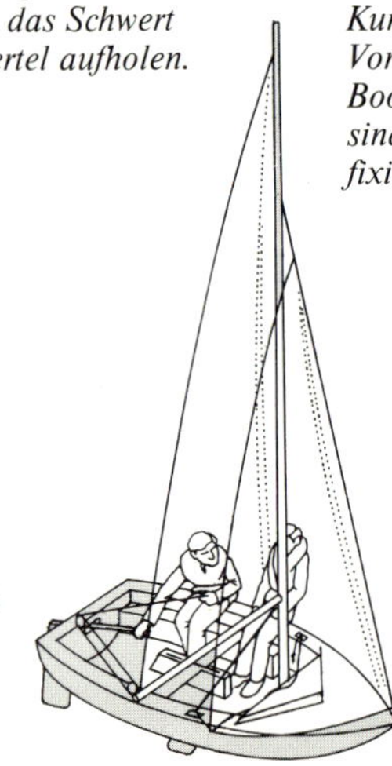

2 *Die Schoten entsprechend fieren, das Schwert dreiviertel aufholen.*

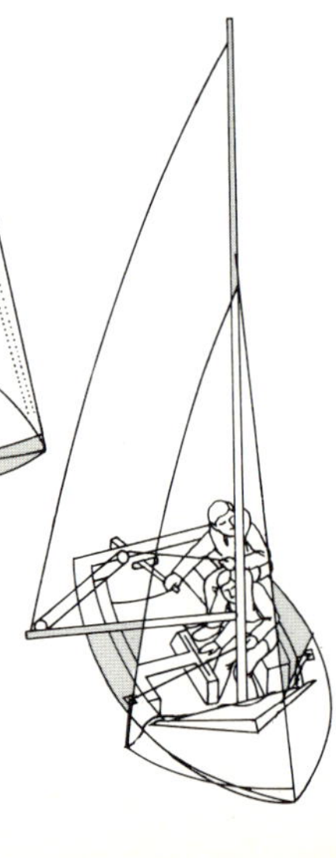

3 *Das Boot ist auf einen Raumschots-Kurs abgefallen, der Vorschoter rutscht zur Bootsmitte, die Schoten sind auf den neuen Kurs fixiert.*

Beidrehen

Um ein Boot vorübergehend zum Stehen zu bringen, kann man entweder auf einem Am-Wind-Kurs in den Wind schießen, das heißt, den Bug genau in den Wind drehen, oder auf einem Halb-Wind-Kurs anluven und die Schoten fieren (einen Nahezu-Aufschießer fahren). In beiden Fällen wird das Boot nicht lange so liegen bleiben, sondern rückwärts treiben, wenden oder abfallen und wieder Fahrt aufnehmen, also ein unkontrolliertes Eigenleben entwickeln. Nicht so beim Beidrehen. Die übliche Methode beizudrehen sieht so aus: Wenden, aber die Fockschot nicht loswerfen, so daß die Fock - in Luv - backsteht. Nun die Großschot fieren und die Pinne nach Lee drücken und dort gegebenenfalls festsetzen. Der Fock, die das Boot nach Lee rumdrücken will, wirkt das gefierte Großsegel und das Luv-Ruder entgegen, so daß sich die beiden Drehmomente weitgehend aufheben. Das Boot treibt nur minimal nach Lee und liegt relativ ruhig, und man hat Zeit, irgendwelche Dinge zu klarieren. Das Schwert sollte dabei viertel bis halb aufgeholt sein. Das muß man ausprobieren. Wie man überhaupt ausprobieren muß, ob und wie sich das eigene Boot beidrehen läßt. Viele Jollentypen lassen sich nämlich gar nicht beidrehen. Um aus beigedreht wieder loszusegeln, braucht man nichts weiter zu tun, als die Fock in Luv loszuwerfen, auf die andere Seite zu nehmen und die Großschot anzuholen.

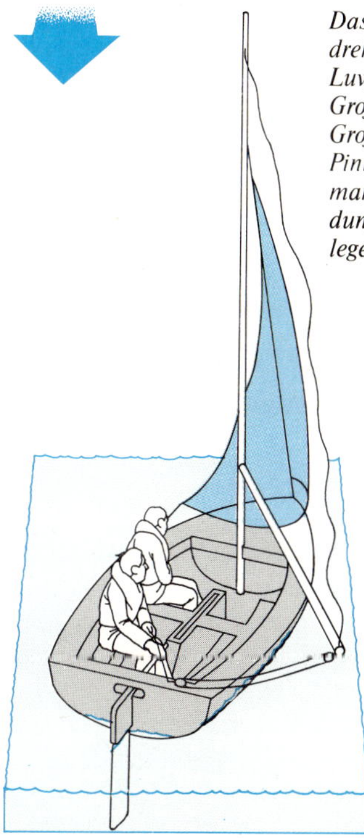

Das Boot liegt beigedreht. Die Fock ist (in Luv) backgesetzt, die Großschot gefiert, das Großsegel weht aus, die Pinne muß der Steuermann (auf dieser Abbildung) noch nach Lee legen.

Wollfäden

Die Segel sind richtig getrimmt, wenn die Lieken nicht mehr killen. Eine große Hilfe für den korrekten Trimm sind feine Wollfäden, die etwa zwei Handbreit hinter dem Vorliek aufgesetzt sind. Diese feinen Fäden, auf beiden Seiten am Segel befestigt, liegen bei richtiger Segelstellung glatt an, ohne zu flattern. Die Abbildungen zeigen zwar nur die Befestigung der Fäden an der Fock, jedoch kann man ebenso mit dem Großsegel verfahren.

Kontrolle des Segeltrimms

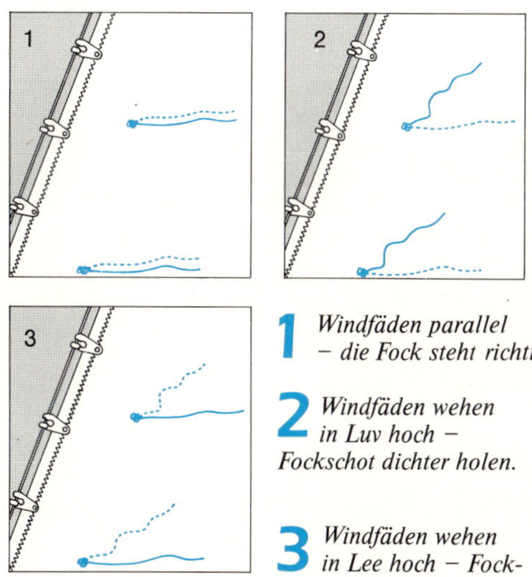

1 *Windfäden parallel – die Fock steht richtig.*

2 *Windfäden wehen in Luv hoch – Fockschot dichter holen.*

3 *Windfäden wehen in Lee hoch – Fockschot auffieren.*

Wenden

Häufig wird schon kurz nach dem Ablegen vom Steg oder von der Boje das erste Wendemanöver fällig. Wenden heißt, mit dem Bug durch den Wind gehen, so daß der Wind nach dem Manöver von der anderen Seite einfällt. Im Bordalltag wird das Wenden oft auch als über Stag gehen bezeichnet. Wie bei allen Manövern müssen auch beim Wenden Steuermann und Vorschoter gut aufeinander eingespielt sein. Zur Verständigung von Steuermann und Vorschoter dienen sogenannte Kommandos. Sie werden vom Steuermann gegeben.
Für manchen Anfänger ist das Wenden zuerst recht verwirrend, weil er dabei leicht die Orientierung auf dem Wasser verliert. Doch das gibt sich schnell. (Die praktische Erfahrung widerspricht der unten vertretenen Ansicht des Autors. Gerade Segelneulinge schaffen die Wende häufig nicht, wenn sie aus einem Kurs voll und bei oder gar halber Wind andrehen. – Bearbeiter)

Für einen Anfänger ist es leichter, aus einem Kurs voll und bei zu wenden (links). Der zu durchmessende Kreisbogen beträgt etwa 180°. Die Crew braucht nichts zu überstürzen, sondern hat mehr Zeit zum Überlegen. Schneller wendet man natürlich aus einem Am-Wind-Kurs (rechts).

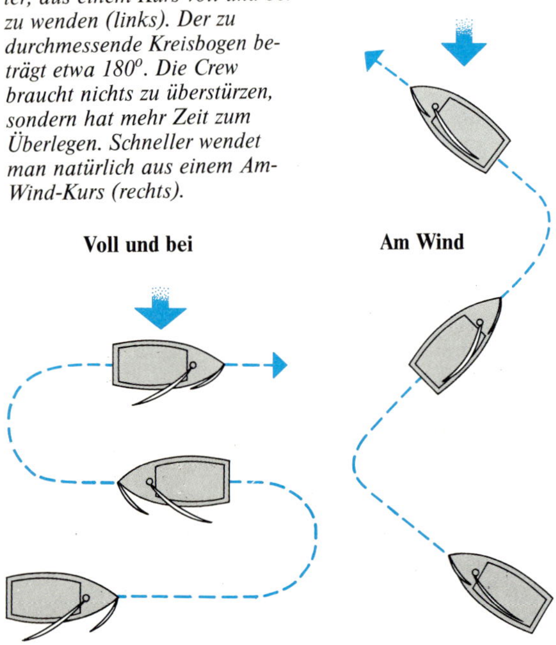

So wird gewendet

Wichtig beim Wenden ist, daß das Boot während des ganzen Manövers genügend Fahrt behält und nicht mit dem Bug im Wind stehen bleibt, rückwärts treibt oder auf den alten Bug zurückfällt. Mit Jollen ist deshalb vor dem Wenden von einem raumen Kurs aus unbedingt auf einen Am-Wind-Kurs zu gehen. So vermeidet man, daß sich das Boot während der langen Drehphase totläuft. Um Fahrt im Boot zu behalten, darf auch das Ruder nicht ruckartig und hart eingeschlagen werden. Es wird langsam und weich gelegt. Sonst liegt das Ruderblatt schon quer, bevor das Boot überhaupt andrehen konnte, und stoppt gleich zu Anfang die Fahrt ganz erheblich. Die Ruderlage muß sich dem Drehmoment des Bootes anpassen und darf ihm nicht vorauseilen. Ist das Boot auf die neue Leeseite abgefallen, wird sanft Gegenruder gelegt, um das Drehmoment aufzuheben. Geht ein Boot schwer durch den Wind – wie beispielsweise leichte Katamarane –, läßt man die Vorschot belegt. Die Fock kommt dann nach einiger Zeit auf dem neuen Bug back und unterstützt dadurch die Drehung. Erst auf das Kommando „Über vorn!" wird die Fock losgeworfen und rübergenommen. Üblicherweise wirft der Vorschoter die Fockschot los, sowie das Vorsegel während des Drehens an zu killen fängt. Sobald es auf die neue Leeseite übergegangen ist, holt er die Fockschot dicht. Dieser Augenblick muß genau abgepaßt werden. Holt nämlich der Vorschoter die neue Lee-Fockschot zu früh dicht, kann sich die Fock backstellen und das Boot auf den alten Bug zurückfallen lassen. Hat sie aber erst einmal voll Wind gefangen, ist sie, ohne Winsch, selbst auf kleineren Booten kaum noch dicht zu bekommen. Die Großschot fährt man auf Jollen aus der Hand. Durch Mittschiffsholen des Großbaums kann man das Wendemanöver unterstützen. Die Mannschaft wechselt in dem Augenblick auf die andere Seite, da das Boot im Wind liegt und der Baum mittschiffs kommt.
Anfängern wird es immer mal passieren, daß ihnen das Boot beim Wenden im Wind liegenbleibt. Das Ruder hat nun keine Wirkung mehr. Es muß langsam auf Rückwärtsgang gelegt werden, weil das Boot allmählich achteraus zu treiben beginnt. Der Vorschoter hält nun die Fock mit der Hand back. Er darf sie jedoch nicht zu weit nach Luv hinaushalten, denn dann wirkt sie nicht auf Drehung, sondern unterstützt nur die Achterausfahrt. Das auf Achterausfahrt gelegte Ruder und die backgehaltene Fock werden den Bug meistens doch noch zum Abfallen bringen. Sobald der Wind gut von der neuen Seite ins Segel fällt, wird die Fock übergenommen und das Ruder auf Vorausfahrt gelegt. Sollte das Boot auf den alten Bug zurückfallen, muß man zunächst

WEITER AUF SEITE 54

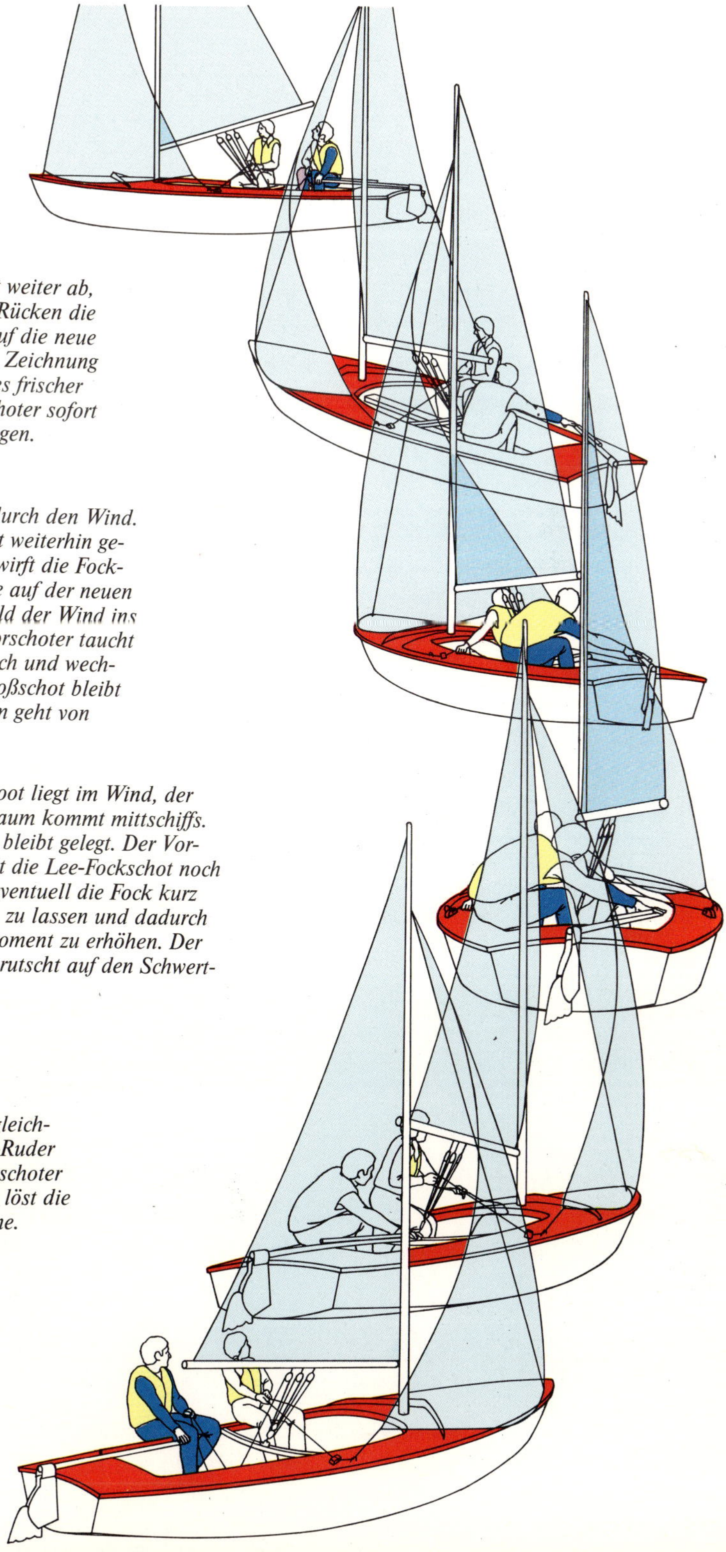

6 Der Steuermann legt leicht Gegenruder, um die eingeleitete Drehtendenz rechtzeitig aufzuheben. Das Boot läuft auf Backbord-Bug ab. Das Wenden ist beendet. Jetzt kann gegebenenfalls die Feineinstellung von Groß- und Fockschot erfolgen.

5 Der Steuermann fällt weiter ab, wechselt hinter dem Rücken die Ruderhand und rutscht auf die neue Luvseite hinüber (auf der Zeichnung nicht dargestellt). Wenn es frischer weht, muß sich der Vorschoter sofort zum Ausreiten hinaushängen.

4 Das Heck geht durch den Wind. Das Ruder bleibt weiterhin gelegt. Der Vorschoter wirft die Fockschot los und holt sie auf der neuen Lee-Seite dicht, sobald der Wind ins Segel einfällt. Der Vorschoter taucht unter dem Baum durch und wechselt die Seite. Die Großschot bleibt dichtgeholt, der Baum geht von selbst über.

3 Das Boot liegt im Wind, der Großbaum kommt mittschiffs. Das Ruder bleibt gelegt. Der Vorschoter hält die Lee-Fockschot noch dicht, um eventuell die Fock kurz backstehen zu lassen und dadurch das Drehmoment zu erhöhen. Der Vorschoter rutscht auf den Schwertkasten.

2 Der Steuermann legt gleichmäßig und weich Luv-Ruder (Pinne nach Lee). Der Vorschoter klariert die Luv-Schot und löst die Lee-Schoot aus der Klemme.

1 Anlaufen (hier auf der Zeichnung) auf Steuerbord-Bug. Der Steuermann gibt das Kommando: „Klar zum Wenden!" Rückmeldung des Vorschoters: „Ist klar!"

weiter abfallen, um erneut Fahrt aufzunehmen, um das Wendemanöver wiederholen zu können.
Die Gründe für ein mißglücktes Wendemanöver noch einmal zusammengefaßt: 1. Das Andrehen zum Wenden aus einem zu raumen Kurs. Wenn nicht gleichzeitig die Schoten dichtgeholt werden, verliert man bei dem langen Andrehen zu viel Fahrt. Aus dem Wenden wird ein Aufschießer. 2. Das Boot segelt vor dem Wenden mit zu wenig Fahrt zu hoch am Wind, deshalb verhungert es in der Wende. 3. Durch ruckartiges hartes Ruderlegen ist das Boot zu stark abgebremst worden. 4. Die Fockschot ist zu früh losgeworfen worden.
Ein weiterer Fehler, der von Anfängern häufiger gemacht wird: Sie fallen nach dem Wenden auf dem neuen Bug zu weit ab, obwohl sie auf einem Am-Wind-Kurs weiterlaufen wollten. Die Schoten aber sind nun für den raumeren Kurs zu dichtgeholt, und das Boot läuft nicht mehr. Um wieder in Fahrt zu kommen, müssen die Schoten zunächst gefiert werden, und dann wird langsam auf den Am-Wind-Kurs angeluvt.

Wenden mit der Trapez-Jolle

Die meisten anspruchsvolleren Zweimann-Jollen können oder müssen sogar mit Trapez gesegelt werden. Das Wendemanöver eines solchen Bootes ist natürlich im Prinzip nicht anders als das eines Bootes ohne Trapez. Neu hinzu kommt hier nur, daß der Vorschoter zum Wenden ins Boot zurückkommen, den Trapezgurt aus- und wieder einhaken und auf der neuen Luvseite wieder ins Trapez einsteigen muß. Bei alledem darf er nicht vergessen, seine Fockschot zu bedienen.

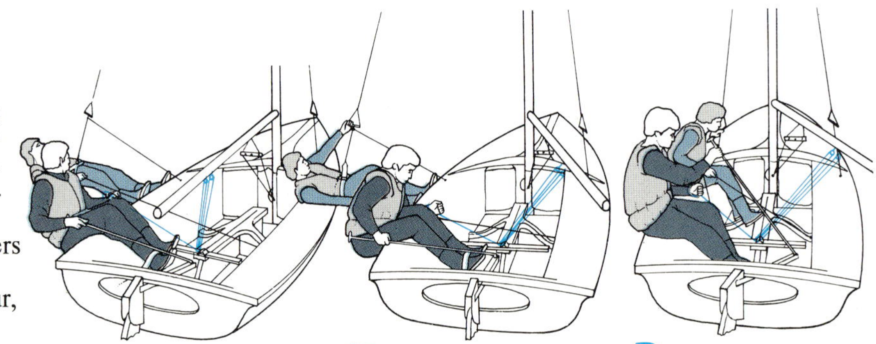

1 *Der Steuermann gibt das Ankündigungskommando „Klar zum Wenden!" und nimmt die Großschot aus der Klemme. Rückmeldung des Vorschoters: „Ist klar!"*

2 *Der Steuermann rutscht ins Boot. Der Vorschoter greift in den Trapezgriff, schwingt sich ins Boot und löst die Fockschot aus ihrer Klemme.*

3 *Der Steuermann nimmt die Füße aus den Fußgurten und legt Luv-Ruder. Der Vorschoter hakt den Trapezgurt ab und steigt über den Schwertkasten.*

Wenden mit der Einmann-Jolle

Da Einmann-Jollen sehr sensible Boote sind und sofort auf Veränderungen im Gewichtstrimm reagieren, müssen alle Bewegungen beim Wenden schnell, aber geschmeidig und fließend ausgeführt werden.

1 *Das Boot segelt fast aufrecht. Der Steuermann legt die Pinne.*

2 *Der Baum kommt mittschiffs, der Steuermann bückt sich und taucht unter ihm durch.*

Das Wenden sollte man üben, bis man die einzelnen Handgriffe ganz automatisch tut, bei jedem Wind und Wetter.

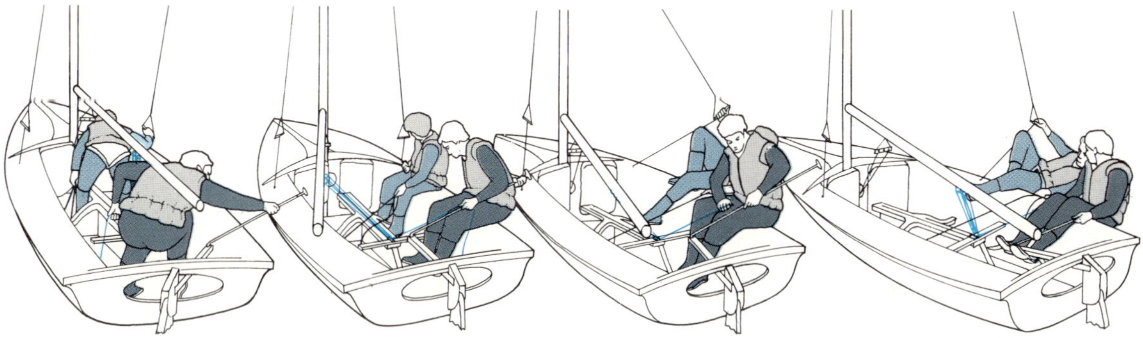

4 *Die Crew taucht unter dem übergehenden Baum durch. Der Steuermann klappt den Pinnenausleger zur anderen rum. Der Vorschoter wirft die Fockschot los.*

5 *Das Boot ist über Stag gegangen. Die Mannschaft hat die Seite gewechselt, der Steuermann Schot- und Pinnenhand. Der Vorschoter holt die Fockschot und hakt seinen Trapezgurt ein.*

6 *Der Steuermann holt die Großschot für den neuen Am-Wind-Kurs dicht und angelt sich die Fußgurte. Der Vorschoter greift sich den Trapezgriff und beginnt, ins Trapez zu steigen.*

7 *Das Boot liegt auf Kurs. Steuermann und Vorschoter reiten aus. Die Schoten sind in ihren Klemmen arretiert (sofern sie nicht aus der Hand gefahren werden).*

3 *Der Bug ist durch den Wind. Der Steuermann holt hinter dem Rücken die Pinne wieder mittschiffs.*

4 *Der Steuermann setzt sich auf die neue Luvseite und wechselt Schot- und Pinnenhand.*

5 *Der Steuerman trimmt das Segel auf dem neuen Bug und reitet gegebenenfalls aus.*

Halsen

Halsen ist der Wechsel der Windseite vor dem Wind, also das Mit-dem-Heck-durch-den-Wind-drehen. Dieses Manöver erfordert schon etwas Übung. Auf einer Jolle sollte man sich zunächst nur bei leichtem Wind daran versuchen. Aber selbst für eine geübte Crew kann das Halsen bei viel Wind gefährlich werden. Die meisten Kenterungen passieren beim Halsen.
Zunächst muß soweit abgefallen werden, bis das Boot genau vor dem Wind segelt. Der Steuermann fiert die Großschot entsprechend auf. Dann holt er die Schot schnell, aber gleichmäßig dicht, bis der Großbaum mittschiffs steht. Nun wird das Ruder langsam und leicht so weit gelegt, daß der Großbaum von selbst übergeht. Man nennt dieses Herumschwenken des Baumes von der einen auf die andere Seite schiften. Jetzt wird die Großschot blitzschnell Hand über Hand gefiert, damit es nicht zu einem harten Einrucksen des Großbaums in die noch dichtgeholte Schot kommt. Sie muß sofort nachgeben können, wenn Kraft darauf kommt. Das Boot muß unbedingt so lange vor dem Wind gehalten werden, bis die Großschot auf der neuen Leeseite bis in die Vorm-Wind-Stellung aufgefiert worden ist. Erst danach kann wieder angeluvt, die Großschot entsprechend angeholt und auf den gewünschten Kurs gegangen werden.
Achtung: Der Steuermann muß darauf gefaßt sein, daß in dem Moment, da das Großsegel übergeht, das Boot schlagartig eine scharfe Drehtendenz zur neuen Luvseite hin erhält. Wenn er in diesem Augenblick nicht Gegenruder – auch Stützruder genannt – gibt, sondern das Boot anluven läßt, gerät es gleich darauf mit der noch angeholten Großschot quer zum Wind. Die nach außen gerichtete Zentrifugalkraft kommt hinzu, und das Boot kann kentern. Das Fieren der Großschot nützt dann kaum noch etwas, weil das Boot bereits so stark gekrängt ist, daß das Baumende ins Wasser taucht und der Baum dadurch wieder nach hinten gedrückt wird. Die meisten Kenterungen beim Halsen werden durch diesen Fehler verursacht.
Die richtige Dosierung des Stützruders verlangt Erfahrung und etwas Fingerspitzengefühl vom Steuermann. Wird nämlich zu stark Gegen- oder Stützruder gelegt, schlägt der Baum wieder auf die alte Seite zurück. Das kann ebenfalls zu einer Kenterung führen und sogar zu Bruch in der Takelage. Da das Halsen schneller und vehementer vonstatten geht als das Wenden, muß auch die Besatzung entsprechend schneller reagieren. Wenn er nicht schon vorher dort hockte, setzt sich der Vorschoter bei dem Vorbereitungskommando „Klar zum Halsen!" auf den Schwertkasten. Der Steuermann wechselt auf die neue Luvseite, wenn der Baum überkommt. Beim Halsen muß die Crew ganz besonders auf den übergehenden Baum achten, damit sie ihn nicht an den Kopf bekommt. Da das Boot vor dem Wind liegt, kann die Fock bereits vorher auf die künftige Leeseite rübergenommen werden. Sonst geschieht es, während der Großbaum überkommt.
Hier noch einmal die Fehler zusammengefaßt, die einem Anfänger beim Halsen unterlaufen und dazu führen können, daß das Manöver mißglückt: 1. Die Großschot wird zu früh dichtgeholt, nämlich, wenn das Boot noch nicht vor dem Wind liegt. Das Großsegel geht nicht über, und es entsteht eine starke und gefährliche Drehtendenz des Bootes nach Luv. 2. Beim Übergehen des Baumes wird kein Stütz- oder Gegenruder gelegt. Das kann, bei einer stärkeren Brise, zu einer Kenterung führen. 3. Es wird zu hart und lange Stützruder gelegt. Das Boot fällt auf den alten Bug zurück. Der Großbaum schlägt mit Wucht ebenfalls zurück.
Noch ein weiterer Punkt ist beim Halsen mit einer Jolle zu beachten: Das Schwert sollte niemals vollständig gefiert sein, sondern mindestens zur Hälfte aufgeholt werden. Das gefierte Schwert bildet sozusagen einen Stolperfuß, über den eine Jolle beim Halsen kentern kann.
Die hier beschriebene sogenannte Blockhalse muß jeder Anfänger sicher beherrschen, dann kann er an die Regattahalse herangehen (S. 58).

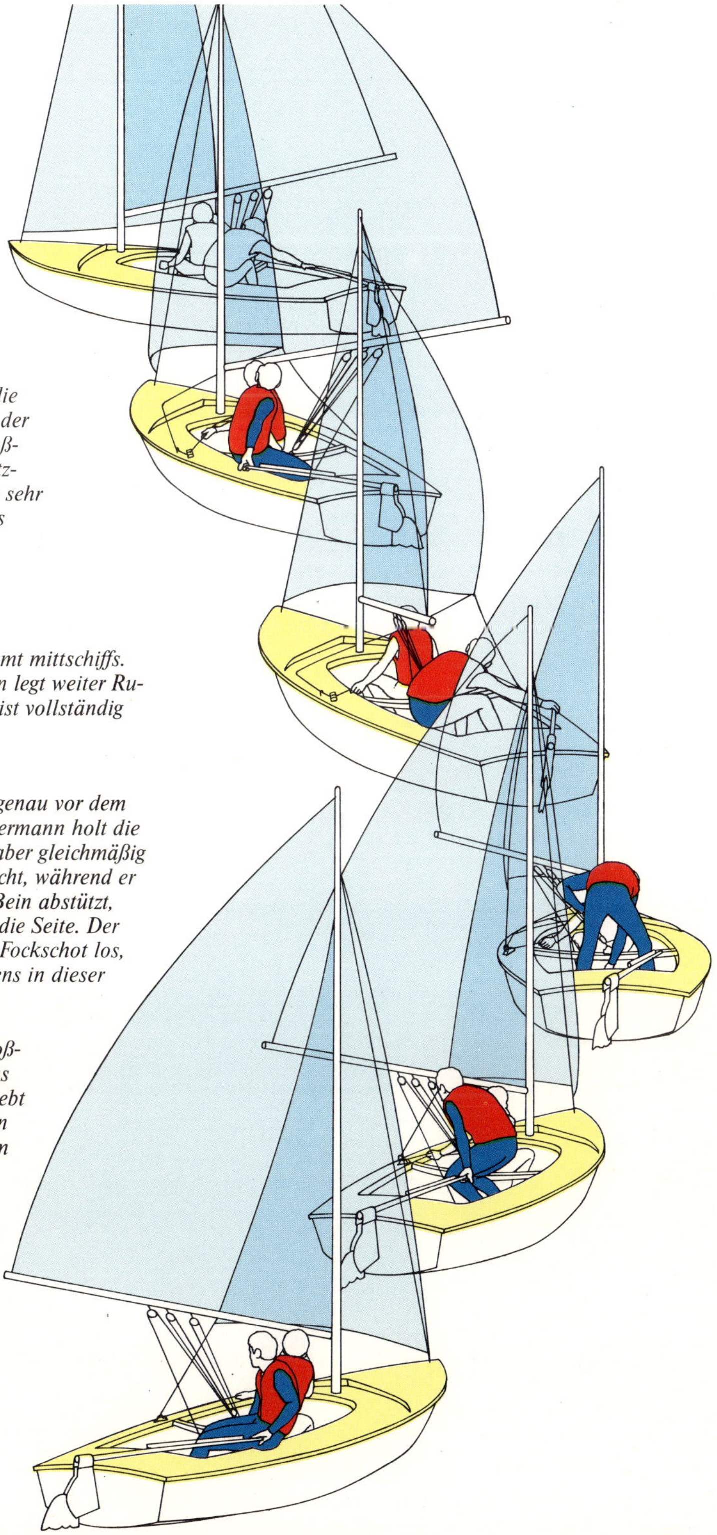

6 Ist das Boot wieder ins Gleichgewicht gekommen, luvt der Steuermann auf einen Raumschots-Kurs an. Groß- und Fockschot werden entsprechend angeholt, das Boot läuft (in diesem Fall) auf Steuerbord-Bug ab. Das Halsen ist beendet. Der Vorschoter hat während des gesamten Manöverablaufs seinen Platz auf dem Schwertkasten nicht verlassen.

5 Sobald der Großbaum auf die andere Seite übergeht, muß der Steuermann blitzschnell die Großschot fieren und gleichzeitig Stütz- oder Gegenruder legen, um dem sehr starken Drehmoment des Bootes nach Luv entgegenzuwirken.

4 Der Baum kommt mittschiffs. Der Steuermann legt weiter Ruder. Die Großschot ist vollständig dichtgeholt.

3 Das Boot liegt genau vor dem Wind. Der Steuermann holt die Großschot schnell, aber gleichmäßig Hand über Hand dicht, während er die Pinne mit dem Bein abstützt, und wechselt dabei die Seite. Der Vorschoter wirft die Fockschot los, die Fock geht meistens in dieser Phase bereits über.

2 Der Steuermann fiert die Großschot vollständig und legt das Boot direkt vor den Wind. Er erhebt sich und klemmt sich die Pinne in die Kniekehle, um die Hände zum Dichtholen der Großschot freizuhaben.

1 Boot läuft (hier auf der Zeichnung) auf Backbord-Bug auf einem Raumschots-Kurs an. Der Steuermann gibt das Vorbereitungskommando „Klar zum Halsen!" Der Vorschoter meldet: „Ist klar!" Der Steuermann legt Lee-Ruder (Pinne nach Luv), um auf einen Vorm-Wind-Kurs abzufallen. Er sitzt in Luv, der Vorschoter mittschiffs auf dem Schwertkasten.

Schiften

Schiften bedeutet – auf einem Kurs vor dem Wind – das Übernehmen der Segel von einer Seite auf die andere. Beispielsweise beim Halsen. Es ist sogar die entscheidende Phase bei dem ganzen Halsemanöver. Deshalb sollte das Schiften - zunächst bei leichten Winden - so lange geübt werden, bis man es souverän beherrscht. Geschiftet wird aber nicht nur beim Halsen. Es kann auch aus einem anderen Grund auf einem Vorm-Wind-Kurs notwendig werden. Beispielsweise bei einer leichten Winddrehung. Oder aus Gründen des besseren Trimms, denn nicht jedes Boot liegt auf jedem Bug gleich gut auf dem Ruder. Beim Regattasegeln muß man manchmal schiften, um eine Bahnmarke auf der richtigen Seite runden zu können, oder aber, um sich Wegerecht zu verschaffen. Beim Schiften werden Steuerbord-Bug und Backbord-Bug gewechselt. Backbord-Bug aber hat Wegerecht vor Steuerbord-Bug (s. Seite 106).

Die Regattahalse

An der Regattahalse sollten sich Anfänger nur bei leichtem Wind versuchen. Sie ist etwas für erfahrene Jollensegler. Sie unterscheidet sich vom üblichen Halsen (der sogenannten Blockhalse) insofern, als die Großschot beim Schiften nicht dichtgeholt wird. Der Steuermann greift oben um die Schot und nimmt das Segel von Hand, mit etwas Schwung, auf die andere Seite rüber.

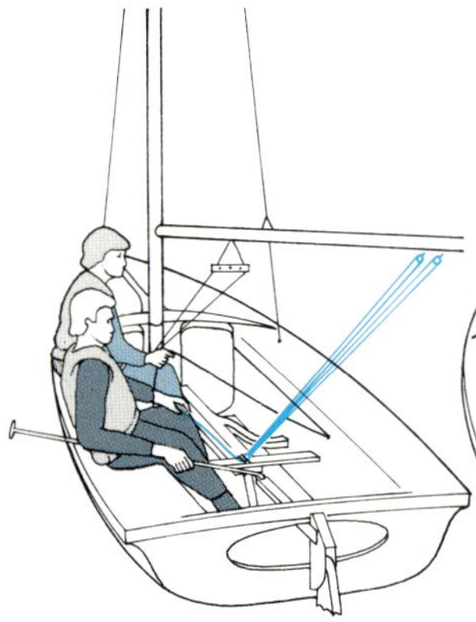

1 *Der Steuermann gibt das Ankündigungskommando: „Klar zum Halsen!" und arretiert die Großschot.*

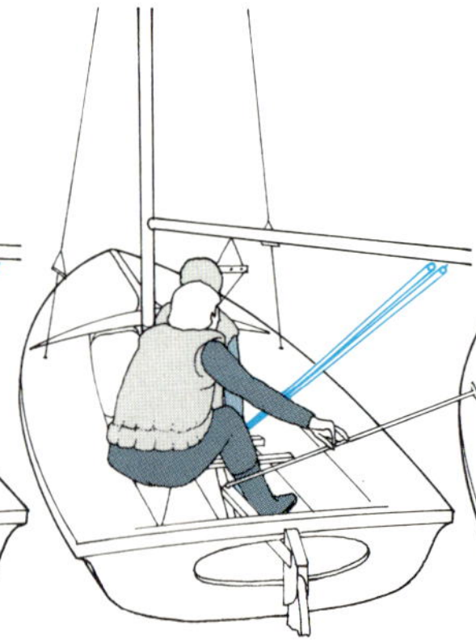

2 *Die Crew verlagert ihr Gewicht zur Bootsmitte hin. Der Steuermann klappt den Pinnenausleger zur künftigen Luvseite herum.*

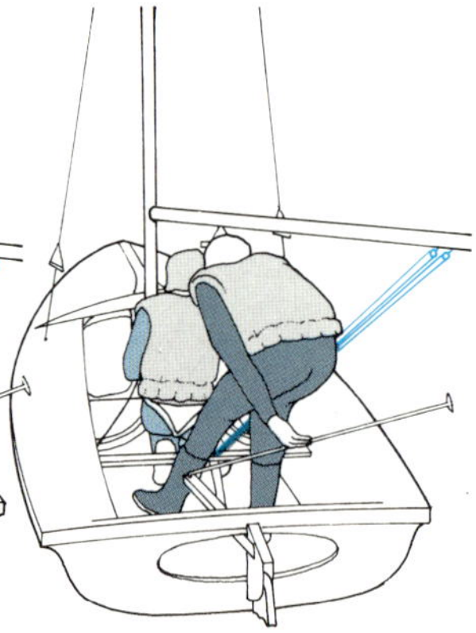

3 *Der Steuermann legt leicht Ruder, wechselt hinter dem Rücken die Pinnenhand und umfaßt die Großschot. Der Vorschoter sitzt auf dem Schwertkasten und legt die neue Lee-Schot klar.*

Halsen mit der Einmann-Jolle

Das Prinzip ist natürlich das gleiche wie auf einer Zweimann-Jolle, nur muß der Steuermann das Boot alleine ausbalancieren. Das Boot muß vor dem Schiften aufrecht oder sogar etwas nach Luv gekrängt segeln. (Auf der nebenstehenden Bildserie wird mit lose hängender Schot gehalst. Das ist bedenklich und nur bei leichtem Wind möglich.)

1 *Das Boot wird genau vor den Wind gebracht, der Steuermann sitzt mittschiffs.*

2 *Der Steuermann wechselt die Pinnenhand...*

Einmann-Rennjollen, wie das olympische Finn-Dinghy hier im Bild, sind schwieriger zu halsen als übliche Jollen und erfordern viel seglerische Erfahrung.

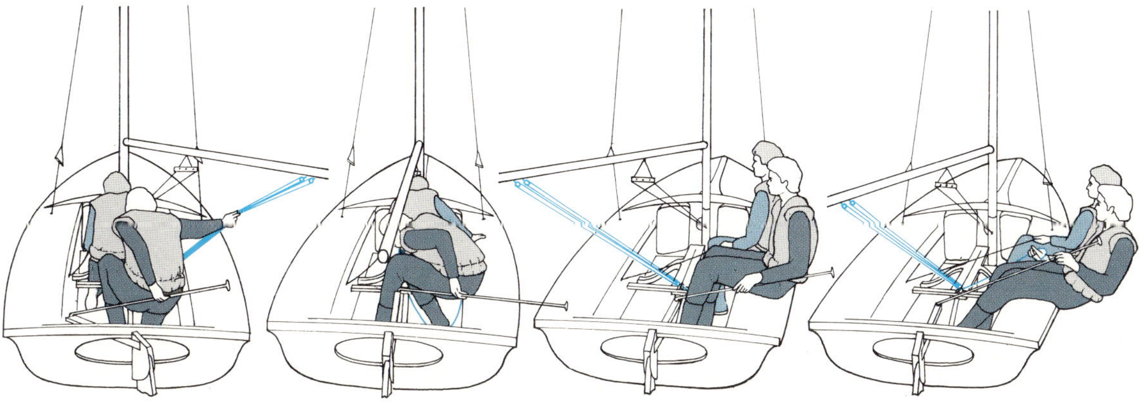

4 *Der Steuermann legt weiter Ruder und holt den Großbaum an der Großschot mittschiffs.*

5 *Die Crew taucht unter dem übergehenden Baum durch, der Steuermann gibt ihn von Hand an der Schot zur anderen Seite hinüber. Dann legt er Gegenruder.*

6 *Die Crew hat die Seite gewechselt. Das Ruder liegt wieder mittschiffs. Der Steuermann nimmt die Großschot aus der Klemme, der Vorschoter trimmt die Fockschot.*

7 *Das Halsen ist beendet. Der Steuermann hat wieder auf einen Raumschots-Kurs angeluvt.*

3 *... und legt Ruder, während er sein Gewicht gleichzeitig nach Luv verlagert.*

4 *Der Baum geht über, der Steuermann gibt Stützruder und wechselt auf die neue Luvseite.*

5 *Das Halsen ist beendet. Die Schot wurde nicht bedient (kann bei stärkerem Wind zur Kenterung führen).*

Richtig segeln auf allen Kursen

Als Manöver bezeichnet man im Segelsport alle Tätigkeiten, die irgendwelche Veränderungen in der Bootsführung bewirken. So auch das Wenden, Halsen oder Aufschießen. Nachdem diese Basismanöver hinlänglich geübt worden sind und sitzen, kann man sich auf die richtige Segeltechnik auf den verschiedenen Kursen zum Wind konzentrieren. Dazu zählt die richtige Ruderführung, die richtige Stellung der Segel und der für den jeweiligen Kurs richtige Trimm des Bootes durch die Besatzung. Die größte Aufmerksamkeit erfordern die Kurse hoch am Wind und direkt vorm Wind. Am Wind wird leicht übersteuert, und das Boot macht keine Fahrt mehr. Vorm Wind besteht immer die Gefahr einer sogenannten Patenthalse, bei der der Baum unbeabsichtigt zur anderen Seite rüberschlägt. Die Kurse voll und bei bis raumschots sind verhältnismäßig problemlos.

Segeln am Wind

Der Am-Wind-Kurs erfordert ein hohes Maß an seglerischem Fingerspitzengefühl. Die richtige Segelstellung muß ausprobiert werden. Man holt den Großbaum so weit dicht, daß sein Ende etwa über Ecke Heck steht. Jetzt kneift man sich vorsichtig so hoch an den Wind heran, bis das Vorliek des Großsegels zu killen beginnt – in diesem Fall leicht nach Luv beutelt. Dann fällt man gerade so weit ab, daß diese Erscheinung wieder verschwindet. Nun gilt es, den Stand von Vor- und Großsegel miteinander in Einklang zu bringen. Das Vorsegel wird so dicht geholt, daß der Abwind das Großsegel im Vorliekbereich nach Luv beutelt. Nun die Vorschot vorsichtig fieren, bis die Falten oder Beutel wieder verschwinden. So sind die Segel für den Am-Wind-Kurs optimal getrimmt. Hat man die ideale Einstellung von Groß- und Vorsegel zueinander gefunden, möglichst nicht mehr so viel mit den Schoten arbeiten, sondern kleine Richtungsänderungen des Windes mit leichten Kurskorrekturen durch das Ruder parieren. Diese Windschwankungen sind auch der Grund, wenn die Segel eben noch einwandfrei standen, plötzlich aber das Vorliek des Vorsegels zu killen beginnt, ohne daß man seinen Kurs geändert hätte. Der Wind hat geschralt. Das heißt, er fällt mehr von vorne ein. Man muß sofort entschlossen abfallen, bis die Segel erneut voll stehen. Kaum bemerkt wird jedoch von einem nicht so erfahrenen Steuermann, wenn er zu weit abfällt. Das Boot läuft dann auch nicht mehr richtig, weil jetzt die Segel zu dicht stehen. Sie werden nicht mehr optimal vom Wind angeströmt. Es kommt sogar zu einer fahrthemmenden Verwirbelung der Luftströmung am Segel. Eine gute Orientierungshilfe ist, wie immer, der Verklicker im Masttopp. Er muß stets parallel zum Kopfbrett des Großsegels stehen.

Am Wind ist die seitliche Abdrift am größten. Deshalb muß das Schwert vollständig abgesenkt (gefiert) sein. Wie bereits auf Seite 37 dargestellt, rutscht das Boot zur Seite weg, wenn das Schwert aufgeholt wird, aber die Krängung nimmt ab. Man kann eventuell also, um die Krängung zu verringern, das Schwert etwas aufholen, muß dann dafür aber eine geringere Fahrt in Vorausrichtung und eine höhere Abdrift in Kauf nehmen. Jede Jolle muß von ihrer Mannschaft ausgeritten werden. Bei kräftiger Brise, indem sie sich weit hinaushängt oder der Vorschoter ins Trapez steigt. Die richtige Sitzposition der Crew hängt von den Windverhältnissen ab. Bei leichtem Wind konzentriert sie ihr Gewicht zur Bootsmitte hin, bei kräftigerem Wind ungefähr am Ende des zweiten Drittels der Bootslänge.

Die Jolle segelt auf einem Am-Wind-Kurs und wird von ihrer Mannschaft auf der hohen Kante ausgeritten.

Segeln mit raumem Wind und vorm Wind

Auch auf dem Halb-Wind-Kurs weht raumer Wind, denn das Boot läuft einen Kurs in einem Winkel von etwa 120° zum wahren Wind. Groß- und Vorsegel werden so weit gefiert, daß das Vorliek gerade noch nicht killt. Es ist dies der Kurs, auf dem alle Segelboote ihre Höchstgeschwindigkeit erreichen.
Raumschots-Kurs bedeutet, noch weiter über den Halb-Wind-Kurs hinaus abzufallen. Meist beginnt das Boot hier schon wieder langsamer zu werden. Auf diesen Kursen steigt der Baum, und das Großsegel verwindet sich. Ein verwundenes Segel aber büßt erheblich an Wirksamkeit ein. Deshalb muß spätestens jetzt der Baumniederholer steif durchgesetzt werden. Schralen und Raumen des Windes wird auf diesen Kursen nicht mehr mit dem Ruder ausgeglichen, weil man seinen anliegenden Kurs unbeirrt durchhalten kann, sondern mit den Schoten. Der Verklicker ist eine verläßliche Orientierungshilfe für die Stellung des Großsegels. Je raumer der Wind kommt, um so geringer wird die Abdrift. Entsprechend kann das Schwert aufgeholt werden, gut bis zur Hälfte. In Böen wird eine Jolle auch auf diesen Kursen noch von der Mannschaft auf der hohen Kante ausgeritten werden müssen. Bei leichten Winden bringt der Vorschoter sein Gewicht mehr zur Bootsmitte hin. Eventuell auf den Schwertkasten.
Beim Vorm-Wind-Segeln kommt der Wind genau von hinten. Das Großsegel ist vollständig aufgefiert. Da das Vorsegel jetzt vom Großsegel abgedeckt wird, fällt es ein. Es kann vom Vorschoter zum Schmetterlingssegeln auf die andere Seite, nach Luv, genommen und dort eventuell mit dem Bootshaken oder Paddel ausgebaumt werden. Vom Steuermann verlangt dieser Kurs angespannte Aufmerksamkeit, denn allzu leicht kann ihm das Boot aus dem Ruder laufen und mit einer Patenthalse das Großsegel auf die andere Seite herumschlagen. Das kann zu einer Kenterung führen. Außerdem ist die Gefahr für die Mannschaft groß, den Baum beim Übergehen gegen den Kopf geschlagen zu bekommen. Ein noch unsicherer Steuermann sollte deshalb bei mehr Wind lieber einen etwas raumeren Kurs steuern, auf dem nicht ständig die Gefahr einer Patenthalse droht. Krängung braucht auf diesem Kurs kaum noch ausgeglichen zu werden. Deshalb verteilt sich die Mannschaft zum Ausbalancieren auf die beiden Bootsseiten. Der Steuermann am besten in Luv, von wo er das Großsegel besser beobachten kann, der Vorschoter vorne in Lee, sicherheitshalber mit einer Hand am Großbaum.

Einen Kurs absegeln und kreuzen

Um in der Bootsführung sicherer, im Umgang mit Schot und Pinne noch vertrauter zu werden, sollte man sich als nächstes vornehmen, konsequent einen bestimmten Kurs abzusegeln, der um einige Wendemarken - Bojen, vor Anker liegende Boote oder ähnliches - herumführt. Dabei kann man vorzüglich das Wenden und Halsen und alle Kurse zum Wind üben. Man sollte sich unbedingt auch ein Ziel wählen, das genau dort liegt, wo der Wind her weht. Gegen den Wind ansegeln kann man bekanntlich nicht. Man muß also eine andere Taktik anwenden und gegen den Wind aufkreuzen: Man nähert sich, abwechselnd über Steuerbord-Bug und Backbord-Bug segelnd, im Zick-Zack-Kurs seinem Ziel. Den jeweils auf einem Bug zurückgelegten Weg bezeichnet man als Schlag. Im allgemeinen gilt fürs Kreuzen, die einzelnen Schläge möglichst hoch am Wind zu segeln und so wenig Weg wie möglich nach Lee - vom Ziel weg - zu verschenken. Doch ist das nicht unbedingt immer die schnellste Art und Weise, um ans Ziel zu kommen. Nicht selten erreicht man es auf einem etwas raumeren Kurs schneller, obwohl das Boot einen längeren Weg zurückzulegen hat, weil auf diesem raumeren Kurs die Geschwindigkeit größer und die seitliche Abdrift geringer ist. Man spricht in diesem Fall von der optimalen Höhe, die ein Boot läuft. Auf den einzelnen Schlägen wird dann gewendet, wenn man das Ziel querab hat. Nur vor dem letzten Schlag direkt auf das Ziel zu, sollte man es achterlich als querab haben. Sonst wird man es unter Umständen noch nicht anliegen können, weil das Boot beim Wenden etwas zurückgefallen ist oder aber weil Abdrift durch Strömung oder Wind stärker waren als man geglaubt hatte.

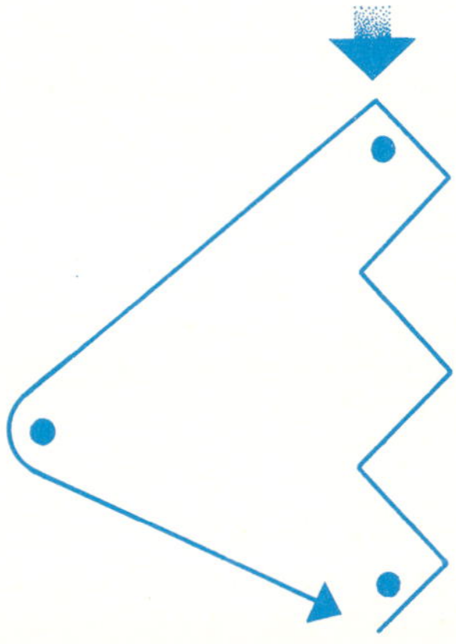

Ein Dreieckskurs um nicht zu weit auseinanderliegende Bojen ist vorzüglich geeignet, sich in der praktischen Bootsführung zu vervollkommnen und auch das Kreuzen zu üben.

Der Leeweg

Obwohl es Aufgabe des Schwertes ist, der seitlichen Abdrift entgegenzuwirken, läßt sich ein gewisser Grad von Abdrift nicht vermeiden. Sie trifft besonders stark auf Am-Wind-Kursen auf. Der Winkel zwischen dem gesteuerten und dem wirklich gesegelten Kurs wird als Leeweg bezeichnet. Er führt in Lee an einem angesteuerten Ziel vorbei. Deshalb muß man auf Am-Wind-Kursen stets in Luv von seinem Ziel halten. Wie groß der Vorhaltewinkel, der gleichbedeutend mit dem Leeweg ist, sein muß, das lehrt allein die Erfahrung. Er ist unabhängig von der Höhe am Wind, die das Boot läuft, von der Windstärke und auch vom Bootstyp. Lediglich auf einem Kurs vor achterlichem oder nahezu achterlichem Wind kann der Leeweg vergessen werden.

Scheinbarer Wind

Wenn vom Wind gesprochen wird, muß unterschieden werden zwischen wahrem und scheinbarem Wind (s. auch Seite 38). Richtung und Stärke des wahren Windes kann man nur an einem festen Punkt feststellen. Sobald ein Boot Fahrt aufnimmt, werden Richtung und Stärke durch den Fahrtwind beeinflußt. Der wahre Wind wandelt sich zum scheinbaren Wind. Nur dieser ist an Bord spürbar und maßgeblich für die Kurse. Der scheinbare Wind fällt stets vorlicher ein als der wahre Wind. Die Zeichnungen veranschaulichen, wie man Richtung und Stärke des scheinbaren Windes ermitteln kann.

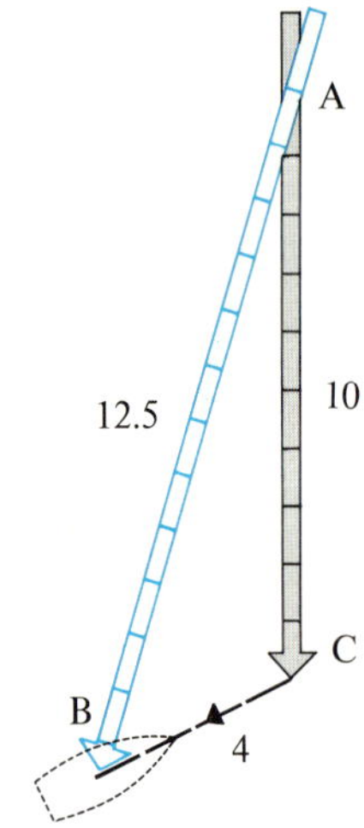

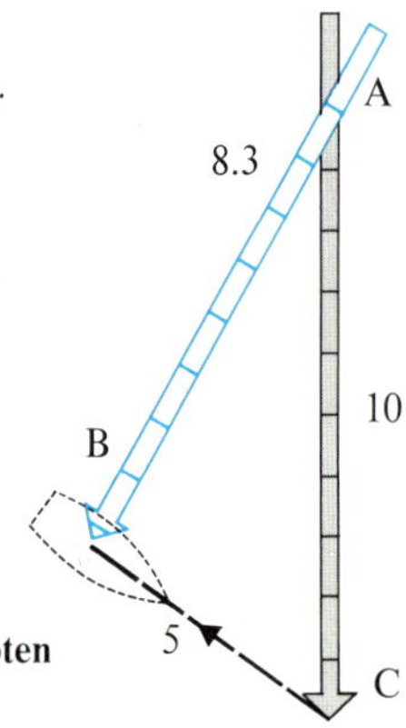

Die Verbindung der Punkte A-C gibt Richtung und Geschwindigkeit des wahren Windes an. Auf einem Am-Wind-Kurs (oben rechts) ist der wahre Wind schwächer als der scheinbare. Auf einem Raumschots-Kurs (rechts unten) ist der wahre Wind stärker als der scheinbare Wind.

Wahrer Wind

Scheinbarer Wind

Fahrtwind (abhängig von der Bootsgeschwindigkeit)

Geschwindigkeit in Knoten

0 1 2 3 4 5

Winddrehungen

Der Wind wechselt häufig Richtung und Stärke. Nur wer die kleinste Veränderung bemerkt und die entsprechenden Korrekturen vornimmt, holt das Beste aus seinem Boot heraus. Ein gutes Training ist, am Wind ein Ziel anzusteuern, das schon fast im unerreichbaren Sektor liegt. Jede kleinste Winddrehung wirkt sich dann zum Vorteil oder Nachteil aus, je nachdem ob der Wind schralt oder raumt. Ein „Schraler" ist ein Wind, der mehr von vorn kommt und zum Abfallen zwingt, Beim „Raumer", der seitlich einfällt, kann man anluven. Schralt der Wind, bedeutet das also, daß man weiter abfallen muß und womöglich noch einen Kreuzschlag zu segeln hat.
Raumt der Wind, kann ein zuvor vielleicht nicht erreichbares Ziel direkt angelaufen werden.

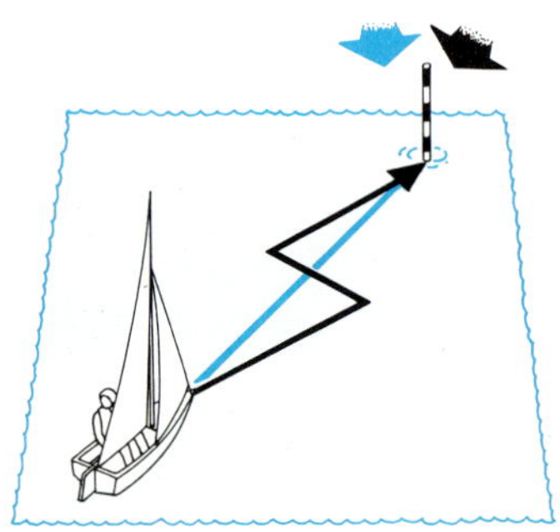

Schraler
Bei einem Schraler auf einem Am-Wind-Kurs kann das Boot sein Ziel nur mit einem Kreuzschlag erreichen.

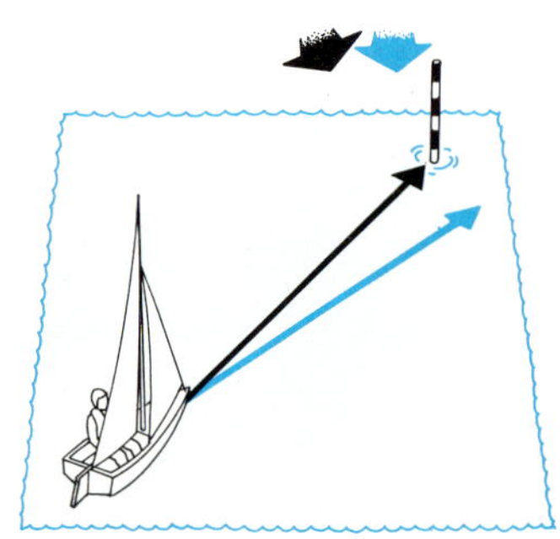

Raumer
Mit einem Raumer hat das Boot keine Probleme, das Ziel auf direktem Kurs zu erreichen, selbst wenn es vorher nicht erreichbar war.

Wenden und Halsen ohne Ruder - Rückwärtssegeln

Typisch für Anfänger ist, daß sie viel zu hart Ruder legen. Beim Wenden kann das Boot dadurch so stark abgebremst werden, daß es gar nicht mehr durch den Wind geht. Deshalb sollte man sich stets vergegenwärtigen, daß Kursänderungen auch durch Trimm-Maßnahmen erreicht werden können, wie bereits auf Seite 50 beschrieben. Noch einmal kurz zusammengefaßt: Zum Abfallen zuerst das Großsegel fieren und das Boot leicht nach Luv krängen, dann erst Ruder legen. Die Fockschot bleibt zunächst angeholt. Der Druck aufs Vorsegel erleichtert das Abfallen. Zum Anluven erst das Großsegel dichter nehmen, das Boot nach Lee krängen und die Fockschot etwas fieren. Die Wirkung dieser Trimmveränderungen an Boot und Segel läßt sich am besten erproben, wenn man einfach mal das Ruder aushängt. Der Schwert bleibt halb gefiert, damit man sich ganz auf den Gewichts- und Segeltrimm konzentrieren kann. Eine halbe Stunde wenden und halsen um zwei Bojen, ohne Ruderhilfe, bringt mehr Erkenntnisse über den wirkungsvollen Einsatz von Trimm-Maßnahmen, als wochenlanges normales Segeln. Selbst wenn man zunächst nur Schnörkel zu segeln schafft.

Man muß auch üben, unter Vor- und unter Großsegel allein zu segeln und zu manövrieren. Man braucht das gelegentlich, um beispielsweise an einem Steg oder einer Mooring anzulegen. Manchmal ist es sogar notwendig, rückwärts zu segeln. Zunächst schießt man in den Wind, dann drückt der Vorschoter den Baum des Großsegels bis an die Wanten heraus. Der Wind fällt nun von vorne ein und schiebt das Boot achteraus. Das Ruderblatt in die Richtung legen, in die das Boot rückwärts segeln soll.

Bei sehr leichtem Wind kann es sinnvoll sein, das Boot etwas nach Lee zu krängen, damit die Segel besser stehen. Auch sollte dann die Crew möglichst tief im Boot sitzen, um wenig Luftwiderstand zu erzeugen. Bei leichtem Wind sitzt sie weiter vorne, nimmt der Wind zu, etwa auf Mitte Cockpit. Auf Raumschots-Kursen, wenn das Boot gleitet, rutscht sie ziemlich weit nach hinten. Will man wissen, ob sein Boot in der Längsschiffsachse richtig getrimmt ist, genügt ein Blick ins Heckwasser: Ist es stark verwirbelt, muß das Gewicht weiter nach vorne.

Rückwärtssegeln

1 *Das Boot liegt im Wind, der Vorschoter drückt den Baum nach vorn – das Großsegel wird backgehalten –, das Boot nimmt Fahrt achteraus auf.*

2 *Das Ruder auf Achterausfahrt legen – das Ruderblatt in die Richtung, in die das Boot drehen soll. Crewgewicht nach vorne.*

Unten: Segeln ohne Ruder. Mit etwas Übung gelingt sogar das Halsen.

Kentern

In der Regel kentert ein Boot aus zwei Gründen: Entweder ist der Wind zu stark, so daß die Besatzung die Krängung nicht mehr ausgleichen kann, dann kentert das Boot nach Lee. Oder aber die Besatzung macht grundsätzliche Fehler. Das geschieht vielfach auf Raumschots-Kursen, wenn das Boot aus dem Ruder läuft und dann nach Luv kentert. Allerdings sind die meisten Jollen gutartig und lassen manchen Fehler zu, ohne daß es zur Kenterung kommt. Rennboote dagegen sind erheblich sensibler, weil sie meistens extrem leicht sind und mehr Segelfläche tragen.
Die Gefahr des Kenterns besteht bei allen Schwertbooten, und daher ist wichtig zu wissen, wie man sich bei einer Kenterung verhält und wie man ein Boot wieder aufrichtet. Das zu üben, sollte zur Grundausbildung jedes Jollenseglers gehören. Am besten fängt man damit an, das Boot bei ruhigem Wetter selbst zu kentern und dann zu lernen, wie man es am besten wieder auf die Beine stellt. Dabei gewinnt man nicht nur Erfahrung, sondern auch Selbstsicherheit.
Da alle Jollen zusätzlich Auftrieb haben, besteht keine Gefahr, daß sie sinken. Man sollte nicht vergessen, die Auftriebskörper von Zeit zu Zeit zu überprüfen. Wichtig ist das richtige Auftriebsvolumen, denn zu viel des Guten führt dazu, daß das hoch aufschwemmende Boot zu schnell abgetrieben wird, oder daß man nicht auf das Schwert steigen kann. Die Methode des Aufrichtens hängt von den jeweiligen Umständen (Kenterung nach Luv oder Lee) und vom Bootstyp ab.
Was auch immer zu einer Kenterung geführt hat, auf jeden Fall muß die Besatzung beim Boot bleiben, weil sie mit dem Boot zusammen leichter gefunden wird und am Boot einigermaßen sicher ist. Lebensgefährlich ist es, zu versuchen, an Land zu schwimmen, weil die Entfernungen immer unterschätzt und die eigenen Kräfte überschätzt werden, auch von guten Schwimmern.

Die „Hineinschaufel"-Methode

Nach dieser Methode wird der Vorschoter beim Aufrichten sozusagen ins Boot geschaufelt. Dazu steigt der Steuermann aufs Schwert und richtet das Boot durch sein Gewicht und Zug an der Fockschot auf. Der Vorschoter hängt sich an die Ausreitgurte. Da er beim Aufrichten gleich mit ins Boot kommt, kann er das Boot, dessen Cockpit voll Wasser ist, austrimmen und verhin-

1 *Der Vorschoter prüft, ob das Schwert voll ausgefahren ist. Dann löst er die Großschot, falls sie in einer Klemme festsaß. Der Steuermann schwimmt zum Heck und kontrolliert, ob das Ruder noch in seinem Beschlag sitzt.*

4 *Der Vorschoter hält sich an den Ausreitgurten, beziehungsweise am Schwertkasten fest, während der Steuermann auf das Schwert klettert und sich an der Fockschot hochzieht.*

dern, daß es gleich wieder kentert. Und er kann auch dem Steuermann behilflich sein, ins Boot zu kommen. Natürlich müssen Steuermann und Vorschoter ihre Aktionen genau koordinieren. Der Vorschoter darf sich beispielsweise nicht ins Cockpit hängen, bevor der Steuermann auf dem Schwert steht, sonst würde er mit seinem Gewicht das Boot kieloben drehen (durchkentern). (Dies ist eine spezielle, vom englischen Autor Anfängern gelehrte Methode. Sie funktioniert nur bei leichteren Winden - die Bildserie zeigt Flaute - und nicht mit allen Jollen und darüber hinaus nur dann, wenn der ins Cockpit zu Schaufelnde nicht gerade ein Schwergewicht ist. Die übliche Methode finden Sie auf der nächsten Seite beschrieben. – Bearbeiter)

2 Der Vorschoter hält das Heck fest, während der Steuermann die Großschot über das Heck nimmt und mit ihr, als Sicherheitsleine, in der Hand zum Schwert herumschwimmt.

3 Während der Steuermann das Schwert erreicht, ist der Vorschoter zum Cockpit geschwommen, hat dort die Luv-Fockschot klariert und wirft sie, über das Seitendeck, dem Steuermann zu.

5 Der Steuermann steht auf dem Schwert, und nachdem er sich überzeugt hat, daß der Vorschoter klar ist, hängt er sich voll in die Fockschot und beginnt, das Boot aufzurichten.

6 Der Vorschoter liegt bereits mit dem Oberkörper im Cockpit, der Steuermann klettert schließlich über das Seitendeck ins Boot. Die Besatzung macht sich klar, das Boot sofort lenzzusegeln.

Kentern nach Luv

Kentert eine Jolle nach Luv, zeigt der auf der Wasseroberfläche liegende Masttopp in Windrichtung. Beginnt nun die Besatzung mit dem Aufrichten, kann passieren, daß der Wind unter das Segel faßt und das Boot plötzlich hochschnellt und der Mannschaft auf den Kopf kippt. Oder aber, daß es gleich zur nächsten Seite kentert. Deshalb muß vor dem Aufrichten der Bug in den Wind gedreht werden. Dann stellt oder stemmt sich die Crew aufs Schwert und drückt – eventuell durch Wippen – das Boot hoch. Dies ist auch die übliche Methode bei einer Kenterung nach Lee. Sobald sich die Jolle in der Horizontalen befindet, ziehen sich Steuermann und Vorschoter von je einer Seite – dadurch das Boot stabilisierend – zugleich ins Cockpit. Das ist, besonders mit vollgesogener Kleidung nicht immer ganz leicht. Meistens wird man jedoch einen Fußgurt oder den Traveller erreichen und sich dann von einer kräftigen Beinschere unterstützt, ins Cockpit halb ziehen und halb wälzen können.

Das Boot ist gerade im Begriff nach Luv zu kentern, eine versierte Crew hätte es davor bewahren können.

Aufrichten eines durchgekenterten Bootes

Reagiert die Besatzung nicht schnell genug, kann eine Jolle leicht durchkentern. Befindet man sich unter dem Boot – keine Panik. Man greift nach Scheuerleiste oder Spiegel und taucht unter durch. Echt schwierig wird das Aufrichten dann, wenn das Schwert in den Schwertkasten zurückgerutscht ist. Man fischt sich ein Schotende, holt es über den Bootsboden, stemmt sich auf der gegenüberliegenden Seite mit den Fußspitzen gegen die Scheuerleiste und zieht kräftig. Befindet sich das Boot erst in der 90°-Lage, schwimmt einer zum Mast und drückt ihn hoch. In diesem Fall muß der Masttopp in Windrichtung zeigen, damit der Wind unter das Segel fassen und das Aufrichten unterstützen kann. Dabei ein Schotende fest in der Hand behalten, damit das Boot nicht allein davonsegelt, nachdem es sich aufgerichtet hat. Einfacher geht es, wenn das aus dem Boden herausragende Schwert von der Besatzung als Hebel benutzt werden kann. Das Aufrichten aus der 90°- Lage erfolgt dann, wie oben beschrieben.

1 *Die Mannschaft steht oder kniet auf Scheuerleiste oder Bootsboden und hängt sich mit ganzer Kraft ans Schwert, beziehungsweise die Fockschot.*

2 *Allmählich richtet sich das Boot auf. Der Mann am Schwert kann sich jetzt mit seinem ganzen Körpergewicht ranhängen und hebeln.*

Aufrichten einer Einmann-Jolle

Im Prinzip unterscheidet es sich in nichts vom Aufrichten einer Zweimann-Jolle, außer in einem Punkt: daß man allein ist und allein auch wieder ins Boot muß. Deshalb sollte man versuchen, das Boot erst gar nicht zu verlassen. Kenterungen nach Lee vollziehen sich manchmal nahezu im Zeitlupentempo, so daß man nicht ins Wasser katapultiert wird, sondern auf der Bordwand sitzen oder bäuchlings kleben bleibt. Man braucht sich manchmal nur an die Bordkante zu hängen, um das Boot wieder in die Senkrechte zu hebeln. Oder man rutscht übers Seitendeck aufs Schwert, und kurz bevor das Boot in die Horizontale herumschlägt, zieht man sich übers Seitendeck zurück ins Cockpit. Dabei muß man nur höllisch aufpassen, daß man den herumschwingenden Baum nicht gegen den Kopf bekommt.

1 *Sowie das Segel durchs Wasser schleift, zieht sich der Steuermann an der Scheuerleiste hoch, sein Gewicht so weit wie möglich aufs Seitendeck verlagernd.*

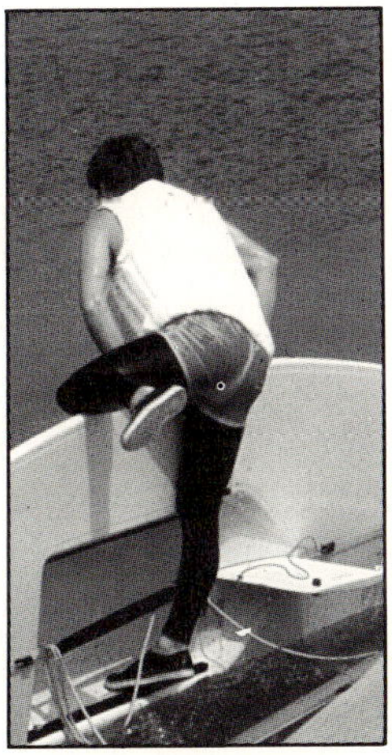

2 *Dann steigt er über aufs Schwert und wippt das Boot wieder in die Horizontale.*

Lenzsegeln

Manche Jollen schaufeln sich beim Aufrichten viel Wasser ins Cockpit, andere dagegen bleiben fast trocken. Hat das Boot Selbstlenzer, segelt man es über die Lenzer auf einem Raumschots-Kurs leer. Dabei muß es möglichst waagerecht gehalten werden. Krängt es, läuft das Wasser über das Lee-Deck ab. Das macht das Boot äußerst instabil, so daß die Gefahr einer erneuten Kenterung besteht. Wer keine Selbstlenzer hat oder wenn so viel Wasser im Cockpit verblieben ist, daß sie es nicht schaffen, muß von Hand Wasser geschöpft – geöst – werden. Dazu wird das Boot beigedreht. Und während es ein Mann durch entsprechende Gewichtsverlagerung gut ausbalanciert – denn es ist in diesem Zustand hochgradig instabil –, schöpft der andere. Wenn er die Pütz wie eine Schaufel benutzt, schafft das sehr schnell das Wasser außenbords.

Mast im Grund

Kentert eine Jolle im flachen Wasser durch, kann es natürlich geschehen, daß sich ihr Mast in den Grund bohrt. In diesem Fall ist es nicht sinnvoll zum Aufrichten auf den Bootsboden zu steigen. Das zusätzliche Gewicht würde den Mast nur tiefer in den Schlick drücken. Meist wird es der Mannschaft nicht gelingen, ihr Boot von Hand aufzurichten. Man muß die Hilfe eines zugkräftigen Motorbootes in Anspruch nehmen. Eine starke Schleppleine wird sicher am Want befestigt, über den Boden hinweg- und am Schwert vorbei- und auf die Heckklampe des Schleppers genommen. Das Motorboot muß langsam im rechten Winkel zur Kiellinie der Jolle anschleppen und wenn möglich in Windrichtung ziehen.

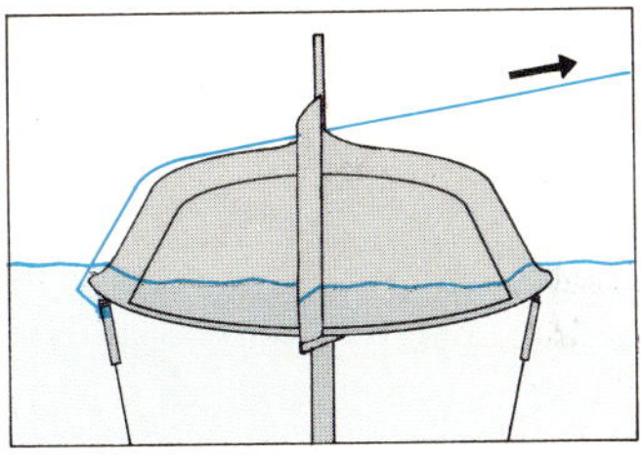

1 *Die Leine über den Bootsboden führen und möglichst am Leewant befestigen, so daß das Segel in Lee hoch kommt.*

2 *Im rechten Winkel zum gekenterten Boot anschleppen und möglichst auch in Richtung gegen den Wind.*

Mann über Bord

Nicht nur auf einer seegehenden Yacht bedeutet „Mann über Bord” äußerste Lebensgefahr. Auch auf einer Jolle, auf einem geschützten Binnenrevier, kann es gefährlich werden, wenn das Wasser sehr kalt ist oder der über Bord Gefallene, aber auch der im Boot Zurückgebliebene in Panik gerät. Jemand kann leicht „zu Bach” gehen, wenn beispielsweise die Fußgurte reißen. Es ist wichtig, daß nicht nur der Steuermann, sondern auch der Vorschoter genau weiß, was zu tun ist, wenn der andere außenbords geht. Wie er, plötzlich allein, das Boot zu ihm zurück bringt und wie er ihn wieder an Bord kriegt. Das Manöver muß absolut sitzen und kann deshalb nicht oft genug geübt werden. Dabei genügt es nicht, nur mit einer Boje oder irgendeinem Schwimmkörper zu üben. Denn wenn da plötzlich ein Mensch im Wasser schwimmt, sieht alles ganz anders aus und – die größte Schwierigkeit besteht darin, ihn überhaupt wieder ins Boot zu bekommen.

Die sicherste Methode, um zurückzukehren, ist, das Boot sofort auf Halb-Wind-Kurs zu bringen, abzulaufen und eine sogenannte Kuhwende zu fahren. Auch wenn es mit Halsen womöglich schneller geht, sollte man das – besonders als Anfänger – besser lassen, zumal man sehr wahrscheinlich nur noch alleine im Boot sitzt.

Der Fußgurt ist gerissen, der Vorschoter schießt rücklings ins Wasser.

Mann im Wasser

Wer unvorbereitet außenbords geht, zumal wenn das Wasser ziemlich kalt ist, erhält schon einen gehörigen Schock. Dann ist es gut, sich sofort klarzumachen, daß man ja von seiner Rettungsweste getragen wird und nicht befürchten muß, unterzugehen. War die Rettungsweste beim Fall ins Wasser nicht aufgeblasen, sofort die Gaspatrone auslösen. Ist sie nur von Mund aufzublasen, sollte man sie unbedingt zumindest halbaufgeblasen tragen. Es ist nämlich viel schwieriger als man glaubt, eine Rettunsweste im Wasser vollständig aufzublasen, besonders, wenn das Wasser kalt ist und Panik oder Schock den Atem kurz werden lassen. Sobald man dazu in der Lage ist, den Arm über dem Kopf schwenken, damit man von Bord aus besser gesehen wird. Rettungswesten haben eine Trillerpfeife, mit der man sich akustisch bemerkbar machen kann. Wenn das Boot nicht in unmittelbarer Nähe hält, nicht versuchen, hinzuschwimmen. Das bringt nichts in der schweren Segelbekleidung und mit der Rettungsweste. Man vergeudet nur nutzlos seine Kräfte, die man nachher womöglich dringend braucht, um wieder ins Boot zu gelangen.

Der Mann im Wasser schwenkt seinen Arm überm Kopf, damit er von Bord aus besser zu sehen ist.

Zurücksegeln

Wenn auf einer Jolle jemand außenbords geht, wird sie augenblicklich krängen und aus dem Ruder laufen, weil ein Trimmgewicht fehlt. Deshalb muß der an Bord Gebliebene zunächst das Boot wieder ausbalancieren und auf Kurs bringen. Ist es der Vorschoter, läßt er die Fock fliegen und rutscht nach hinten und übernimmt Großschot und Pinne. Sofort auf einen Halb-Wind-Kurs gehen, gleichgültig, ob man auf einem Am-Wind- oder einem Vorm-Wind-Kurs gesegelt ist. Gleichzeitig ein orientierender Blick zurück, wo genau sich der Mann im Wasser befindet. Dann eine Kuhwende fahren und wieder auf Halb-Wind-Kurs gehen und neben dem Schwimmer einen Nahezu-Aufschießer fahren. Zum Nahezu-Aufschießer wird angeluvt, etwa drei Bootslängen bevor man seinen Mann querab hat. Wichtig ist es, das Boot unmittelbar neben ihm zum Stehen zu bringen. (Darüber, ob man den Nahezu-Aufschießer in Luv oder Lee des außenbords Gegangenen fährt, gibt es unterschiedliche Auffassungen. Während Autor Bond den Aufschießer in Lee propagiert, wird auf den meisten deutschen Segelschulen ein Aufschießer in Luv erwartet. Beide Manöver haben Vor- und Nachteile. – Bearbeiter)

Beim Nahezu-Aufschießer neben dem Schwimmer segelt das Boot auf einem Am-Wind-Kurs.

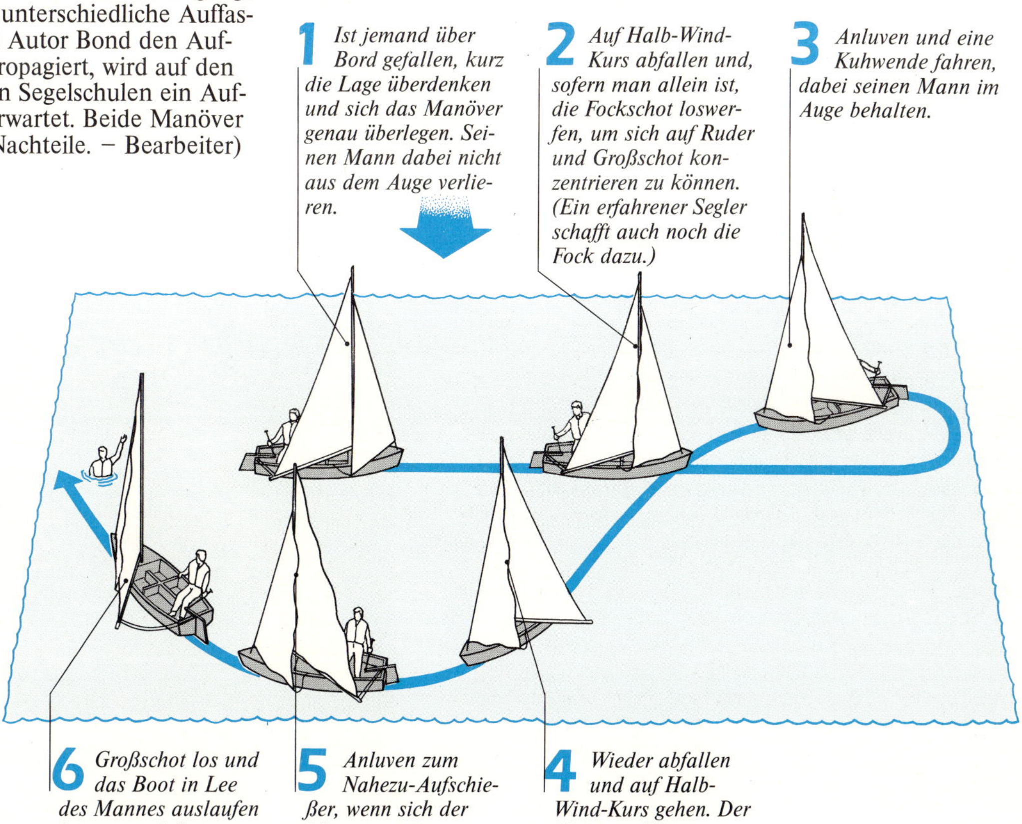

Mann an Bord

Sobald man sein Boot in Lee des über Bord Gefallenen zum Stehen gebracht hat, muß man ihn so schnell wie möglich zu fassen bekommen. Ist er in Reichweite, die Pinne kräftig nach Luv drücken und loslassen. Dann rutscht man bis zu den Wanten nach vorne und packt seinen Mann. Er wirkt wie eine Art Treibanker, der das Boot nach Luv herumdreht. Doch das Lee-Ruder wirkt diesem Drehmoment entgegen, so daß sich das Boot nicht mit dem Bug in den Wind legt oder Fahrt aufnimmt. Es liegt beigedreht. Ist der Schwimmer kräftig und in guter Verfassung, wird er sich ohne große Hilfe über das Seitendeck ins Cockpit ziehen können. Aber schwere nasse Kleidung schränkt seine Bewegungsfreiheit doch ziemlich ein. Wenn gar noch Auskühlung oder Schock hinzukommen, wird er es ohne fremde Hilfe nicht schaffen. Gibt es Schwierigkeiten, sollte man ihn zunächst mit einer unter den Armen hindurchgenommenen Leine sichern. Wenn irgend etwas schief läuft, verliert er so wenigstens nicht den Kontakt mit dem Boot. Er sollte immer über das Seitendeck aufgefischt werden, nicht übers Heck. Bei der Übernahme übers Heck nimmt das Boot wieder Fahrt auf und wird dabei äußerst unstabil*. Die einzige Ausnahme von dieser Regel besteht dann, wenn der über Bord Gefallene hilflos und die Jolle so instabil ist, daß sie bei einer Übernahme seitwärts kentern würde. Nun krängt man dem Schwimmer das Boot so weit wie möglich entgegen. So wird er in der Lage sein, sich mit dem Oberkörper übers Seitendeck zu legen, und es ist ein Leichtes, ihm unter die Arme zu packen und ihn vollends ins Cockpit zu ziehen. Falls das Schwierigkeiten bereitet, gibt es noch eine andere Methode: Man holt den Mann auf dem Rücken der Länge nach längsseits, den Kopf dicht hinter den Wanten, die Füße zum Heck hin. Dann hält er sich mit der bootsseitigen Hand am Want fest und versucht, einen oder beide Füße aufs Seitendeck zu legen. Dann packt man ihn am Gurt der Rettungsweste oder am Hosenbund, während er gleichzeitig das Kreuz durchdrückt, und rollt ihn ins Cockpit.

1 *Der Steuermann krängt das Boot...*

2 *... und zieht seinen Mann übers Seitendeck rein.*

* Auf den meisten deutschen Segelschulen ist man da anderer Auffassung. Sie lehren die Übernahme übers Heck, bei der es üblicherweise keine Probleme gibt, zumal noch das Ende der Großschot als hilfreiche Handreichung gegeben werden kann. Das Boot wird dabei nicht unstabiler als bei einer Übernahme über die Seite. Im Gegenteil, mit leichten Jollen besteht bei seitlicher Übernahme stets die Gefahr einer Kenterung. Auch nimmt das Boot dabei keineswegs Fahrt auf. Es sei denn, die Schoten haben sich verhakt, so daß die Segel nicht frei auswehen können, sondern Wind fangen. Wird allerdings über das Seitendeck aufgenommen, muß der Nahezu-Aufschießer in jedem Fall in Lee des Schwimmers erfolgen. Würde das Boot in Luv liegen, würden Baum und Großschot und die in Lee peitschende Fockschot die Übernahme stark behindern, wenn nicht gar unmöglich machen. Außerdem ist die Gefahr einer Kenterung in dem Fall noch größer. Bei der Übernahme in Luv muß sich der Helfer im Cockpit nur vor dem möglicherweise herumschlagenden Baum in Acht nehmen, besonders dann, wenn er – der Empfehlung entsprechend – das Boot stark krängt. – Bearbeiter

Reffen

Je mehr der Wind zunimmt, um so schwieriger wird es für die Besatzung, eine Jolle auszureiten. Bis dann der Punkt kommt, an dem die Kräfte nicht mehr ausreichen. Eine erfahrene Crew weiß zwar mit allerlei Trimmtricks diesen Zeitpunkt länger hinauszuzögern, aber irgendwann riskiert jeder eine Kenterung, wenn er seine Segelfläche nicht verkleinert.
Da gibt es zwei Möglichkeiten: Entweder man wechselt seine Segel gegen kleinere aus, oder man verringert die Fläche seiner gesetzten Segel, ein Vorgang, den man als reffen bezeichnet. Wer sie sich leisten kann, ist mit kleineren Starkwindsegeln besser bedient, weil ein gerefftes Segel nie so gut steht und deshalb auch nicht so wirkungsvoll ist.
Es gibt verschiedene Methoden zu reffen: Einbinden des überschüssigen Tuches (Bindereff) oder aufwickeln des Segels auf den Baum oder Mast (Rollreff). Rennjollen allerdings lassen sich meistens gar nicht reffen. Wieviel Segelfläche eingerefft werden muß, ist reine Erfahrungssache. Wie weit man ein Segel überhaupt reffen kann, hängt beim Bindereff von der Anzahl der Reffreihen ab. Mit dem Rollreff kann das Segel beliebig verkleinert werden. Bei unsicherer Wetterlage ist es ratsam und vor allem einfacher, schon vor dem Ablegen zu reffen. Befindet man sich auf dem Wasser, wird zum Reffen oder Ausreffen beigedreht.

Das Bindereff

Die traditionelle Art, ein Segel zu reffen, ist mit dem Bindereff, wie es ähnlich schon die Rahschiffe hatten. Man kommt heute mehr und mehr auf diese Reffart wieder zurück, weil ein so gerefftes Segel besser steht.
Für jede Reffposition befindet sich eine Reihe Reffbändsel im Segel. Diese Reffbändsel steigen in einer Kurve zum Mast leicht an, damit man auch den Segelbauch glatt und straff einbinden kann. Im Vorliek und Achterliek des Segels sind am Ende jeder Reffreihe starke Kauschen eingeschlagen, mit denen das Segel an Hals und Schothorn durchgesetzt und festgemacht wird. Die Reffbändsel dienen zum Auftuchen und Festmachen des eingerefften Segeltuchs.

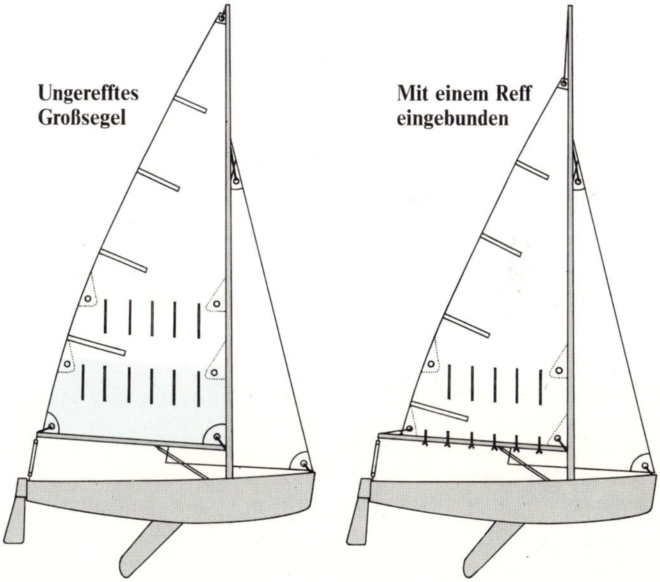

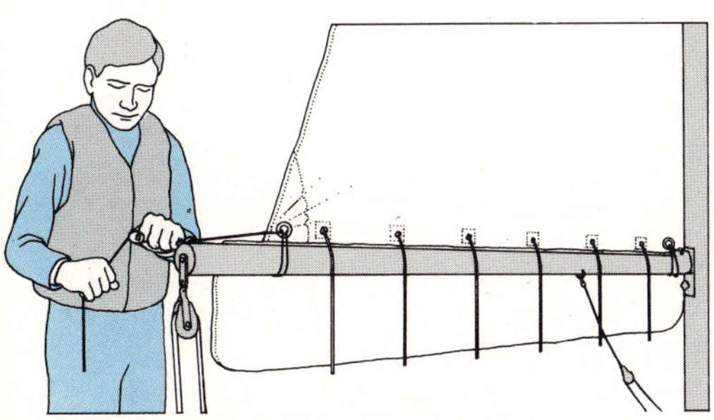
Ausholen der Reffkausch zur Baumnock

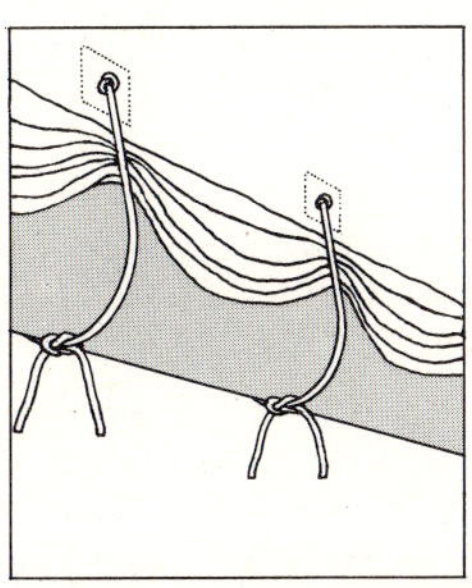
Reffbändsel mit Kreuzknoten

Baumniederholer und Großsegelfall los und das Großsegel so weit fieren, daß die Reffkausch auf den Baum kommt. Dann das Segel wieder durchsetzen und das Fall belegen. Mit dem sogenannten Schmeerreep, einem starken Bändsel, die hintere Reffkausch auf den Baum herunter- und nach hinten ausholen. Dann das Tuch am Baum aufrollen und mit den Reffbändseln festbinden. Danach den Baumniederholer durchsetzen.

Das Rollreff

Diese Art zu reffen ist nur dann möglich, wenn die Großschotblöcke nicht fest am Baum sitzen, sondern an einem Schotring oder einem drehbaren Beschlag an der Baumnock. Ansonsten ist es die simpelste Reffmethode: Der Baum wird aus seinem Lümmelbeschlag genommen und das Segel von Hand aufgerollt. Hat der Baum einen Niederholer, hilft man sich mit einem Segelsack, so, wie rechts unten gezeigt. Wichtig ist, das Achterliek in Falten auf den Baum zu legen, bevor mit dem Aufrollen begonnen wird. Sonst sitzt der Baum nicht waagerecht, wenn das gereffte Segel wieder durchgesetzt wird.

1 *Vorm Einrollen des Segels eine Falte von etwa 15 cm ins Achterliek schlagen und auf dem Baum auftuchen, damit sich das Segel glatt aufrollt.*

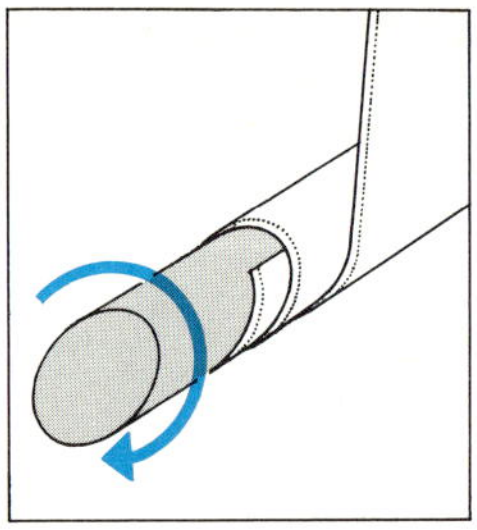

2 *Den Baum drehen und dabei das Segel an Vor- und Achterliek straffziehen.*

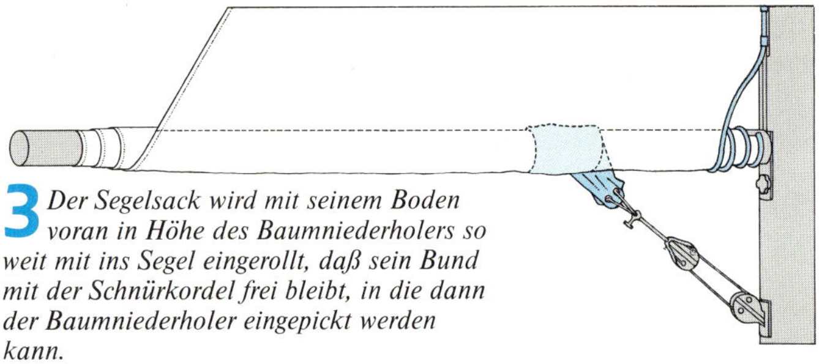

3 *Der Segelsack wird mit seinem Boden voran in Höhe des Baumniederholers so weit mit ins Segel eingerollt, daß sein Bund mit der Schnürkordel frei bleibt, in die dann der Baumniederholer eingepickt werden kann.*

Reffen um den Mast

Manche Boote, bei denen das Segel mit einer Tasche am Mast befestigt ist, können gerefft werden, indem das Segel um den Mast gerollt wird. Auch wenn der Reffvorgang manchmal unterschiedlich ist, das Prinzip ist gleich. Um den Mast drehen zu können, muß der Baum abgenommen werden. In beiden Fällen müssen Halsstrecker und Schothornstrecker gelöst und nach dem Reffen wieder festgesetzt werden.

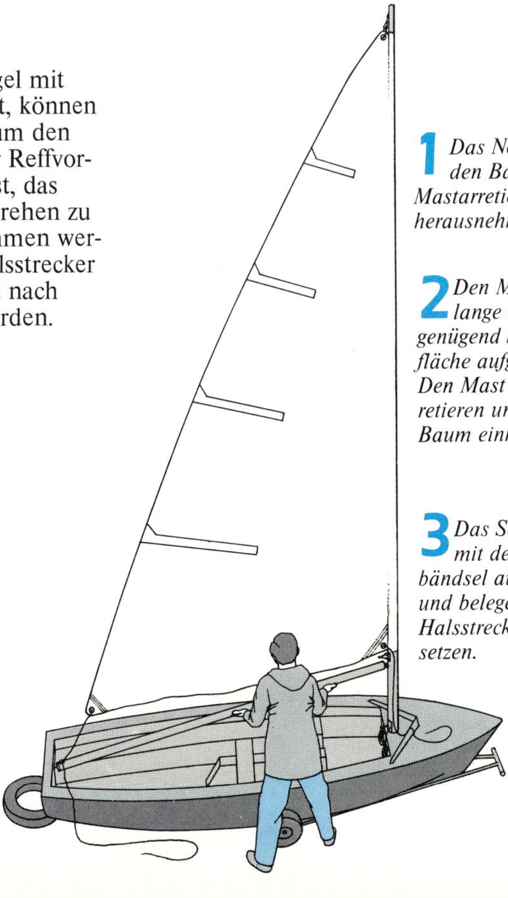

1 *Das Nockbändsel am Schothorn lösen, den Baum auspicken, Halsstrecker und Mastarretierung lösen, eventuell Segellatten herausnehmen.*

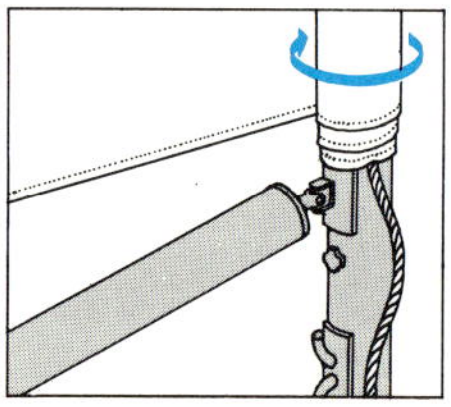

2 *Den Mast so lange drehen, bis genügend Segelfläche aufgerollt ist. Den Mast wieder arretieren und den Baum einhängen.*

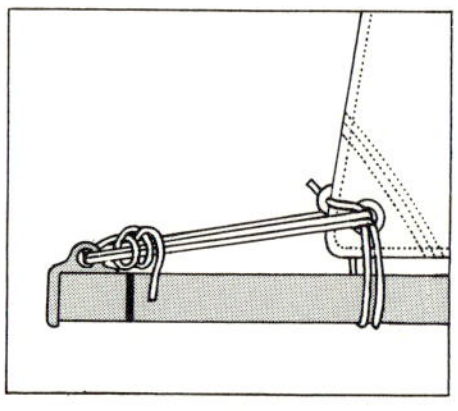

3 *Das Schothorn mit dem Nockbändsel ausholen und belegen, den Halsstrecker durchsetzen.*

Ungerefft

Gerefft

Reffen der Fock

Hat man das Großsegel gerefft und die Fock nicht verkleinert, wird man schnell feststellen, daß das Boot schwieriger zu segeln ist, weil sich die Segelfläche gewissermaßen nicht mehr im Gleichgewicht befindet. Manche Jollen haben denn auch eine große Genua für leichten Wind und eine kleinere Fock für Starkwind. Wer kein kleineres Vorsegel zum Auswechseln hat, kann seine Fock verkleinern, indem er sie aufs Vorstag aufrollt. Die Fockschot wird abgeschlagen und das Segel einige Male stramm um das Vorstag gewickelt, ohne das Fall zu fieren. Erscheint einem die übriggebliebene Segelfläche klein genug, wird die Schot wieder angepickt oder -geknotet. Manche Jollen haben auch einen fest mit dem Vorstag verbundenen Fockroller, der vom Cockpit aus bedient wird. Das Vorsegel wird auf eine Spindel aufgerollt und kann so stufenlos verkleinert werden.

Durch Aufrollen aufs Vorstag ist die Segelfläche der Fock verkleinert worden.

Reffen auf dem Wasser

Mit einem Bändselreff ist es kein Problem, auch draußen auf dem Wasser zu reffen, sobald man merkt, daß es zu stark bläst. Man überzeugt sich vorher, ob man genügend freien Seeraum hat, denn während des Reffens ist man weitgehend manövrierunfähig. Dann dreht man das Boot bei und holt das Schwert zur Hälfte hoch. Es dauert einige Zeit, bis man mit dem Einbinden des Reffs fertig ist, und man wird erstaunt sein, wie weit das Boot währenddem getrieben ist. Der Steuermann drückt die Pinne mit dem Bein oder Fuß nach Lee, um die Hände zum Arbeiten freizuhaben. Gerefft wird, wie auf Seite 71 beschrieben. Auch mit dem Rollreff kann man auf dem Wasser die Segelfläche verkleinern. Wenn die Crew gut eingespielt ist, geht es sogar schneller.

Am Steg gereffte Boote vorm Auslaufen bei frischer Brise.

Eine Jolle liegt zum Reffen des Großsegels auf dem Wasser beigedreht.

Start und Landung am Ufer

Obschon die meisten Jollen direkt vom Ufer aus zu Wasser gebracht werden können, sind damit einige Schwierigkeiten verbunden. Abgesehen von der Frage des Zugangs zum Ufer von der Straße oder dem Parkplatz aus, können die Uferbeschaffenheit – Sand oder Schilf –, die Frage, ob Hoch- oder Niedrigwasser herrscht, Probleme bereiten. Sofern es möglich ist, sollte man sich das betreffende Ufer bei Niedrigwasser ansehen, um festzustellen, ob und wo es Unterwasserhindernisse gibt, wie der Böschungswinkel des Ufers ist etc. Ist das nicht möglich, kann man aus dem Charakter des Ufers Rückschlüsse ziehen. Sandige Uferbereiche lassen auf einen allmählich abfallenden Grund schließen, steinige Ufer fallen meistens sehr schnell auf größere Tiefen ab, Schilfgürtel versprechen Flachwasser.

In Tidengewässern sollte man vor dem Absegeln berechnen, wie der Wasserstand bei der Rückkehr sein wird. Zweckmäßigerweise sollte man zwei Stunden vor oder nach Hochwasser abfahren oder zurückkehren. Von überfüllten Ufern oder Ufern mit modrigem Untergrund paddelt man am besten ein Stück weg, bevor man die Segel setzt.

Eine große Rolle spielt auch, ob es sich um eine Luv- oder Leeküste handelt. An einer Luvküste weht ablandiger Wind. Hier ist es ziemlich einfach vom Ufer wegzukommen, zurückzukommen ist dagegen schwieriger. An einer Leeküste weht auflandiger Wind. Er macht das Wegsegeln vom Ufer schwierig oder bei Brandung gar unmöglich. Das Boot wird immer wieder ans Ufer zurückgeworfen oder von der Brandung vollgeschlagen.

Bei ablandigem Wind wird, gerade von einem Anfänger, nur allzu leicht die Windstärke unterschätzt, weil er sich beim Lossegeln unter der Landabdeckung befindet. Er ist dann vielleicht nicht auf das vorbereitet, was wirklich „draußen" los ist. Deshalb muß man sich vor dem Start alle nur zugänglichen Wetterinformationen beschaffen. Wer alleine segelt muß jemand die Zeit seiner Rückkunft mitteilen und sich - wenn irgend möglich - auch daran halten.

Meistens ist die Rückkehr ans Ufer unproblematischer als der Start, es sei denn, das Ufer ist einem fremd. Nähert man sich dem Ufer, müssen die Fallen klarliegen, damit die Segel auch schnell geborgen werden können. Ebenso wichtig ist es, auf die abnehmende Wassertiefe zu achten, um Schwert und Ruderblatt rechtzeitig entsprechend aufzuholen.

(In England spielt sich die Jollensegelei teilweise vor der Küste ab. Deshalb findet das Küstensegeln hier eine recht ausführliche Würdigung. Für uns hingegen gilt: Jollen gehören grundsätzlich nicht auf die See, weil das zu risikoreich ist. Es sei denn im Rahmen von Hochleistungsregatten, die unter entsprechenden Sicherheitsvorkehrungen durchgeführt werden. - Bearbeiter)

Ein Laser kehrt bei starkem Wind und Brandung an eine Leeküste zurück. Der Steuermann läßt das Boot höchste Geschwindigkeit laufen, um zu vermeiden, daß die Wellen überm Heck brechen und einsteigen. Bei einer Brandung wie dieser ist es wahrscheinlich kaum möglich, in den Wind zu schießen, um die Fahrt abzustoppen. Da kann man nur direkt auf den Strand zulaufen, in allerletzter Minute rausspringen und das Boot schnell aus der Brandung ziehen.

Rechts: Diese Segelschüler haben es leicht. Der Wind weht parallel zur Küste, sie können ihre Boote direkt vom Ufer weg- und zurücksegeln.

Start von einer Luvküste

Es macht keinen grundlegenden Unterschied, ob man flaches oder tiefes Wasser hat, aber es gibt zwei Möglichkeiten, um vom Ufer wegzukommen. Die erste Methode ist einfacher, aber auch weniger kontrolliert im Ablauf. Die zweite empfiehlt sich für eine versierte Mannschaft und wenn wenig Platz zur Verfügung steht.

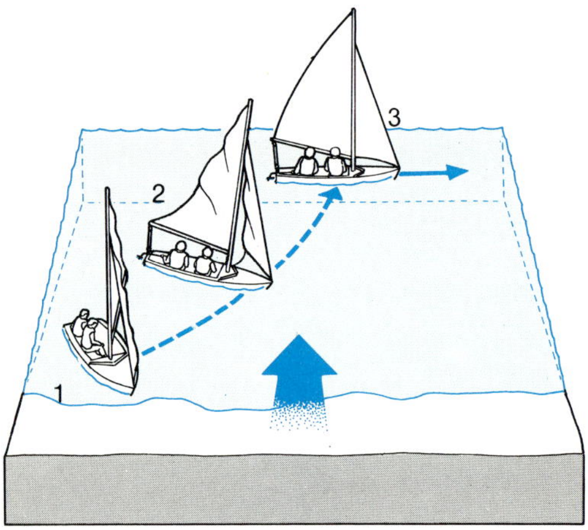

Methode 1
Das Boot wird mit dem Bug in den Wind gelegt, die Segel werden gesetzt, der Besatzung steigt ein (1) und wartet, bis das Boot genügend abgedriftet ist (2) und geht dann auf Kurs (3).

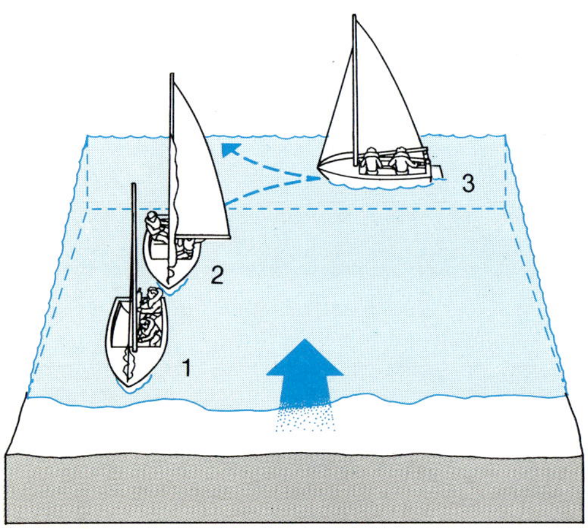

Methode 2
Das Boot liegt mit dem Bug im Wind, die Segel sind gesetzt, die Mannschaft ist an Bord (1). Mit backgehaltenem Großsegel wird rückwärts gesegelt (2), die Pinne zu der Seite eingeschlagen, nach der man wegsegeln will. Ist das Wasser tief genug, Großsegel rüber, Fock anholen und auf Kurs gehen (3).

Start von einer Leeküste mit tiefem Wasser

Das Boot liegt, den Bug im Wind, mit dem Heck auf dem Strand. Die Segel sind gesetzt, das Ruder ist eingehängt. Die Mannschaft hält den Bug im Wind und beobachtet die Brandung (1). Sobald eine Welle unter dem Rumpf durchgelaufen ist, zieht sie das Boot blitzschnell ins Wasser, hechtet hinein und drückt dabei den Bug in Fahrtrichtung (2). Der Steuermann holt nun die Großschot dicht, der Vorschoter fiert das Schwert und holt die Fockschot dicht. Der Steuermann fällt etwas ab (3), damit das Boot mehr Fahrt aufnimmt. Dann wendet er, falls er zu dicht unters Ufer gekommen ist. Sonst hält er Kurs. Sofern das Boot in der Brandung Wasser übergenommen hat, wird mit dem Lenzen gewartet, bis das Boot frei von der Brandungszone ist.

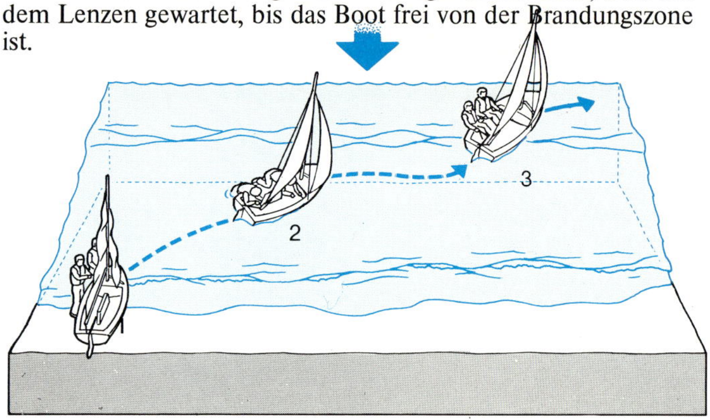

Start von einer Leeküste mit flachem Wasser

Die Segel sind gesetzt (1), die Besatzung schiebt das Boot bis in etwa brusthohes Wasser und fiert entsprechend das Schwert. Der Steuermann steigt ein (2), der Vorschoter drückt den Bug nach Lee und steigt ebenfalls ein. Der Rudergänger holt die Großschot an, legt etwas Ruder (3), damit das Boot Fahrt aufnimmt, und versucht, sich vom flachen Wasser freizusegeln. Sobald es die Wassertiefe erlaubt, wird das Schwert vollständig gefiert. Die Fock wird angeholt, sobald das Boot Fahrt voraus macht und nicht mehr nach Lee treibt (Position 3 oder 4).

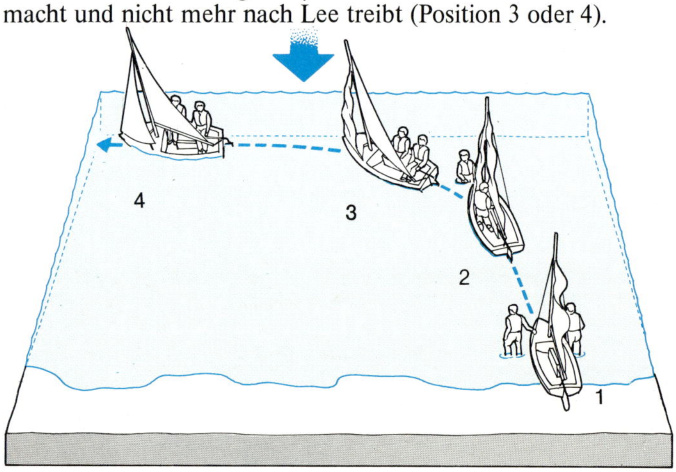

Der Start vom Ufer eines Binnensees ist meistens völlig unproblematisch. Sind womöglich Stege vorhanden, macht das die Sache noch einfacher: die Crew kann trockenen Fußes an Bord und vom Boot wieder an Land steigen.

Oben: Start von einer Leeküste. Der Steuermann dieses Sunfish sitzt bereits drin, klariert Schot, Ruder und Schwert, während der zweite Mann das Boot, Bug zum Wind, ins tiefe Wasser zieht.

Steht vor einer Leeküste Brandung, müssen die Boote ziemlich weit hinausgezogen werden, bevor man lossegeln kann. Wem es nicht gelingt, schnell genug ins Boot zu hechten und die Schoten dichtzuholen, der wird unweigerlich wieder zurückgeworfen.

Landen an der Luvküste

Weht der Wind ablandig vom Ufer weg, kann man nicht direkt auf die Küste zusegeln, sondern muß aufkreuzen. Dabei kann man beobachten, daß der Wind nur ganz selten rechtwinklig vom Ufer herweht. Bei sorgfältiger Überlegung wird man so auch den günstigen Kurs zum Ufer finden. Ist das Boot schon dicht unterhalb des Ufers, hält sich der Vorschoter bereit, um ins Wasser zu springen und das Boot festzuhalten, damit es nicht wieder zurücktreibt.

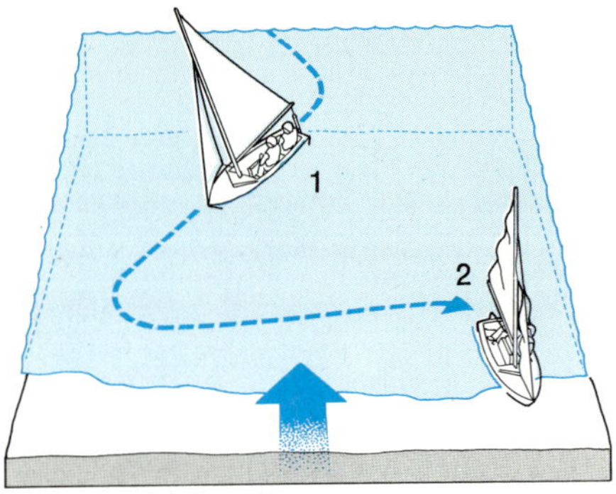

Landen auf tiefem Wasser
Man kreuzt gegen das Ufer auf, bis man dicht unter Land ist (1). Der letzte Kreuzschlag wird parallel zum Ufer so angelegt, daß man das Boot mit einem Aufschießer am gewünschten Landeplatz zum Stillstand bringt (2).

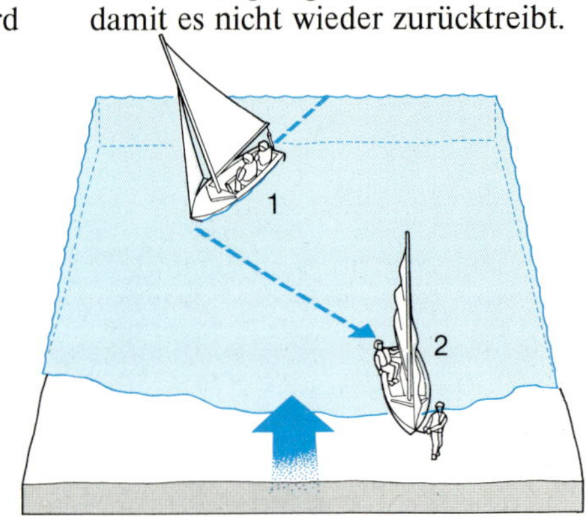

Landen auf flachem Wasser
Man kreuzt gegen das Ufer auf, bis man in flachem Wasser ist (1). Schwert und Ruderblatt werden der Wassertiefe entsprechend aufgeholt, der letzte Kreuzschlag wird gegen das Ufer gesegelt. Der Steuermann schießt gegen das Ufer auf, der Vorschoter springt mit der Vorleine an Land (2).

Landen an der Leeküste

Da man mit achterlichem Wind segelt, ist die Landung ziemlich einfach. Gefahr droht jedoch von der Brandung bei steilen brechenden Wellen. Unter solchen Umständen sollte man mit möglichst hoher Fahrt auf das Ufer zulaufen, damit die Wellen nicht über das Heck ins Boot einsteigen. Im flachen Wasser springt die Besatzung über Bord, stoppt das Boot von Hand ab und dreht es mit dem Bug in den Wind. Keinesfalls sollte man nach Lee aus dem Boot springen, da die Gefahr besteht, dabei unter das von einem Brecher zur Seite geschleuderte Boot zu geraten.

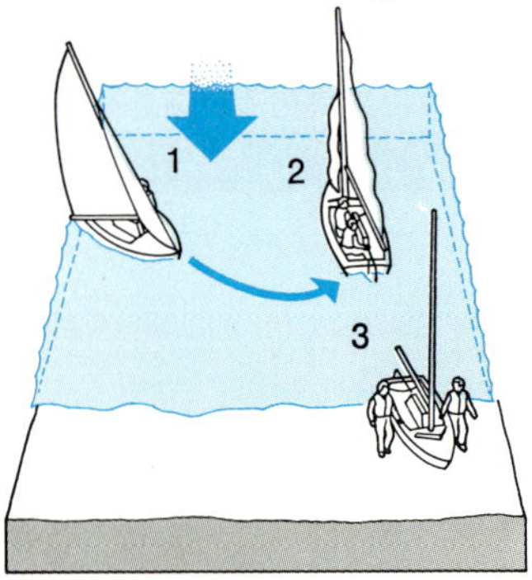

Flaches Wasser
Auf Halb-Wind-Kurs anlaufen (1), in hüfthohem Wasser aufschießen (2) und die Segel bergen, aussteigen und das Boot, Bug voran, an Land ziehen (3).

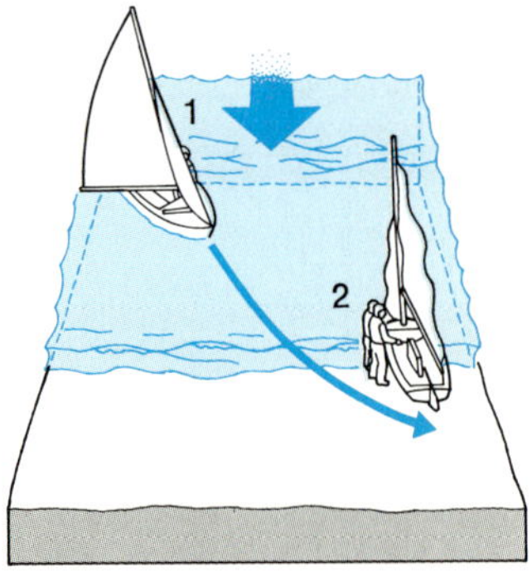

Tiefes Wasser und Brandung
Anlaufen auf Raumschots-Kurs (1). Kurz bevor das Boot auf Grund läuft, springt die Crew in Luv über Bord und dreht den Bug in den Wind (2).

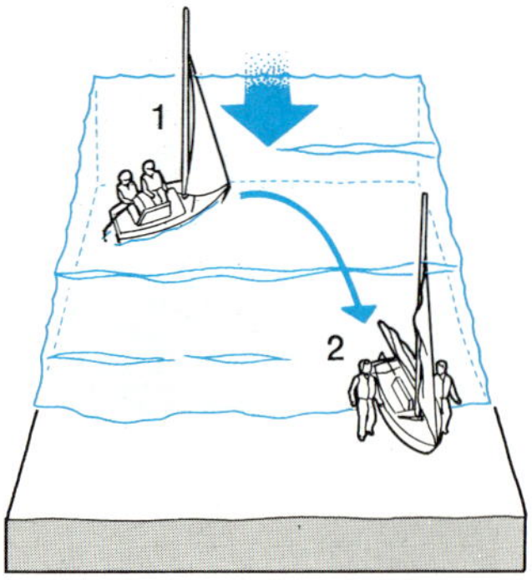

Tiefes Wasser ohne Brandung
In den Wind schießen und das Großsegel bergen (1) und auf Halb-Wind-Kurs unter Fock aufs Ufer zulaufen, die Fock auswehen lassen, über Bord springen und das Boot an Land ziehen (2).

Ab- und Anlegen am Steg

In vielen Fällen muß vom Steg abgelegt werden. Manchmal ist er der einzige Zugang zum Wasser, von dem man auch das Boot zu Wasser bringen muß. Meistens befinden sich aber Slipanlagen in der Nähe, die ein bequemes Slippen ermöglichen. An- und Ablegen am und vom Steg hat den Vorteil, daß das Boot stets manövrierfähig ist. Man kann es dort zum Segelsetzen festmachen und auch vorübergehend liegenlassen, ohne daß etwas passiert. Schwimmstege oder Pontons in Gezeitengewässern haben den Vorzug, daß sie wasserstandsunabhängig sind und man keine Probleme mit den Festmacherleinen hat. Der Nachteil ist nur, daß eine quersetzende starke Strömung ein längsseits liegendes Boot heftig gegen den Ponton drückt oder sogar darunter, was zu Beschädigungen führen kann.
Da Pontons und Stege an beliebten Segelplätzen meist belegt sind von festgemachten oder an- und ablegenden Booten, ist beim Näherkommen mit dem eigenen Boot besondere Vorsicht geboten. Der Anlaufkurs muß gut überlegt sein, damit Kollisionen mit anderen Booten vermieden werden. In strömenden Gewässern kann es zusätzliche Schwierigkeiten geben, wenn der Strom gegen Wind steht. Ideal ist es natürlich, wenn man das Boot gegen den Wind elegant zum Stillstand bringen kann. Dabei sollte der Anlaufkurs möglichst immer so eingerichtet werden, daß man notfalls auch wieder abdrehen kann. Weht der Wind in einem Winkel auf den Steg zu, legt man in strömungsfreiem Gewässer an der Leeseite des Steges an. Dabei stellt sich die Besatzung darauf ein, sich am Steg festzuhalten, damit das Boot nicht abtreibt. Sobald das Boot steht, springt der Vorschoter mit der Vorleine in der Hand an Land und belegt sie, wo es am zweckmäßigsten ist. Bleibt das Boot längere Zeit am Steg liegen, werden die Segel heruntergenommen und beigebändselt. Auch wird das Boot mit einer Achterleine festgemacht, notfalls mit der Großschot.

Längsseits gehen am Steg bei ablandigem Wind. Der Vorschoter hält das Boot am Steg fest, damit es nicht wieder abtreibt, in der anderen Hand hat er die Vorleine, mit der er gleich auf den Steg übersteigen wird. Der Steuermann balanciert die Jolle aus.

Ablegen bei ablandigem Wind

Das Boot liegt im Wind, das Schwert ist gefiert, die Segel sind gesetzt. Nun ist zu überlegen, wie man sich am besten vom Steg freisegelt. Hat man genügend Freiraum hinter dem Heck, wird wie auf der linken Abbildung verfahren. Andernfalls muß man so oder ähnlich, wie auf der rechten Abbildung dargestellt, ablegen.

Rechts: Nichts ist leichter, als bei ablandigem Wind von einem Steg abzulegen. Man braucht das Boot nur abzudrücken.

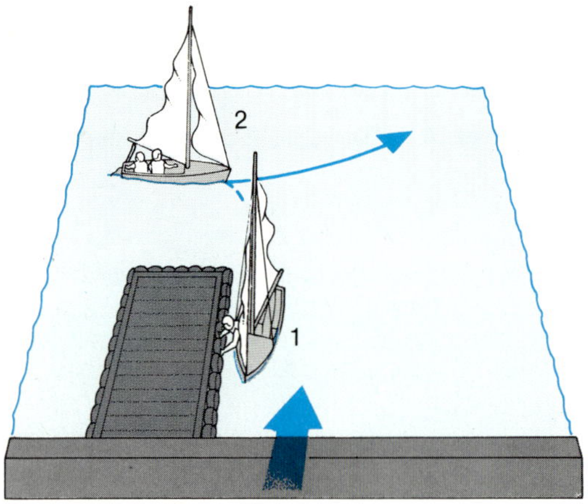

Freier Raum achteraus
Der Vorschoter macht die Vorleine vom Steg los, schiebt das Boot kräftig achteraus (1) und hält die Fock back. Der Steuermann legt die Pinne auf Rückwärtsfahrt und läßt das Boot so weit abfallen, daß die Schoten für einen Kurs voll und bei angeholt werden können (2). Der Vorschoter läßt die Fock übergehen und holt die Fockschot dicht. Das Boot fällt ab und nimmt Fahrt auf.

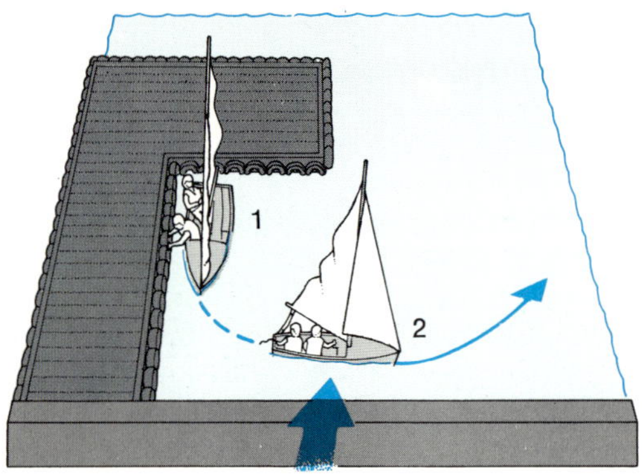

Kein freier Raum achteraus
Der Steuermann sitzt an der Pinne. Der Vorschoter macht die Vorleine los, schiebt das Boot kräftig voraus, während der Steuermann Lee-Ruder legt. Der Vorschoter nimmt die Fock auf der Seite zum Steg back, bis das Boot genügend abgefallen ist (2). Dann werden die Schoten angeholt – das Boot nimmt Fahrt auf und segelt sich frei.

Ablegen bei auflandigem Wind

Das Boot wird von Hand an den Stegkopf verholt (1). Der Steuermann setzt die Segel (Großsegel zuerst) und fiert das Schwert (2). Ist das Boot segelklar, drückt der Vorschoter den Bug vom Steg ab und gibt dem Boot einen kräftigen Pull voraus. Der Steuermann legt leicht Lee-Ruder, die Schoten werden dichtgeholt, und das Boot läuft auf Am-Wind-Kurs ab (3).

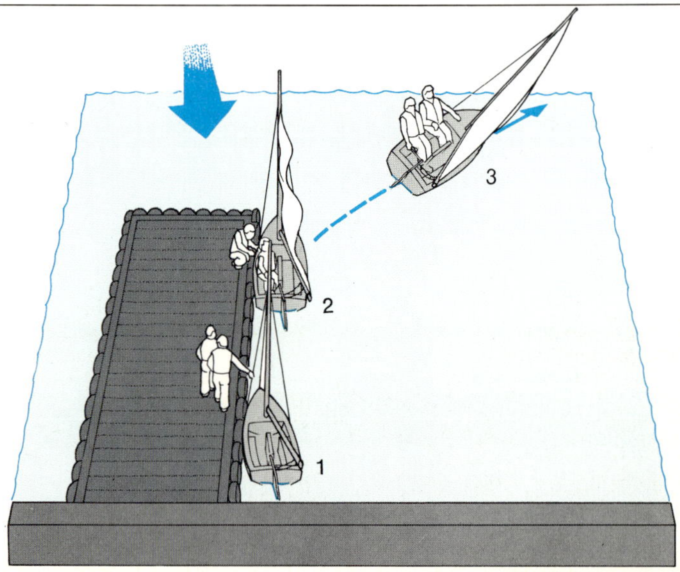

Anlegen bei ablandigem Wind

Zum Anlegen an einem Steg bei ablandigem Wind läuft man möglichst dicht unter Land, parallel zum Ufer, an. Der Aufschießer zum Steg wird so gefahren, daß man notfalls wenden und wieder ablaufen kann. Ist man am Steg, sollte das Boot mit losen Schoten kaum noch Fahrt machen, damit die Besatzung sich am Steg festhalten kann. Liegt das Boot längsseits, springt der Vorschoter mit der Vorleine an Land und macht sie fest.

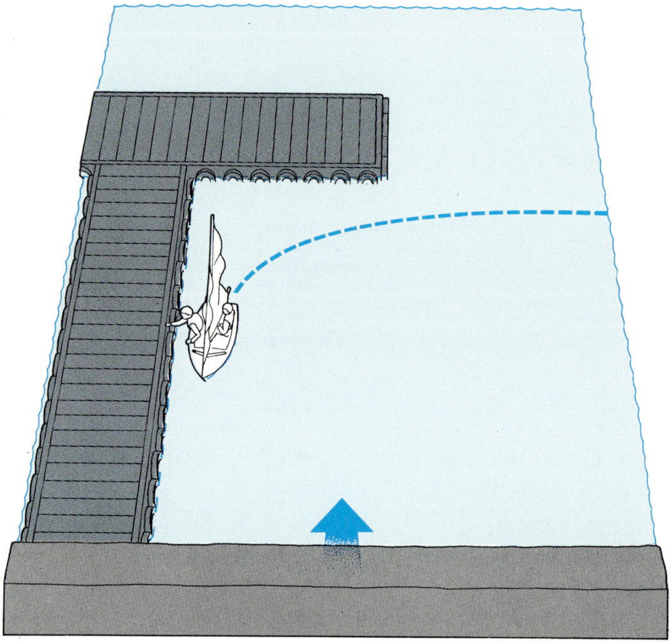

Je nach Windrichtung raumschots oder mit halbem Wind den Steg anlaufen und dicht daneben aufschießen. Der Vorschoter hält das Boot am Steg fest und belegt die Vorleine so schnell wie möglich.

Anlegen bei auflandigem Wind

Nähert man sich einem Steg bei auflandigem Wind, wählt man den Kurs möglichst dicht entlang des Steges, bevor man das Boot mit einem Aufschießer zum Halten bringt. Wichtig dabei ist, daß man genügend Raum für den Aufschießer vor dem Steg zur Verfügung hat und das Boot nicht den Steg rammt. Andererseits ist der Aufschießer nicht zu spät zu fahren, sonst läuft das Boot über das Stegende hinaus. Liegt der Steg parallel zum Ufer, also nicht im rechten Winkel, wird das Großsegel vorher geborgen und nur unter der Fock angelegt.

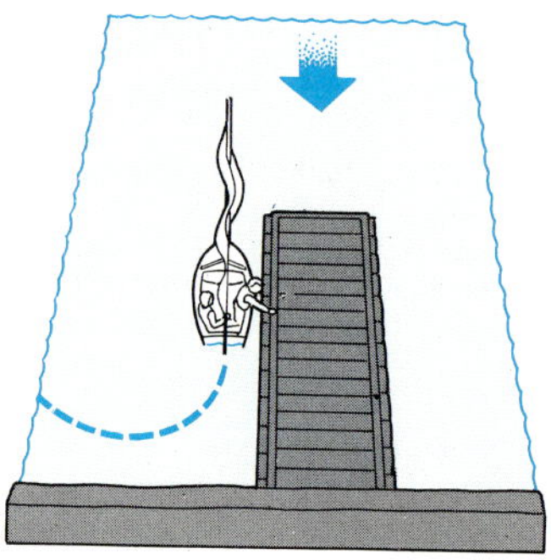

Steg im rechten Winkel zum Ufer
Angelaufen wird mit Halbwind auf das Ufer zu, dann wird ein Aufschießer parallel zum Steg gefahren, damit das Boot längsseits zum Stillstand kommt.

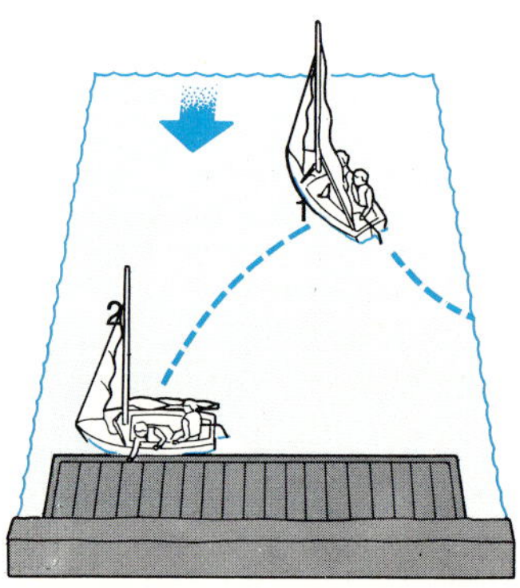

Steg parallel zum Ufer
Angelaufen wird auf Am-Wind-Kurs, aufschießen (1), das Großsegel bergen, abfallen und unter Fock zum Steg laufen. Kurz vorher die Fockschot loswerfen, anluven und parallel zum Steg zum Stehen kommen (2).

Ablegen in strömendem Gewässer

Das Ablegen vom Steg in strömendem Gewässer hängt davon ab, ob der Wind oder die Strömung stärker ist. Ist die Strömung stärker als der Wind, entscheidet ihre Richtung, von wo aus abgelegt wird. Als Regel gilt, immer von der Seite abzulegen, die sich in Lee des stärkeren Elementes befindet. Besondere Aufmerksamkeit ist dann geboten, wenn ein kräftiger Wind gegen den Strom bläst. Dabei entsteht ein unangenehmer kurzer Seegang auf der Strom-Leeseite von Schwimmstegen.

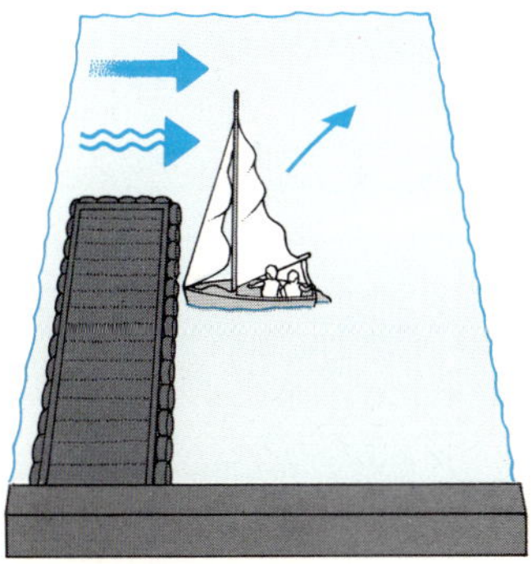

Wind und Strom gleiche Richtung
Das Boot wird zum Stegende mit dem Bug gegen Strom und Wind festgemacht. Der Vorschoter nimmt die Vorleine auf Slip, steigt ein, hält die Fock back und läßt die Vorleine ausrauschen. Der Steuermann legt die Pinne auf Rückwärtsfahrt und läßt das Boot abfallen, bis die Segel Wind fangen und die Schoten angeholt werden können.

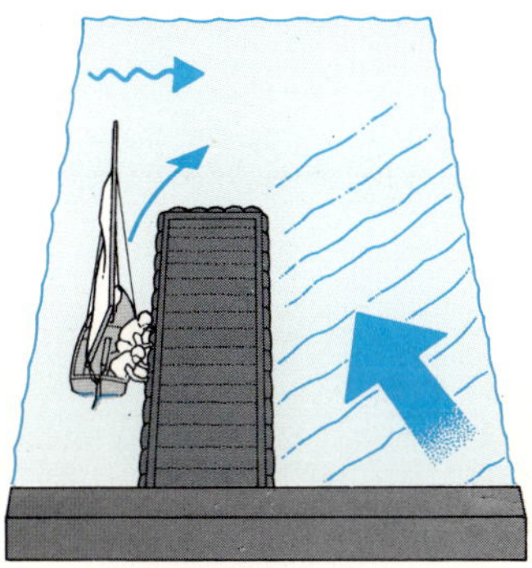

Wind gegen schwächeren Strom
Das Boot liegt zum Segelsetzen an der Wind-Leeseite des Steges. Die Mannschaft verholt es von Hand zum Ende des Steges, drückt es kräftig so weit wie möglich vom Steg ab und holt die Schoten dicht auf Halbwind-Kurs. Wichtig ist es, so schnell wie möglich Fahrt aufzunehmen, um nicht vom Strom auf den Steg gesetzt zu werden.

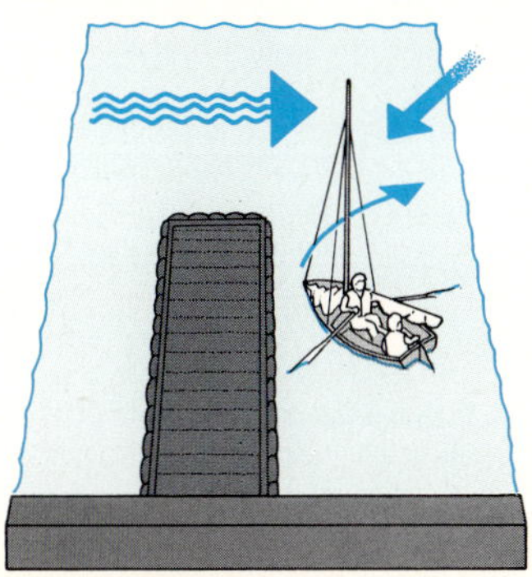

Starker Strom gegen leichten Wind
Das Boot liegt an der Strom-Leeseite des Ponton, Bug in Richtung gegen den Strom. Die Besatzung paddelt oder rudert das Boot mit dem Strom vom Steg frei. Befindet sich das Boot in freiem Wasser, wird es in den Wind gedreht, das Schwert gefiert, und die Segel werden gesetzt.

Anlegen in strömendem Gewässer

Auf strömenden Gewässern sollte, wenn irgend möglich, immer gegen das jeweils stärkere Element - Wind oder Strom - angelegt werden. Das muß vor dem Anlagemanöver ermittelt werden. Am einfachsten ist es natürlich, wenn Wind und Strom aus der gleichen Richtung kommen. Dabei darf aber nicht vergessen werden, daß das Boot auch ohne Segel mit dem Strom weitertreibt. Am schwierigsten ist das Anlegemanöver, wenn Wind gegen Strom steht. Treffen Wind und Strom etwa gleichstark im rechten Winkel aufeinander, hat man zuweilen die Wahl, gegen den Wind oder den Strom aufzuschießen.

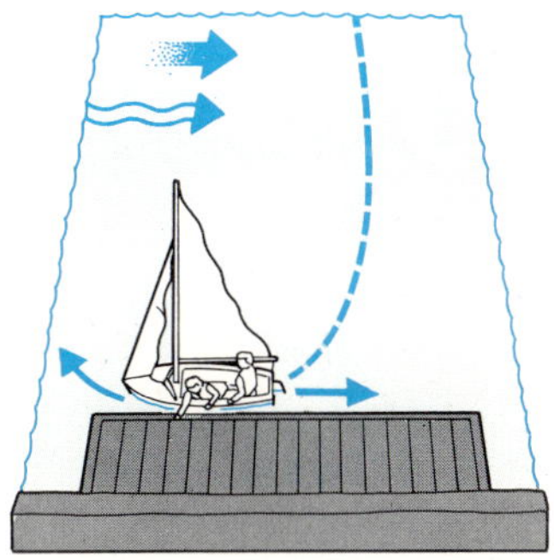

Wind und Strom aus der gleichen Richtung
Anlaufen mit halbem Wind und kurz vor dem Steg aufschießen. Auf Raum achteraus achten, denn das Boot wird nach dem Auslaufen rückwärts treiben, so lange bis die Leinen fest sind.

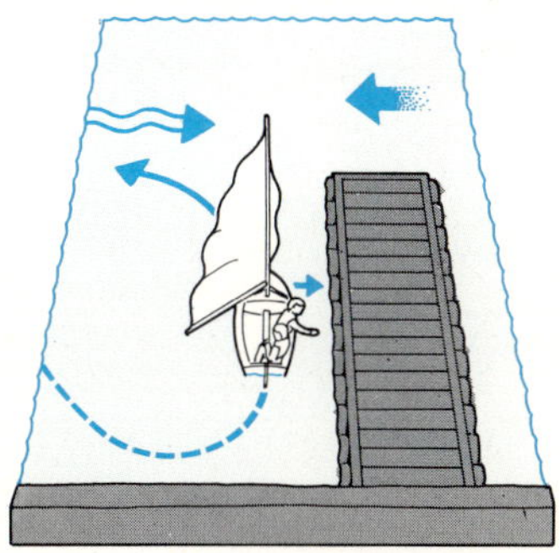

Wind gegen Strom
Angelaufen wird die Wind-Leeseite des Stegs, die gleichzeitig Strom-Luvseite ist. Vor dem Steg wird gewendet und das Boot mit aufgefierten Schoten neben dem Steg zum Stehen gebracht.

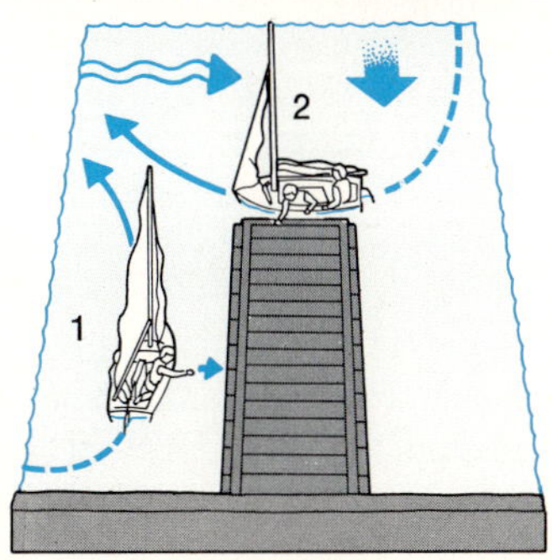

Wind und Strom im rechten Winkel
Will man an der Strom-Luvseite festmachen, läuft man mit Am-Wind-Kurs an und läßt das Boot gegen den Wind auslaufen (1). Will man am Stegende anlegen, wird das Großsegel geborgen und unter Fock zum Steg gesegelt (2).

Ab- und Anlegen an der Mooring-Boje

Eine Mooring besteht aus einem Grundgewicht - meist einem Betonklotz - oder einem Anker oder einer im Grund verankerten schweren Kette, einer Bojenkette und einer Boje. Sie dient zum ständigen Festmachen meist größerer Kielyachten, wenn keine oder nicht genügend Hafen- oder Stegliegeplätze vorhanden sind. Seltener liegen Jollen während der Segelsaison an einer Mooring-Boje. Aber fast jeder Jollensegler wird gelegentlich mal an einer Boje festmachen müssen oder wollen, beispielsweise um Segel zu setzen oder zu bergen.

Durch die Länge der Ankerkette kann eine Mooring leicht unterschiedlichen Wasserständen angepaßt werden. Es gibt verschiedene Arten von Moorings, aber das Boot ist immer mit einer Leine am Ring der Boje oder mit einem Stropp an der Bojenkette festgemacht.

Häufig liegen die einzelnen Bojenplätze so dicht nebeneinander, daß man beim An- und Ablegen äußerst vorsichtig sein muß. Zum Bojenplatz kommt man entweder mit einem kleinen Dingi oder mit einem Versetzboot. Bevor man ablegt, muß das Boot natürlich segelklar gemacht werden, das Ruder wird eingehängt, das Schwert gefiert, und die Segel werden gesetzt. Zum Ablegen von der Boje wird die Vorleine auf Slip gelegt, das heißt, das freie Ende der Vorleine wird durch das Bojenauge genommen und an Deck belegt. Dann wird die Vorleine geslipt, nachdem alles klar ist und der Ablaufkurs festliegt.

Bevor man seine Mooring anläuft, sollte man die Lage der anderen Boote zu Wind und Strom beobachten, weil das eigene Boot später die gleiche Lage einnehmen wird. Der Kurs muß immer so eingerichtet werden, daß man gegen das stärkere Element - Wind oder Strom - aufschießen kann. Läuft Strom, geht man besser hinter verankerten Bojen herum, damit man nicht vom Strom gegen sie getrieben wird. Hat man die Boje gefaßt, gleich die Vorleine festmachen, denn bei starkem Strom kann man das Boot nicht lange von Hand an der Boje halten. Dann werden die Segel geborgen, aufgetucht oder abgeschlagen, wird das Boot gelenzt und aufgeklart. Bleibt es einige Zeit an der Boje liegen, werden die Segel und alle losen Ausrüstungsgegenstände von Bord genommen, Schwert und Ruderblatt aufgeholt, damit das Boot frei um die Boje schwojen kann. Oder man hängt das Ruder überhaupt aus. Sinnvoll ist es auch, zumindest das Cockpit mit einer Plane (Persennig) abzudecken, um Schmutz und Regen fernzuhalten. Die Auftriebskörper sollten in jedem Fall in Ordnung sein, damit das vom Regen eventuell doch vollgeschlagene Boot nicht womöglich auf Tauchstation geht.

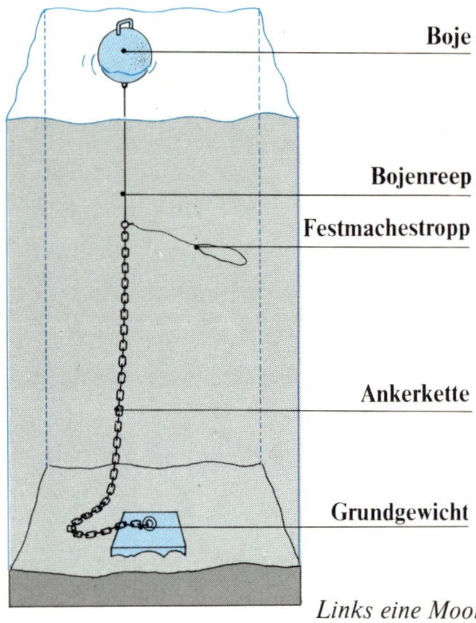

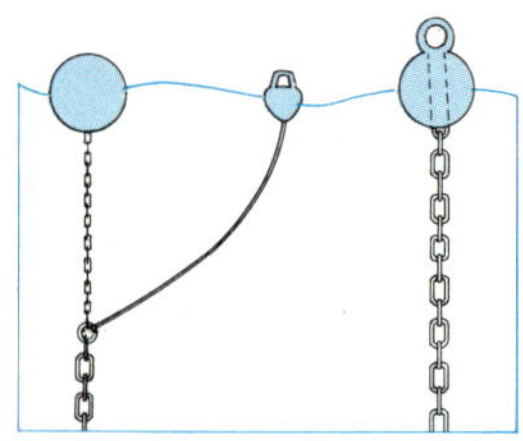

Links eine Mooringboje mit einer kleinen Fangboje zum Aufnehmen des unter Wasser schwimmenden Festmachestropps, der unterhalb der Bojereeps an der Kette sitzt. Rechts eine einfache Festmacheboje mit einem Ring oder Auge oben, durch das die Festmacheleine geschoren wird.

Ein Nahezu-Aufschießer in Lee der Boje. Präzisionsarbeit wäre es, wenn der Vorschoter die Boje in Höhe des Wants fischen könnte, ohne solche Verrenkungen übers Vordeck anstellen zu müssen.

Ablegen von der Boje

Vor dem Ablegen in strömungsfreien Gewässern wird zunächst das Schwert gefiert und die Vorleine auf Slip genommen. Nachdem die Segel gesetzt sind, holt sich der Vorschoter an die Boje heran und nimmt sie auf die Seite, die zur Luvseite werden soll. Dann wird die Vorleine losgeworfen und sich an der Boje so weit wie möglich voraus verholt. Je weiter, um so besser fällt das Boot ab.

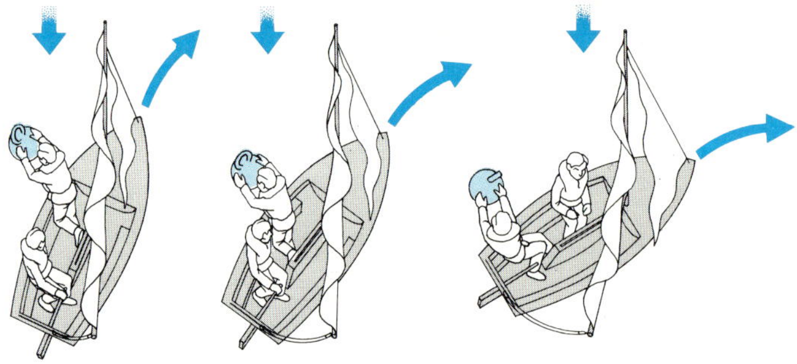

Boje los am Bug
Die Fock muß noch backgenommen werden, um weiter abzufallen.

Boje los mittschiffs
Das Boot ist schon so weit abgefallen, daß man wohl direkt lossegeln kann.

Boje los achtern
Es brauchen nur noch die Schoten angeholt zu werden, um ablaufen zu können.

Anlegen in stehendem Gewässer

Der Aufschießer neben der Boje muß so bemessen werden, daß der Vorschoter sie gut zu fassen bekommt. Wenn irgend möglich, wählt man deshalb einen Am-Wind-Kurs und macht einen Nahezu-Aufschießer in Lee der Boje, so daß sie sich kurz hinter dem Luv-Want befindet und mühelos vom Vorschoter vom Cockpit aus gefischt werden kann. Der Steuermann hält derweil das Boot im Gleichgewicht.

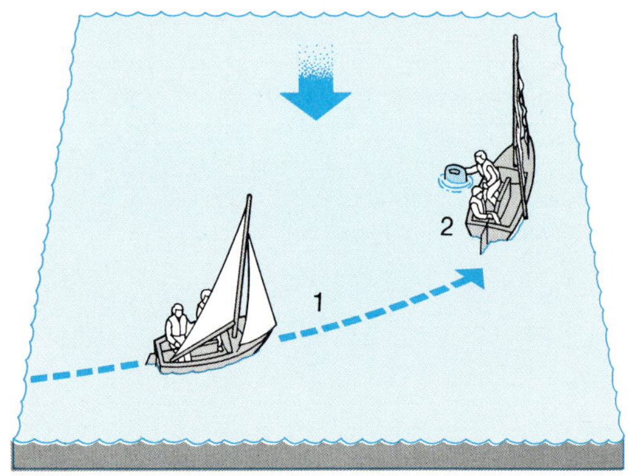

Der Anlauf erfolgt auf Am-Wind-Kurs (1). Neben der Boje aufschießen und die Boje fischen (2).

Festmachen an der Boje

Die Mooringboje muß so angelaufen werden, daß der Vorschoter sie in Luv fassen kann. Dann fischt er sich den Festmachestropp aus dem Wasser, führt ihn durch die Buglippe und belegt ihn auf der Bugklampe oder am Bugbeschlag. Dann werden die Segel geborgen. Hat die Boje keinen extra Festmachestropp, wird die Vorleine am Auge der Boje eingepickt.

Der Vorschoter fischt die Boje.

Ablegen in strömenden Gewässern

Liegt das Boot in strömenden Gewässern an der Boje, wird es sich immer in die Richtung des stärkeren Elementes - Wind oder Strom - drehen. Liegt es mit dem Bug im Wind, überwiegt die Windstärke. Sind Wind und Strom gleich stark, liegt das Boot etwa quer zu beiden. Bei stärkerer Strömung dreht es sich mit dem Bug in Stromrichtung.

Wind stärker als Strom

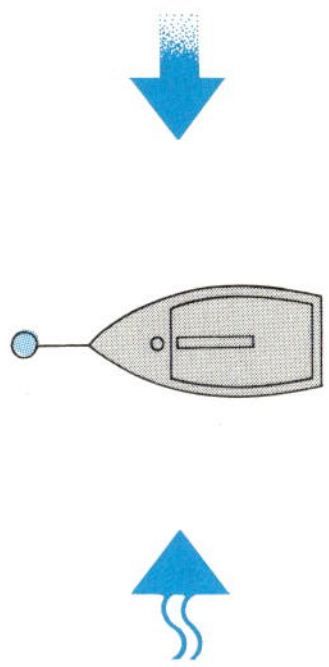

Wind und Strom gleich stark

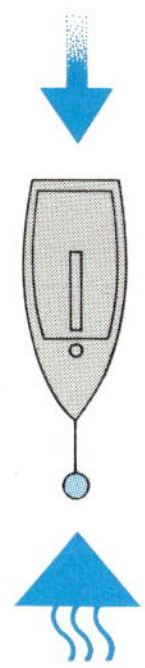

Strom stärker als Wind

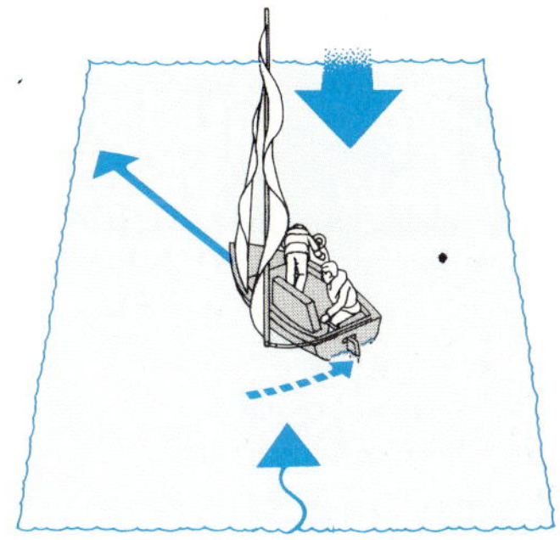

Ablegen - Wind stärker als Strom
Segel setzen, Schwert fieren. Die Boje auf die Seite nehmen, die Luv werden soll. Die Fock backhalten und die Vorleine loswerfen. Ist das Boot freigefallen von der Boje, Fock über und auf Kurs gehen.

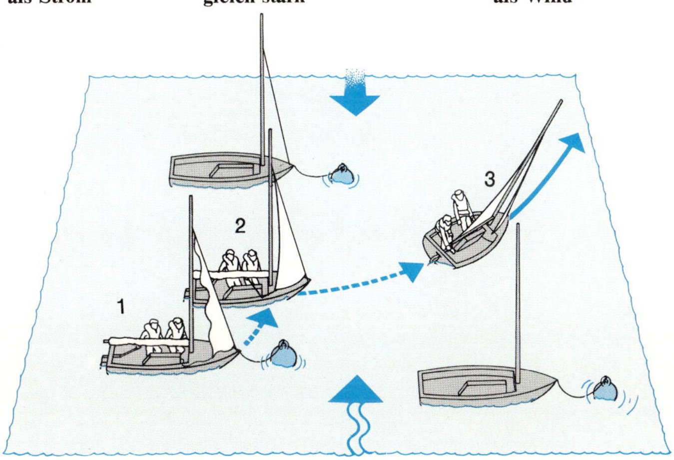

Ablegen – Wind und Strom gleich stark
Vorleine auf Slip legen und die Fock setzen (1). Die Boje in Stromluv nehmen, das Schwert fieren und Vorleine los. Fockschot dichtholen und sich von anderen Bojenliegern freisegeln (2). Dann anluven und das Großsegel setzen und auf Kurs gehen (3).

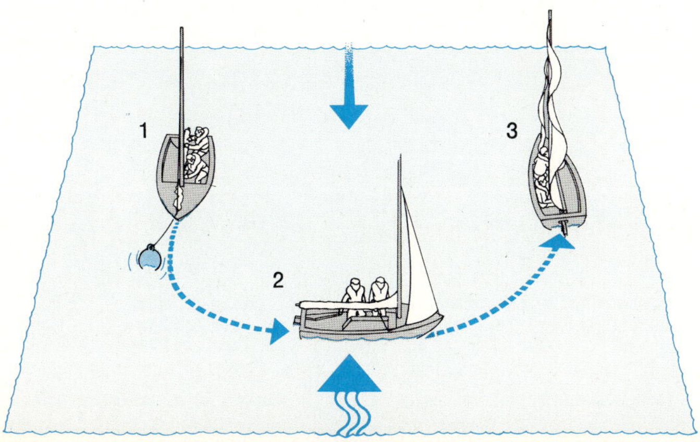

Ablegen – Strom stärker als Wind
Die Segel klar zum Setzen anschlagen. Das Schwert fieren, die Boje auf die Seite nehmen, die zur Leeseite werden soll. Fock hoch, Vorleine los und die Fockschot anholen (2) und zum Großsegelsetzen anluven (3).

Anlegen in strömendem Gewässer

Will man in strömendem Gewässer an eine Boje gehen, muß vorher Stärke und Richtung des Stroms in Relation zum Wind geprüft werden und wie sie den Kurs beeinflussen können. Die Stärke des Stroms kann man am besten an Tonnen oder ähnlichem beobachten, an ihrer „Bugwelle" und der Wirbelschleppe dahinter. Es kann für ein Gelingen des Manövers durchaus hilfreich sein, erst einen Probelauf zu unternehmen, bevor man tatsächlich an die Boje geht. Haben Wind und Strom die gleiche Richtung, kann man regulär neben der Boje aufschießen, muß aber berücksichtigen, daß das Boot sofort beginnt, achteraus zu treiben. Kreuzen Wind und Strom sich, schießt man in Stromluv neben der Boje auf. Steht Wind gegen Strom, muß einkalkuliert werden, daß das Boot nach dem Aufschießer nicht zum Stillstand kommt, sondern weitertreibt.

Vor der Tonne bildet sich eine „Bugwelle", dahinter eine Wirbelschleppe. Aus beiden kann man Schlüsse ziehen auf die Richtung des Stromes und – mit einiger Erfahrung – auch auf seine Stärke.

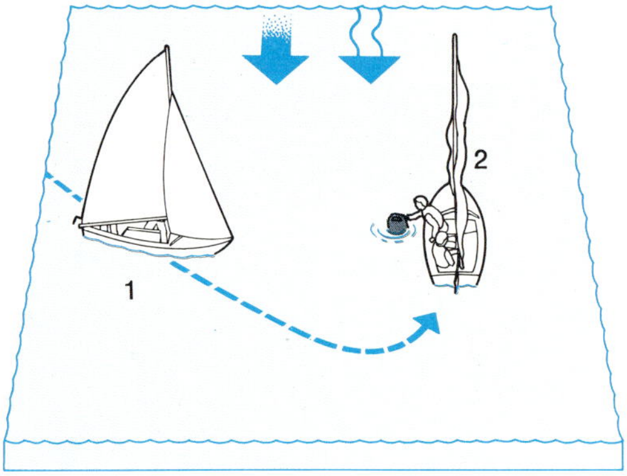

Wind und Strom aus der gleichen Richtung
Angelaufen wird raumschots oder mit halbem Wind. Wegen der Abdrift durch den Strom muß etwas vorgehalten werden (1). Der Aufschießer wird so bemessen, daß die Boje mittschiffs gefaßt werden kann (2).

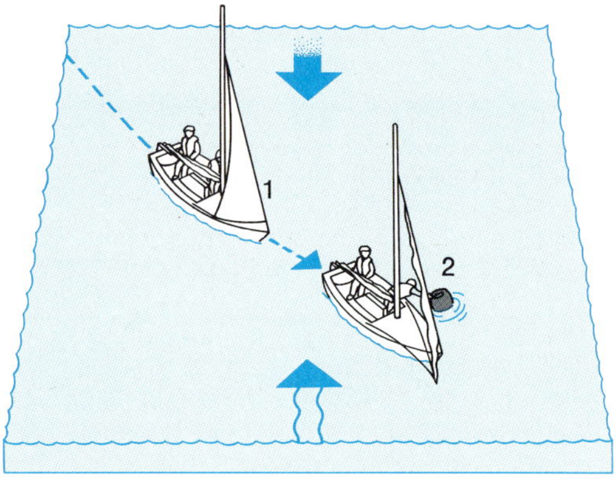

Wind gegen Strom
Ist der Wind stärker als der Strom, wird die Boje so angelaufen, wie auf Seite 86 für ein stehendes Gewässer beschrieben. Ist der Strom stärker, zunächst einen Aufschießer fahren und das Großsegel bergen. Dann abfallen und allein unter Fock die Boje anlaufen. Ist die Vorleine fest, Schwert hoch und Fock runter.

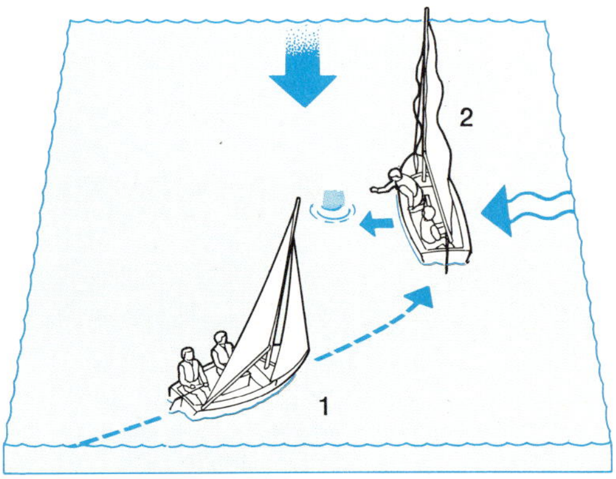

Wind und Strom kreuzen sich
Anlaufen auf einem Am-Wind-Kurs (1). Der Aufschießer erfolgt etwas in Stromluv der Boje, das Boot wird vom Strom seitlich auf die Boje zugetrieben (2).

Ankern

Ein Anker dient dazu, ein Boot sicher am Grund festzuhalten. Auch mit einer Jolle muß hin und wieder geankert werden. Beispielsweise um etwas an Bord zu reparieren, zu baden oder um bei Flaute nicht von einer starken Strömung davongetragen zu werden. Deshalb gehören Anker und Ankerleine einsatzbereit an Bord jeder Jolle, und man muß natürlich auch wissen, wie man mit ihnen umgeht. Es gibt verschiedene Ankertypen, die ihre Vor- und Nachteile haben. Einige kommen von Größe und Gewicht her für Jollen jedoch nicht in Frage.

Eine Jolle vor Anker.

Die Ausrüstung

Der Anker ist auf einer kleinen Jolle stets auch ein Platzproblem. Ein Anker mit großer Haltekraft ist der Danforth-Anker, der sich beigeklappt hervorragend stauen läßt. Allerdings hält er nicht so sehr gut auf stark verkrautetem oder steinigen Grund. Der Falt- oder Schirmdraggen ist ein kleinerer Anker. Die Arme lassen sich an den Schaft klappen und dort sichern. Er ist unter Jollenseglern beliebt wegen seines geringen Platzbedarfs. - Die Ankerleine sollte aus Polyamid sein - es verbindet hohe Bruchfestigkeit mit großer Elastizität - und unten am Anker einen Kettenvorlauf haben. Er zieht durch sein Eigengewicht den Ankerschaft herunter und verstärkt durch seine Haftreibung auf dem Grund die Haltekraft. Eine Leine muß am Anker angeschäkelt werden. Ein Knoten kann sich durch die Reibung leicht lösen. Auf dem Vordeck sollte sich möglichst eine Klampe befinden, um die Ankerleine zu belegen, und zumindest auf einer Seite des Vorstags eine Lippklampe. Sie ist wichtig, weil sie den Bug in Zugrichtung der Ankerleine hält. - Den Anker staut man unter dem Vordeck oder am Boden vor dem Schwertkasten. Dort muß er so verzurrt werden, daß er nicht hin- und herrutschen kann, sich aber schnell wieder lösen läßt. Der beste Platz für die Ankerleine ist ein Eimer unter dem Vordeck, in dem man sie sauber aufschießt, klar zum Auslaufen, mit dem Anker obendrauf. Selbstredend muß das Ende der Leine auf der Klampe oder am Mast fest belegt sein, damit Anker und Leine nicht auf Nimmerwiedersehen in der Tiefe verschwinden.

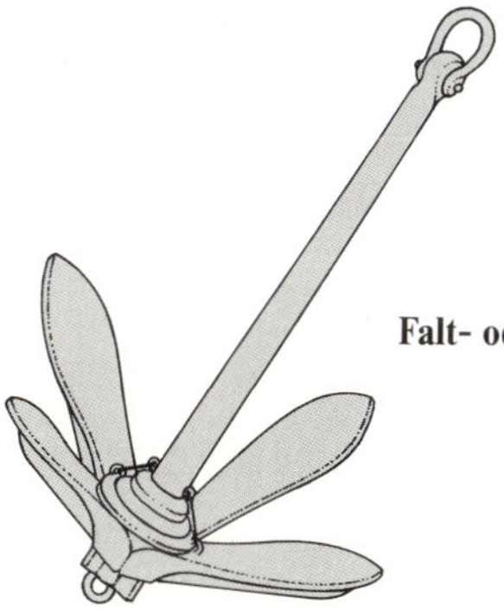

Falt- oder Schirmanker

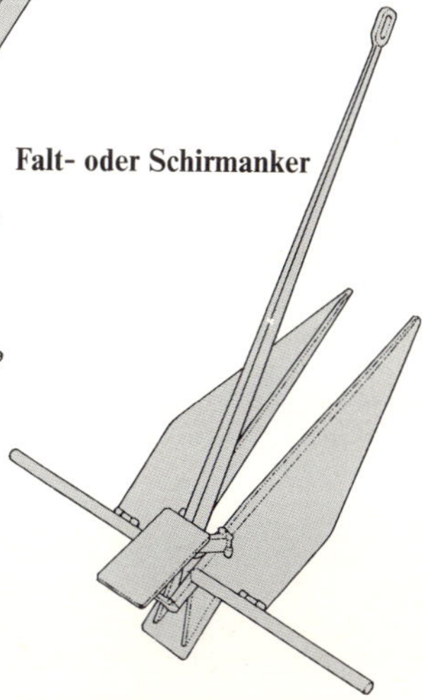

Danforth-Anker

Weil man die Flunken an den Schaft klappen kann, läßt sich der Faltanker gut auf engem Raum stauen. Seine Haltekraft aber ist nicht so groß wie die des Danforth-Ankers.

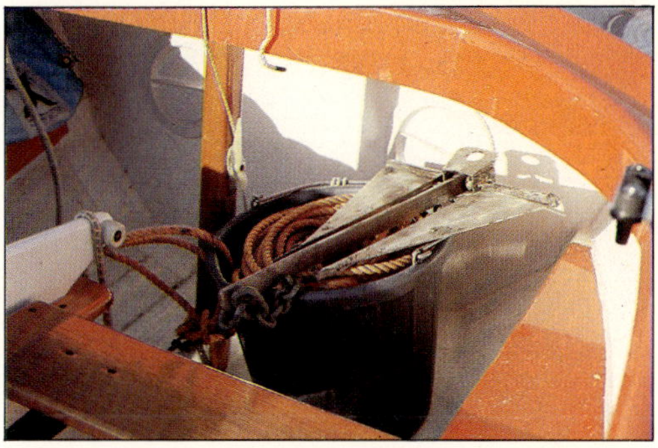

Ankern in stehenden Gewässern

Hat man seinen Ankerplatz ins Auge gefaßt, dreht man sein Boot bei, um Anker und Ankerleine zu klarieren. Der Anker liegt auf dem Bootsboden, das Ende der Ankerleine wird vorne durch das Bugauge gezogen und wieder zurück zur Klampe geführt. Ist kein Bugauge vorhanden, muß die Ankerleine mit einem Tampen am Vorsteg beigebändselt werden. Das Auge in diesem Tampen muß so groß sein, daß sie glatt durchläuft. Aufpassen, daß sich die Leine nirgendwo verhakt und man nicht mit den Füßen drin steht. Meistens allerdings wird es kaum erforderlich sein, beizudrehen, um den Anker zu klarieren. Sinnvoller ist es, die Fock zu bergen, um das Vorschiff frei zu haben und nicht durch die Fockschoten behindert zu werden. Ist alles klar, am vorgesehenen Ankerplatz aufschießen und den Anker an der Leine Hand über Hand außenbords geben - nicht einfach über Bord werfen. Wenn man merkt, daß er den Grund erreicht hat, weiter so viel Leine ausgeben, daß ihre Länge mindestens der vierfachen Wassertiefe entspricht. Durch kurzes Festhalten der auslaufenden Leine kann man prüfen, ob der Anker auch tatsächlich gefaßt hat. Die beste Kontrolle, um festzustellen, ob das Boot nicht treibt, ist eine Seitenpeilung zu einem Objekt an Land. Das Großsegel wird nicht eher geborgen, um bei einem möglicherweise erforderlich werdenden zweiten Ankermanöver sofort manövrierfähig zu sein. Ein zweites Manöver muß dann gefahren werden, wenn der Anker nicht hält und Gefahr besteht, beispielsweise auf einen anderen Ankerlieger zu treiben.

Wenn keine Lippklampe vorhanden, wird die Ankerleine am Vorstag beigebändselt.

Die Ankerleine wird Hand über Hand ausgegeben bis der Anker den Grund erreicht hat.

Ankerlichten

Zunächst werden das Großsegel und die Fock gesetzt. Die Fock aber noch beigebändselt, damit sie beim Ankerholen nicht behindert. Dann wird die Ankerleine Hand über Hand eingeholt. Dabei holt man das Boot an den Anker heran. Steht die Ankerleine etwa senkrecht, den Anker mit einem kurzen Ruck aus dem Grund brechen, hochholen, abspülen und an Deck nehmen. Vorsicht, daß er nicht die Bordwand verkratzt oder beschädigt. Ähnlich wie beim Ablegen von der Boje holt man den Anker an der künftigen Luvseite ein. Die Fock wird ausgerissen und backgehalten und Lee-Ruder gelegt, bis der Bug weit genug abgefallen ist, um Fahrt voraus aufnehmen zu können.

Ausspülen des (schmutzigen) Ankers nach dem Aufholen.

Ankern in fließendem Gewässer

Zunächst ist festzustellen, wer den größeren Einfluß auf das Boot ausübt: der Wind oder der Strom. Man erkennt das an anderen Ankerliegern, ob sie mit dem Bug in Wind- oder Stromrichtung zeigen. Ist der Strom stärker, wird sich auch mein Boot mit dem Bug in Stromrichtung legen, sobald der Anker gefaßt hat. Steht Wind gegen Strom oder kommt der Wind in einem Winkel bis etwa querab zum Strom, ist es kaum oder gar nicht möglich, den Wind aus dem Großsegel zu bekommen, um es nach dem Ankern bergen zu können. In diesem Fall macht man vorher einen Aufschießer gegen den Wind, nimmt das Großsegel weg und läuft seinen gewählten Ankerplatz allein unter Fock an. Die Fock nachher zu bergen ist selbst bei achterlichem Wind kein Problem. - Beim Ankeraufgehen stellt sich das gleiche Problem. Zunächst muß man feststellen, woher der - schwächere - Wind weht. Kommt er aus dem vorderen Sektor, werden Großsegel und Fock gesetzt, und man holt den Anker ein, wie beschrieben. Kommt der Wind jedoch aus dem hinteren Sektor, kann man das Großsegel nicht, sondern nur die Fock setzen. Der Anker wird aufgenommen, und man läuft unter Fock ab, bis man genügend Raum hat, um so hoch an den Wind zu gehen, daß es möglich ist, das Großsegel zu setzen. Dann wird der Anker klariert, damit er sofort wieder einsatzbereit ist.

Anlaufen des Ankerplatzes allein unter Fock, gegen den Strom. Der Vorschoter ist gerade im Begriff, den Anker außenbords zu geben.

Schleppen

Wahrscheinlich wird man als Jollensegler selten in die Lage kommen, ein anderes Boot zu schleppen. Aber man sollte wenigstens wissen, wie es gemacht wird. Eher wird man selber der Geschleppte sein, etwa wenn der Wind einschläft oder auch nach einer Kenterung. Dann muß man wissen, wie man die Leine anzunehmen, zu belegen und sich zu verhalten hat. Normalerweise wird der Schlepper ein Motorboot sein. Üblich ist es, achteraus zu schleppen (Seite 94). Nur bei glattem Wasser und auf engem Raum kann es sinnvoller sein, längsseits zu schleppen. Manchmal - wenn beispielsweise ein ganzes Regattafeld in einer Flaute liegen bleibt - wird es notwendig, im Verband zu schleppen. Das erfordert eine besondere Schlepptechnik, die auf Seite 94 gezeigt und beschrieben wird.

Längsseits schleppen

Bei Wellengang kann man nicht längsseits schleppen. Die Boote würden heftig gegeneinander schlagen und könnten sich gegenseitig beschädigen. Bei glattem Wasser aber kann längsseits schleppen durchaus vorteilhaft sein, besonders in Schleusen und engen Fahrwassern. Man hat das Boot viel besser unter Kontrolle als ein nachgeschlepptes. Allerdings läßt sich das schleppende Motorboot schlechter manövrieren. - Auf der Jolle werden die Segel geborgen und weggestaut. Das Schwert wird vollständig aufgeholt und das Ruder ausgehängt. Zwischen beide Boote kommen kräftige Fender. Sie müssen erhebliche Druck- und Schubkräfte aufnehmen. Festgemacht wird mit einer Vor- und Achterleine und einer Spring vom Bug des Motorbootes zum Heck der Jolle. (Eine zweite Spring in umgekehrter Richtung wäre auch nicht schlecht für den Fall, daß auch mal Rückwärts manövriert werden muß.) Bleibt die Jollencrew bei sich an Bord, balanciert sie, etwa im hinteren Drittel sitzend, ihr Boot gut aus.

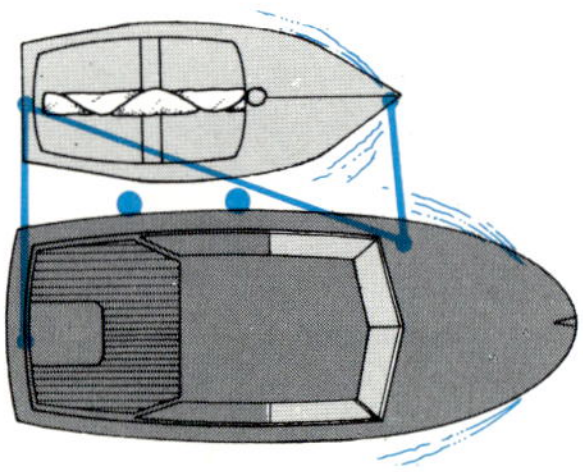

Oben und links: Eine Jolle wird längsseits geschleppt. Die Segel sind weggestaut, die Crew hält das Gleichgewicht. Abweichend von der Zeichnung, sollte die (kleinere) Jolle weiter vorne längsseits genommen werden, damit das Motorboot besser manövrieren kann.

Rechts: Ein Schleppverband. Besser sollten die Segel geborgen werden, wie auf den ersten Booten. Allerdings ist das bei den Topper-Jollen hinten nicht ganz so einfach, weil das Großsegel über den Mast gezogen ist. Aber es muß wenigstens frei auswehen können.

40

Achteraus schleppen

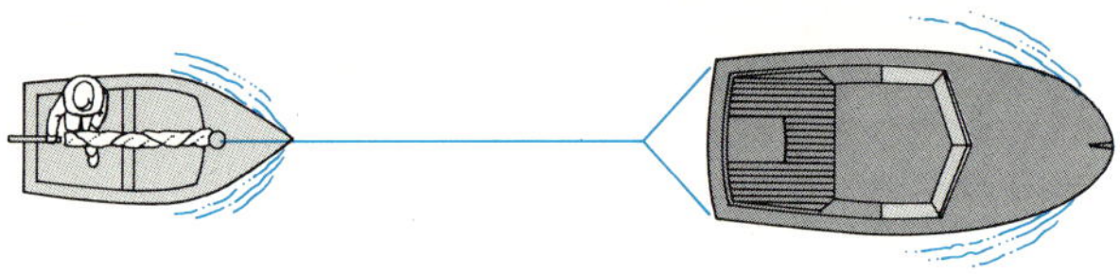

Auch hier gilt zunächst: die Segel bergen und das Schwert hochholen. Das Ruder jedoch wird nicht ausgehängt. Hat die Jolle eine Vorschiffsklampe, wird die Schleppleine zunächst nur mit einem Rundtörn belegt, um beim Anschleppen elastisch nachgeben zu können und ein hartes Einrucksen der Leine zu vermeiden. Dann wird das Ende der Schleppleine mit einem Slipstek am Mast belegt, um notfalls schnell loswerfen zu können. Gibt es keine Vorschiffsklampe, muß die Schleppleine am Vorstag beigebändselt werden. Das Motorboot nimmt die Schleppleine auf die Heckklampe. Sitzt sie nicht mittschiffs, empfiehlt es sich, die Leine über eine Hahnepot (s. Zeichnung) auf die beiden Heckklampen zu führen, damit der Anhang nicht fortwährend nach einer Seite zieht. Der Steuermann der Jolle sitzt weit hinten und hält sich im Kielwasser des Motorbootes.

Der Schleppverband

Sollen mehrere Boote geschleppt werden, auf allen die Segel bergen, das Schwert aufholen und die Schleppleinen klarlegen. Die Schleppleine des ersten Bootes wird auf der Heckklampe des Zugbootes belegt. Die Leinen der folgenden werden – in Ermangelung von Heckbefestigungsmöglichkeiten – an der Mittelducht oder den Fußgurten des Vorgängers festgemacht. Alle Boote, bis auf das letzte, hängen ihre Ruder aus. Die Crew plaziert sich weit hinten im Boot. Der Steuermann des letzten Bootes im Verband hält den ganzen Pulk auf Kurs im Kielwasser des Schleppers. Das erfordert Aufmerksamkeit und Geschick. Deshalb sollte der erfahrenste Steuermann in das letzte Boot gesetzt werden. Bei glattem Wasser kann der Verband auch verkürzt werden, indem man je einen Pulk auf die beiden Heckklampen des Zugbootes hängt (linke Abbildung). Der Mann im letzten Boot jedes Anhangs muß so steuern, daß die Boote nicht zusammenstoßen.
Nach einer anderen Methode schleppt das Zugboot eine starke Trosse nach, in die in einem Abstand von ungefähr 5 Metern Augen eingespleißt sind. Die Jollen brauchen sich dort mit ihren Vorleinen nur einzupicken. Oder – wenn die Trosse keine Augen hat – stecken sie ihre Schleppleine mit einem Stopperstek an. Und zwar rechts und links der Trosse auf Lücke. Nebeneinander festgemacht, würden sich die Bootskörper gegenseitig ansaugen. In diesem Fall darf die Schleppleine nicht am Vorstag beigebändselt werden. Sie darf auch nicht auf einer weit vorne sitzenden Vorschiffsklampe belegt werden, denn der Bug muß abscheren können, damit das Boot geradeaus läuft. Das Abscheren bewirkt die Ruderlage, jeweils von der Trosse weg. Festgemacht wird die Leine am Mast. Auch muß das Schwert etwas gefiert bleiben, um die Ruderwirkung zu verbessern.

Rechts: Die Boote sind an eine zentrale Schlepptrosse angesteckt. Allerdings sollten sich die Steuerleute besser im Auge behalten, anstatt sich den Rücken zuzukehren. Außerdem erhält das geschleppte Boot ohnehin ein krängendes Moment leineneinwärts.

Unten: Nur bei glattem Wasser möglich. Der Mann im letzten Boot steuert den ganzen Pulk.

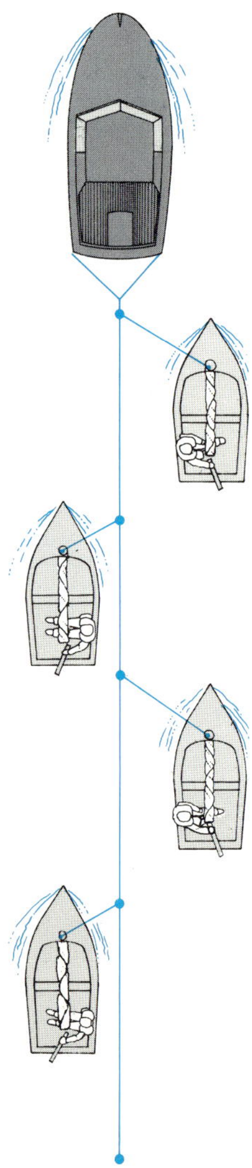

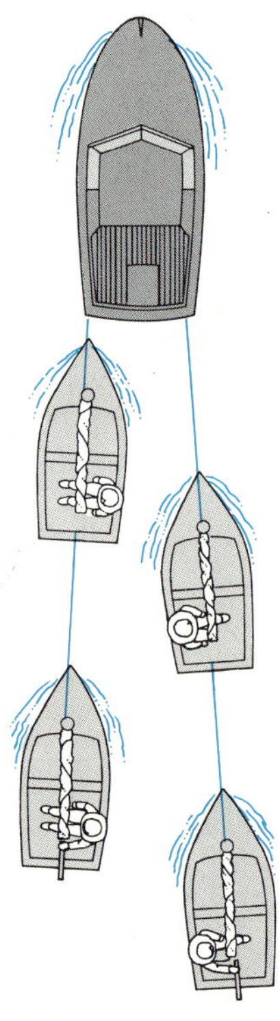

Auf dem Schlepper

Niemand sollte versuchen, ein Boot zu schleppen, so lange er nicht im Umgang mit seinem Motorboot hinlänglich vertraut ist. Und um einen Verband von mehreren Booten in rauhem Wasser zu schleppen, bedarf es schon einiger Erfahrung. Es sollten stets zwei an Bord sein: einer, der fährt, und einer, der den Schlepp beobachtet. Wenn man ein Boot im Seegang schleppt, muß die Leinenlänge so bemessen sein, daß sich beide Boote in der gleichen Wellenphase befinden, also gleichzeitig entweder auf dem Wellenkamm oder im Wellental. Werden mehrere Boote geschleppt, kann die Leine verkürzt werden. Bei achterlichem Wind und einem leichten Boot im Schlepp muß die Leine so weit verlängert werden, daß das Boot nicht auf der Heckwelle des Schleppers ins Surfen kommen kann und möglicherweise aufs Heck kracht. Das Motorboot darf nur so schnell fahren, daß die sogenannte Rumpfgeschwindigkeit eines kleinen Anhangs nicht überschritten wird, sonst besteht die Gefahr des Quer- und Umschlagens. Die Besatzung auf dem Anhang muß soweit wie möglich achtern sitzen, damit das Boot nicht giert, und das Schwert aufholen. Beim Loswerfen der Schleppleine am Ziel unbedingt darauf achten, daß sie nicht in den Propeller gerät.

Schleppen unter Segeln

Gelegentlich wird man auch als Jollensegler – beispielsweise bei einem Notfall – ein anderes Boot abschleppen müssen. Es ist recht schwierig, eine Schleppverbindung herzustellen, wenn sich beide Boote unter Segeln befinden. Deshalb ist es keine schlechte Entscheidung, wenn beide die Segel bergen und per Paddel Kontakt aufnehmen. In jedem Fall muß das zu schleppende Boot vorher die Segel bergen. Es behält das Schwert so lange unten, bis die Schleppleine festgemacht ist. Wird die Schleppverbindung unter Segeln hergestellt, nimmt der Schlepper die Leine in Luv über. Er läuft hoch am Wind an und braucht dann neben dem anderen Boot nur die Schoten zu fieren, um in Ruhe die Leine überzunehmen und bei sich auf der Heckklampe oder an den hinteren Fußgurten festzumachen. Dann die Schoten wieder dichtholen und langsam die Schleppleine steiffahren. Danach weiter abfallen, um mehr Fahrt aufzunehmen. Mit einem Boot im Schlepp kann man alle Segelmanöver fahren, nur nicht sehr hoch an den Wind gehen. Die Besatzung auf dem Anhang ist jeweils über die geplanten Manöver zu verständigen. Sie hat das Schwert ungefähr dreiviertel hoch, sitzt im hinteren Drittel des Bootes und steuert im Kielwasser des Schleppers.

Es sollten stets mindestens zwei Mann an Bord des schleppenden Motorbootes sein: einer der fährt, und einer, der den Anhang nicht aus dem Auge läßt.

Segeln auf See

Wer auf Binnengewässern segeln gelernt hat, für den ist es aufregend und eine Herausforderung zugleich, auch die See zu befahren. Er muß zuvor aber lernen, die See mit Respekt zu behandeln, und wissen, daß die Gefahren viel größer sind als auf einem geschützten Binnenrevier. Man kann dort sehr schnell unbeabsichtigt außer Landsicht geraten, und wenn man Schwierigkeiten irgendwelcher Art bekommt, ist weit und breit niemand da, einem zu helfen. Man muß einiges hinzulernen für das Seesegeln, in der Theorie und auch in der Praxis. In praktischer Hinsicht hat man sich mit dem Seegang und dem Gezeitenstrom auseinanderzusetzen, in der Theorie muß man sich mit Gezeiten- und Wetterkunde befassen.

Man darf nie auf die See hinausgehen, ohne sein Boot vorher gründlich durchgecheckt zu haben, ob sich die richtige Ausrüstung an Bord befindet und in einwandfreiem Zustand ist. Man muß eine gültige (berichtigte) Seekarte des entsprechenden Gebiets an Bord haben und einen Kompaß. Wer beabsichtigt, sich weiter von der Küste zu entfernen, muß Rettungssignalmittel mitnehmen. Zur persönlichen Ausrüstung gehört: Kleidung zum Wechseln in wasserdichten Beuteln, eine Flasche mit Wasser (oder einem nichtalkoholischen Getränk) und Kraftnahrung. Jemand ist über die genaue Reiseroute und -ziel und die voraussichtliche Rückkunftszeit zu informieren, um notfalls erfolgversprechende Hilfsmaßnahmen veranlassen zu können. Natürlich muß man sich bei ihm auch zurückmelden.

Von diesen Dingen einmal abgesehen, bringt Seesegeln ungeheuren Spaß. Es eröffnet völlig neue Perspektiven und vermittelt großartige Erlebnisse. Wenn man unter Land bleibt und mit Seekarte und Tidenkalender umgehen kann, kommt man ohne große navigatorische Kenntnisse auch auf längeren Küstentörns gut zurecht.

(Der Ansicht des Autors muß entschieden widersprochen und der Standpunkt des deutschen Segelsports entgegengehalten werden, daß kenterbare Jollen nichts auf der See zu suchen haben. Siehe dazu auch die Anmerkung auf Seite 74. - Bearbeiter)

Auslaufen zu einem Tagestörn. Sorgfältige Planung ist Voraussetzung für eine problemlose und erholsame Fahrt.

Wetter

Etwas Kenntnis über Anzeichen der Wetterentwicklung ist beim Segeln auf See immens wichtig, um nicht draußen von einem Wettersturz überrascht zu werden und in eine schwierige, ja lebensbedrohliche Lage zu kommen. Bei einer Regatta auf See ist es auch ganz nützlich, vorher zu wissen, wie der Wind drehen und seine Stärke eventuell ändern wird; mit Wetterkenntnis kann man gewinnen. Man braucht nicht zu wissen, warum Wetter sich ändert oder nicht, es genügt zu wissen, nach welchen Regeln das abläuft. Die meisten Regattabahnen für Jollensegler liegen in Zonen, die von einer Folge von Tiefdruckgebieten und Zwischenhochs durchwandert werden. Erstere bringen starken, auf der Nordhälfte der Erde allmählich rechts drehenden Wind, wogegen Hochs gleichmäßiges Wetter mit meist stetigen, leichten Winden bringen. Tiefs können schon mal festliegen, meist aber wandern sie relativ schnell in östlicher Richtung. Sie kündigen sich durch anfangs hohe Schleierwolken an, denen dichtere und allmählich niedrigere Bewölkung folgt. In solchem Falle ist es ratsam, sich beim örtlichen Wetterdienst (Telefonansage) über die Stärke des heranziehenden Tiefs zu erkundigen. Die allgemeine Windvorhersage des Rundfunks für Nord- und Ostsee kann durch augenblickliche Entwicklungen überholt sein. Mit einem Tief kommt gewöhnlich Regen, der manchen vom Segeln abhält, aber im tropischen bis gemäßigten Klima seglerisch problemlos ist.

An einer offenen Küste und auch an den Ufern großer Seen entsteht an sonnigen Tagen, etwa zwei Stunden vor Sonnenmittag, die Seebrise, ein auflandiger Wind, der beträchtliche Stärke erreichen kann. Er entsteht durch schnellere Erwärmung des Landes unter der Sonne, was die Luft überm Land schneller erwärmt und aufsteigen läßt. In den dadurch entstandenen Unterdruck über Land strömt kühlere Luft vom Meer ein. Die Seebrise weht senkrecht zur Küstenlinie, wenn ihr nicht ein anderes Windsystem mit einer schrägeren Anströmung überlagert ist. Auf großen Seen, wie dem Bodensee, kann es bei Badewetter sein, daß rings um die Ufer der Wind auf Land weht und in der Seemitte totale Flaute herrscht. Nachts ist es dann umgekehrt, weil Land schneller abkühlt als Wasser, und Luft erwärmt sich praktisch nur an Oberflächen, nicht an Sonnen- und anderen Wärmestrahlen.

Beim Segeln in Küsten- oder Ufernähe muß man daran denken, daß jedes hohe Objekt, Felswand oder Hochhaus, bei ablandigem Wind einen Windschatten über das küstennahe Wasser legt. Das kann bei leichtem Wind eine Flautenzone sein, bei starkem Wind aber ist es immer ein turbulentes Gebiet mit bockigen Böen aus schnell wechselnden Richtungen, die oft auch die erfahrensten Jollenchampions reihenweise umschmeißen. Ähnlich muß man sich vor Landengen und Tälern in hohen Küsten hüten, denn aus denen pfeift ein Wind wie aus einem Jet.

Wenn Hochdruck das Wetter beherrscht, kommen rasche Drehungen des Windes und Änderungen seiner Stärke nicht vor, dafür aber kann es recht beständig einige Tage lang hart aus Nordost über Ost-, Nordsee und Ärmelkanal und die küstennahen Binnenmeere wehen. Am frühen Vormittag ist es entweder wolkenlos, oder Hochnebel läßt die Sonne nur milchig durchscheinen. Doch bald klart es auf, die milde Landbrise hört auf, ein bis zwei Stunden später setzt die Seebrise ein, und am späten Nachmittag kann es Haufenwolken mit Blitz und Donner und starken Böen geben. Der nächste Morgen ist wieder friedlich, außer es zögen hohe Brautschleier am Himmel auf, die ein herankommendes Tief anmelden.

Wellen

Wellen entstehen dadurch, daß der Wind auf eine Wasserfläche einwirkt. Wellenlänge und Wellenhöhe hängen davon ab, wie lange der Wind weht und wie lang seine Anlaufstrecke ist, ob er über einen längeren Zeitraum aus derselben Richtung kommt oder aus wechselnden Richtungen weht. Insofern unterscheiden sich die Wellen auf See beträchtlich von denen auf Binnengewässern, die schnell entstehen, aber fast ebenso schnell auch wieder verschwinden, wenn der Wind nachläßt. Auf See hingegen dauert ihre Ausprägung länger, sie stehen aber auch länger durch. Haben Wind und Strom die gleiche Richtung, bleiben die Wellen relativ flach. Steht der Wind gegen Strom, können sie sich - bei gleicher Windstärke - zu üblen Brechern aufbauen. In tiefem Wasser hat man meistens eine längere Welle, mit der man recht gut zurecht kommen kann. Kritisch wird es im flacheren Küstenbereich, wo die Wellen kürzer werden und brechen. Die Brandung kann das Boot überrollen oder kentern.

Gezeiten

Die Höhe des Meeresspiegels ändert sich durch die Massenanziehungskräfte (Gravitation) von Sonne und Mond auf das Wasser in Verbindung mit der Erddrehung. Dieser Rhythmus heißt Gezeit oder plattdeutsch Tide. An einigen Stellen der Erde gibt es täglich nur eine Tide, bestehend aus einem Hochwasser und einem Niedrigwasser, doch häufiger sind zwei Tiden je Tag mit je etwa sechs Stunden zwischen Hoch- und Niedrigwasser. Die Höhendifferenz kann zwischen einigen Dezimetern und zwölf Metern liegen, bedingt durch Topographie von Meeresboden und Küsten. Die Gravitation, die das in Bewegung setzt, ist berechenbar und damit auch das Tidenmuster, und somit kann man für sein Segelrevier Gezeitentabellen kaufen, in denen für jeden Tag steht, um welche Zeit Hochwasser und Niedrigwasser ist. In Revieren mit großem Tidenhub muß man schon die Zeit des Ablegens und der Wiederkehr nach der Gezeit richten, um sein Boot nicht über weite Strecken Strand oder Schlick schleppen zu müssen.
Da sich die Erde unter dem von Sonne und Mond geschaffenen Wasserberg hinweg dreht, kommt er an den Kontinentalküsten als scheinbare Welle an, die nicht sehr hoch ist, sich aber in tiefen Buchten und engen Durchfahrten, wie dem Englischen Kanal, und in Flußmündungen zu großer Höhe aufstaut. Dadurch entstehen Strömungen, Flut- und Ebbstrom, die ihre Richtung und Stärke beträchtlich ändern: Sie sind in Strömungsatlanten für jede Stunde mit kleinen Richtungspfeilen und zwei Geschwindigkeiten für Spring- und Nipptide in Knoten aufgezeichnet.
Bei Springtide ist die Höhendifferenz am größten, denn dann ziehen Sonne und Mond in derselben Richtung – um die Vollmond- und die Neumondzeit. Während „Halbmond" (eigentlich 1. und 3. Viertel) ist Nipptide.
Im englisch-französischen Revier setzen zur Springzeit Ströme bis zu 4 Knoten, gegen die anzusegeln ein hoffnungsloses Unterfangen ist. Besser wartet man an Land oder vor Anker ab, bis der Strom in die gewünschte Richtung setzt.
Eine Tide gibt es auch in den als tidenfrei geltenden Randmeeren wie Ostsee und Mittelmeer, aber ihre Höhe ist so gering, daß ihr praktisch keine Bedeutung zukommt.
Es muß hier gesagt werden, daß die übliche Erklärung mit dem Wasserberg unter dem Zenit zwar anschaulich, aber zu einfach ist. In Wahrheit geht es um eine recht komplizierte Mathematik, und sie ist für Ozeanküsten anders als für Schelfmeere wie die Nordsee.

Hochwasser

Niedrigwasser

Segeln im Tidengewässer

Es ist beim Segeln in einem Tidenrevier ohne Frage wichtig zu wissen, wohin und mit welcher Geschwindigkeit die Strömung setzt. Aber es gibt da eine Lehre, man müsse, um an sein Ziel auf der anderen Seite der Strömung zu kommen, schräg gegen den Strom segeln, sonst mache man einen Umweg, weil der Strom einen seitlich mit sich forttrage, und man diese Versetzung auf der anderen Seite wieder gegen den Strom hinaufsegeln müsse. Der Denkfehler darin: Ob über die ganze Strombreite mit Vorhalt geradlinig über den Strom oder erst am Ende der Versetzung den Strom hinauf, das ist theoretisch derselbe Weg gegen den Strom; aber der Strom ist in der Mitte stärker als an den Rändern. Also segelt man in Strommitte langsamer, denn der Widerstand wächst mit dem Quadrat der am Boot vorbeirauschenden Wassergeschwindigkeit. Stromvorhalt sollte man auf kleiner Fahrt nur segeln, wenn dies wegen enger Durchfahrten oder einer Hafeneinfahrt nötig ist, wenn es also um Gefahrvermeidung geht, sonst ist es Unsinn.
In Tidengewässern kommt es aber auch darauf an, seinen Segelausflug so zu planen, daß man nicht zur Abendstunde, wenn man heim möchte, den Tidenstrom gegen sich hat. Darum segelt man am Morgen dorthin, wo man am Abend stromauf von seinem Heimathafen liegt.

Deckpeilungen

Bei einer Deckpeilung hält man ein näherliegendes und ein fernerliegendes festes Objekt in Deckung oder Linie, wie die Zeichnung unten rechts zeigt. Solche Richtlinien sind, wenn vorhanden, ein vorzügliches Mittel, um bei Strömung oder stark versetzendem Wind heil durch gefährliche Passagen zu kommen, indem man so steuert, daß man die Objekte immer in Linie sieht. Die Zeichnung zeigt links zwei weitere Felsen, deren Kanten man als Deckpeilung für den Kurswechsel nach Steuerbord zur Hafeneinfahrt hin verwenden kann, wobei „in Linie" nun für den Blick achteraus gilt. Freilich läßt sich nur aus der Seekarte erkennen, ob sich eine sichere Deckpeilung anbietet, oder eine erkannte durch sicheres Wasser führt. Am Auswandern einer Vordermarke gegen eine Hintermarke (Zeichnungen unten links) ist immer sicher zu erkennen, daß man von einer Strömung quer versetzt wird.

Der Felsen ist zu weit nach rechts ausgewandert. Um ihn in Deckung zu bringen, muß Steuerbord gehalten werden.

Felsen und Klippe sind genau in Linie (Deckung).

Der Felsen ist zu weit nach links ausgewandert. Um ihn wieder in Deckung mit der Klippe zu bringen, muß Backbord gehalten werden.

Die Wahl der Route

Wer seinen ersten Seetörn unternimmt, sollte keinen falschen Ehrgeiz an den Tag legen und sich seine Etappenziele zu weit stecken. Schon einige Stunden bei Windstärke 3 (7 - 10 Knoten Windgeschwindigkeit) zu segeln, schlaucht im Anfang ganz schön. Deshalb sollte man sicher gehen, an seinem ersten Ziel vernünftig essen und trinken zu können. Und – man muß dort auch in schäbiger oder nasser Segelkleidung als Gast willkommen sein. Stets sollte man ein näher gelegenes Etappenziel in der Hinterhand haben, falls man im nachlassenden Wind versauert. Auf einer Übersichtskarte studiert man zunächst, ob der geplante Kurs problematische Gebiete berührt. Etwa eine stark befahrene Schiffahrtsroute oder vielleicht ein Sperrgebiet, das weiträumig umfahren werden muß. Dann arbeitet man sich besser eine neue Route aus, die diese Gebiete meidet und behält bei alledem im Auge, möglichst unter Landschutz zu bleiben. Segelt man in Tidengewässern sind die Gezeitentafeln sorgfältig zu Rate zu ziehen. Man notiert sich die Zeiten für Hoch- und Niedrigwasser des betreffenden Tages und die erwartete Höhe der Flut. Dann schlägt man im Gezeitenatlas nach, um die Richtung des Stromes für das fragliche Gebiet festzustellen. Möglichst sollte man seine Fahrt so einrichten, daß der Strom die gleiche Richtung hat wie der Kurs oder ihn wenigstens nur kreuzt. Wenn die Stromgeschwindigkeit mehr als 1 Knoten beträgt, sollte man Fahrten gegenan besser vergessen. Dann ist es vernünftiger, sich eine andere Route zurechtzulegen oder Abfahrts- und Ankunftszeiten zu ändern.

Vorbereitung des Bootes

Selbst wenn man überzeugt ist, daß sich sein Boot in einwandfreiem Zustand befindet, ist ein allerletzter gründlicher Check vor einem Seetörn unerläßlich. Dabei gilt das Augenmerk vor allem dem laufenden und stehenden Gut, den Segeln, den Beschlägen und dem Ruder. Man muß sich stets vor Augen halten, daß man völlig auf sich allein angewiesen ist, wenn irgend etwas zu Bruch geht. Ein Erste-Hilfe-Kasten gehört an Bord, wie es sie speziell für Yachten zusammengestellt gibt. Wichtig ist auch ein gutes Sonnenschutzmittel, denn die Gefahr eines Sonnenbrandes ist auf dem Wasser besonders groß. Ein Satz Seenotsignale gehört zur Ausrüstung, ein Bordmesser, ein Schraubenzieher und eine Zange. Außerdem Ersatzteile für alles, was eventuell kaputtgehen könnte, Ersatztauwerk und Ersatzpaddel, falls eines zerbrechen oder verlorengehen sollte. Das hört sich ziemlich gewaltig an, läßt sich aber alles ohne Schwierigkeiten auf einer Jolle unterbringen. Selbstverständlich wird auf See ständig eine Rettungsweste getragen, auch bei nur leichtem Wind.

Eine Jolle startet zu einem Seetörn. In Erwartung eines stärkeren Windes außerhalb der Landabdeckung, ist das Großsegel vorsorglich gerefft worden.

Wetterberichte

Um das Risiko während eines Seetörns so gering wie möglich zu halten, ist es dringend erforderlich, sich vor der Fahrt alle nur zugänglichen Wetterinformationen zu verschaffen: Die Wettervorhersagen von Rundfunk und Fernsehen, die telefonischen Wetterinformationen, die Wetterkarten und Wetternachrichten bei den Hafenmeistern von Marinas und Yachtclubs. Wetterinformationen erhält man auch von der Wasserschutzpolizei, von Hafenämtern und über Sprechfunk von den Küstenfunkstellen.
Verspricht die Wetterprognose nichts Gutes, bleibt man lieber an Land und wartet ab, was kommt. Auch auf die Gefahr hin, daß der angekündigte Sturm ausbleibt und es ein verlorenes Wochenende war. Am meisten wird Nebel in der Schiffahrt gefürchtet. Deshalb niemals bei Nebel auslaufen im Vertrauen darauf, daß er sich bald auflösen wird. Wird man unterwegs von Nebel überrascht, auf dem kürzesten Weg das nächste Ufer anlaufen oder zumindest in Ufernähe ankern.
Alle Wettervorhersagen haben einen nicht unwesentlichen Nachteil: Sie umfassen nämlich verhältnismäßig große Räume. Deshalb kommt man, gerade in der nahen Küstenfahrt, kaum umhin, eigene Wetterbeobachtungen anzustellen und daraus seine Schlüsse zu ziehen. Das erfordert zugegebenermaßen neben gewissen meteorologischen Grundkenntnissen, eine scharfe Beobachtungsgabe und viel Erfahrung.

Stärke nach Beaufort	*Bezeichnung und Windgeschwindigkeit (Knoten)*	*Beschreibung der Vorgänge an Land*	*Segelbedingungen für Jollen*
0	*Windstille unter 1*	*Rauch steigt senkrecht auf. Blätter bewegen sich nicht.*	*Durch Krängung die benetzte Oberfläche reduzieren und den Segeln ein strömungsgünstigeres Profil geben. Keine plötzlichen Bewegungen.*
1	*Leiser Zug 1 - 3*	*Windrichtung nur an ziehendem Rauch erkennbar. Windfahnen reagieren nicht.*	*Das Boot macht leichte Fahrt voraus. Das Boot ist so auszubalancieren, daß der Bug etwas tiefer eintaucht und Leekrängung erreicht wird.*
2	*Leichte Brise 4 - 6*	*Wind im Gesicht fühlbar. Blätter bewegen sich. Leichte Wimpel strecken sich nicht. Windfahnen reagieren.*	*Wind reicht aus, um mit aufrecht gesegeltem Boot eine gleichmäßige Fahrt voraus zu machen. Die Segel stehen voll, müssen jedoch wechselnden Windrichtungen und Windgeschwindigkeiten angepaßt werden.*
3	*Schwache Brise 7 - 10*	*Leichte Wimpel strecken sich. Blätter in ständiger Bewegung.*	*Die meisten Jollen segeln mit Rumpfgeschwindigkeit. Leichte Jollen kommen ins Gleiten. Ideale Bedingungen für Anfänger.*
4	*Mäßige Brise 11 - 16*	*Schwere Wimpel strecken sich. Staub und Papier können hochgeweht werden.*	*Die Mannschaft reitet voll aus. Auf den meisten Kursen kommt das Boot ins Gleiten. Für Anfänger zu hart. Sie sollten ihr Boot an Land bringen.*
5	*Frische Brise 17 - 21*	*Kleine Bäume biegen sich. Baumwipfel in erheblicher Bewegung.*	*Ideale Segelbedingungen für erfahrene Segler. Boote mit weniger erfahrenen Besatzungen kentern vielfach.*
6	*Starker Wind 22 - 27*	*Große Zweige werden bewegt. Wind singt in den Drähten.*	*Sturmbedingungen für Jollensegler. Ohne Reffen ist oft kaum Fahrt voraus möglich. Nur für erfahrene Crews, die an Regatten teilnehmen.*
7	*Steifer Wind 28 - 33*	*Bäume werden bewegt. Fühlbare Hemmungen beim Gehen gegen den Wind.*	*Kein Wetter mehr für Jollen.*
8	*Stürmischer Wind 34 - 40*	*Zweige brechen ab. Beim Gehen erhebliche Behinderung.*	*Jollen müssen an Land festgezurrt werden, damit der Wind sie nicht wegbläst.*

Zurück an Land

Will man sich Boot und Ausrüstung lange erhalten, muß man pfleglich damit umgehen. Sobald man wieder an Land zurück ist, sollten sie mit klarem Wasser abgespritzt werden. Vor allem dann, wenn man in Salzwasser war, aber auch in verunreinigten Binnengewässern. Segel und Schoten müssen ebenfalls abgespült und getrocknet werden, bevor man sie verstaut. Ruder und Ausrüstung nur dann im Boot lassen, wenn man einen diebstahlsicheren Stellplatz hat. Die Segel sollte man in jedem Fall mit nach Hause nehmen. Die Fallen werden mit Stropps vom Mast zurückgebunden, damit sie nicht im Wind dagegen schlagen können. Inspektionsluken der Lufttanks zur Belüftung öffnen und ebenfalls die Lenzer. Das Boot sollte stets mit einer Plane abgedeckt und am Boden verankert werden, damit es der Wind nicht umwerfen kann.

Abgedeckte Jollen auf ihren Landstellplätzen.

Zusammenlegen des Großsegels

Dazu breitet man das Segel glatt auf dem Boden aus. Wenn man es zu zweit macht, geht es schneller und besser. Vor dem Zusammenlegen müssen die Segellatten entfernt werden.

1 *Ausgegangen wird vom Unterliek. Das Segel wird in einem Abstand von etwa 1 m zum Unterliek hin eingeschlagen.*

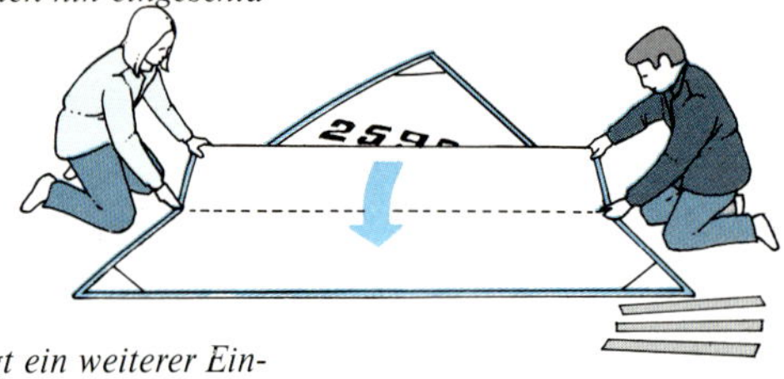

2 *Es folgt ein weiterer Einschlag.*

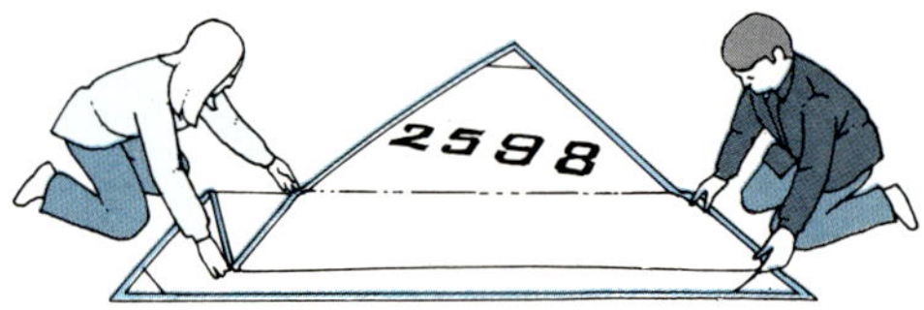

3 *Und so weiter schichtet man Bahn für Bahn fächerartig übereinander...*

4 *... bis schließlich der Segelkopf obenauf liegt.*

5 *Nun wird das Segel von der Seite her zu einem handlichen Paket zusammengefaltet und dann im Segelsack verstaut.*

Aufrollen der Fock

Die meisten Vorsegel haben ein Drahtvorliek, deshalb sollten sie nicht eingeknickt, sondern so zusammengerollt werden, wie es hier gezeigt wird. Die Schot sollte besser abgenommen werden.

1 *Das Segel wird am Vorliek angefaßt...*

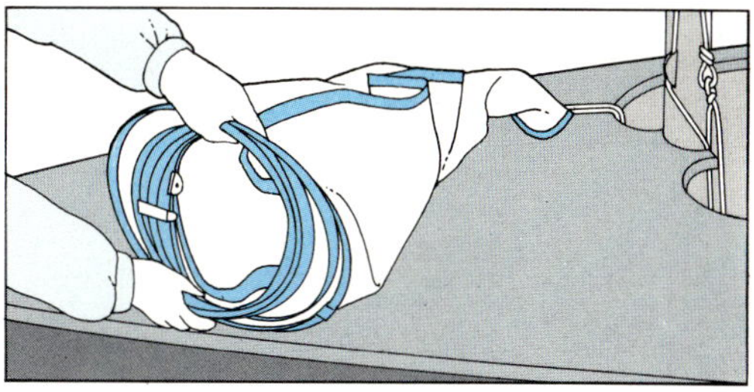

2 *...und vom Kopf zum Hals hin eingerollt.*

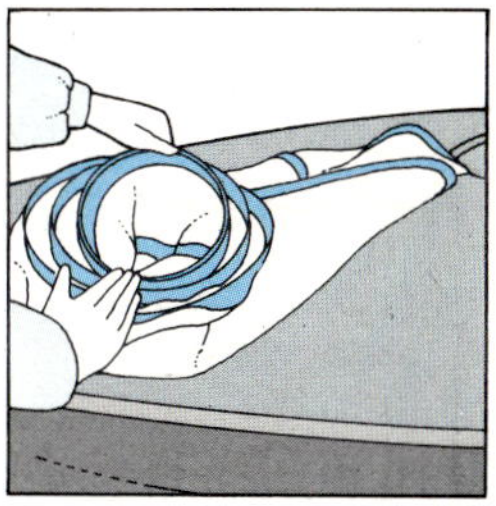

3 *Der so entstandene Schlauch wird vom Vorliek her locker zusammengelegt und im Segelsack verstaut.*

Lagern des Bootes

Nur die wenigsten Jollen haben einen Liegeplatz im Wasser, die überwiegende Mehrheit wird an Land gelagert. Wie man sein Boot lagert, hängt von der Größe und der zur Verfügung stehenden Lagermöglichkeit ab. Wo vorhanden, können kleine leichte Boote in entsprechenden Stellagen gestapelt werden. Größere Jollen lagern am besten auf ihrem Slipwagen, den Bug angehoben. So kann eingedrungenes oder Kondenzwasser zu den Lenzern im Spiegel auslaufen. Das Boot wird mit einer Plane - einer Persennig - abgedeckt.

Eine spezielle Trolley- und Trailerkombination für ein Kiel-Rennboot.

Abdecken des Bootes
Diese Jolle ist mustergültig abgedeckt und aufgebockt. Die Persennig ist mit Stropps unter dem Bootsboden gesichert, der Rumpf mit Steinen am Boden verankert. Durch die Schrägstellung kann mögliches Kondenswasser aus den Lenzöffnungen im Spiegel abfließen.

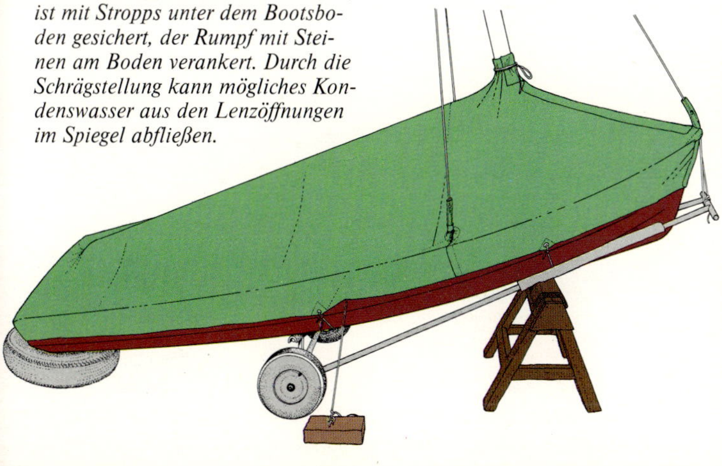

Eine unters Boot gezogene Persennig als Rumpfschutz.

Dach- und Trailertransport

Nur wenige Segler sind in der glücklichen Lage, daß sie ihr Boot nahe am Wasser abstellen können und es bei Bedarf einfach nur abzuslippen brauchen. Die Mehrzahl von ihnen muß ihr Boot weit vom Wasser entfernt abstellen. Wer sein Boot mit nach Hause nehmen muß oder Regattasegler, die ihr Boot über größere Distanzen befördern müssen, stehen vor dem Problem des Bootstransports. Am einfachsten ist es, das Boot auf dem Wagendach zu befördern, sofern es hinsichtlich Größe und Gewicht den Bestimmungen der Straßenverkehrsordnung entspricht. Zur Halterung des Bootes werden zwei gepolsterte Einzelträger auf das Wagendach montiert. Boot, Mast und Baum werden sorgfältig auf diesen Trägern gelascht. Die Segel und andere Ausrüstungsgegenstände kommen ins Auto. Ist das Boot für den Dachtransport zu groß oder zu schwer, wird es auf einem Spezialtrailer hinter dem Auto gezogen. Abhängig vom Typ des Trailers wird das Boot entweder auf dem Trailer direkt verladen, oder gleich auf seinem Slipwagen montiert auf dem Trailer befördert. Für den Dachtransport gibt es keine Geschwindigkeitsbegrenzung. Beim Trailertransport beträgt die Höchstgeschwindigkeit in der Bundesrepublik 80 km/h. Im Ausland gelten zum Teil andere Geschwindigkeitsbeschränkungen.

Verladen des Bootes

Gewöhnlich transportiert man das Boot kieloben auf dem Wagendach, so daß es mit seinem flachen Deck sicher auf den Dachträgern liegt. Muß es aus besonderen Gründen andersherum befördert werden, ist auf besonders sorgfältige Verzurrung zu achten. Außerdem sollte es gegen Regenwasser abgedeckt werden. Das Boot wird mit dem Bug voran transportiert und mit Gummistropps oder Tauwerk seitlich überkreuz mit dem Dachträger verschnürt. Bug und Heck werden mit den Stoßstangen verlascht, damit sich das Boot bei schneller Fahrt nicht abhebt. Um Schäden an Rumpf und Farbe zu vermeiden, sollten Dachträger und Haltetauwerk mit Schaumstoff oder ähnlichem unterlegt werden.

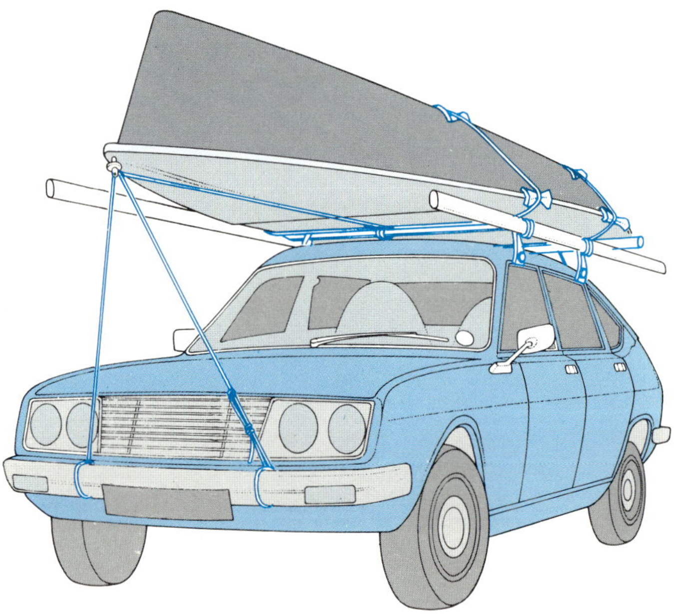

Aufladen allein

1 *Das Boot mit dem Heck so hinter dem Wagen aufstellen, daß das Vordeck auf dem hinteren Dachträger ruht.*

2 *Dann das Heck anheben und das Boot nach vorne schieben, bis es sicher mit seiner ganzen Länge aufliegt.*

Aufladen zu zweit

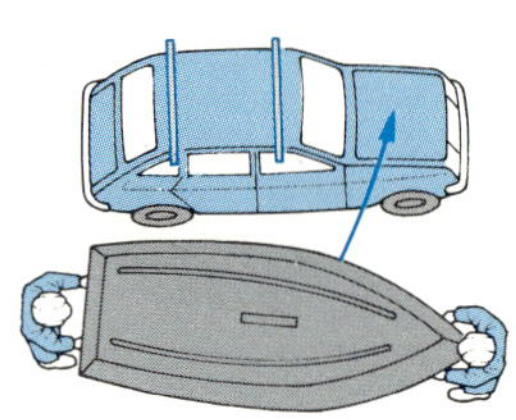

Das Boot an Bug und Heck anheben und von der Seite – das Heck zuerst – auf den Dachträger schieben.

Trailer

Man kann zwischen zwei Konstruktionsarten von Trailern wählen, denen mit einem T-Rahmen und denen mit einem A-Rahmen. In beiden Fällen lagert das Boot auf verstellbaren Auflagen oder Gummirollen. Mast und Baum liegen in einer besonderen Halterung. Der Trailer mit dem T-Rahmen hat einen starken Zentralrohrrahmen. Seine Bootshalterungen sind verstellbar. Der Trailer mit dem A-Rahmen hat den Vorteil, daß man darauf das Boot auf seinem Slipwagen huckepack befördern kann.
In jedem Fall muß der Trailer Brems-, Schluß- und Blinkleuchten, Rückstrahler und Nummernschildbeleuchtung haben und ein Typenschild der Herstellers. Er ist zulassungs- und steuerfrei, bedarf aber einer „Allgemeinen Betriebserlaubnis" vom TÜV. Bei einer Anhängelast ab 750 kg muß der Trailer eine eigene Bremsvorrichtung haben.

Trailer mit A-Rahmen, kombiniert mit einem Trolley

Trailer mit T-Rahmen

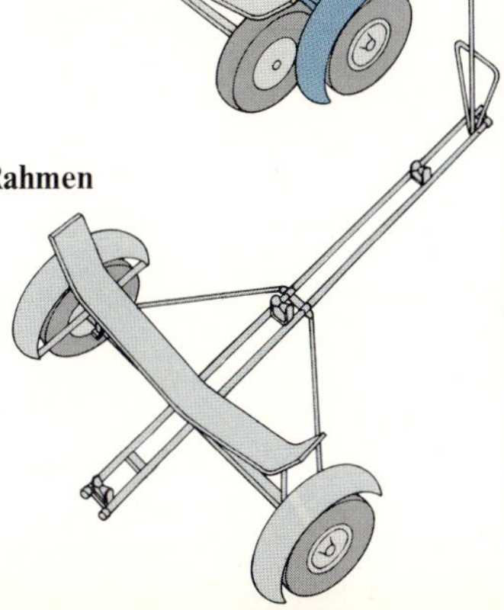

Beladen des Trailers

Es ist leichter, den Trailer zu beladen, wenn er bereits am Zugwagen angekoppelt ist. Wird das Boot direkt auf dem Trailer befördert, benötigt man mehrere Helfer, um es sauber auf die Auflagen zu heben. Auch ist es sorgfältig mit dem Anhänger zu verzurren, damit es nicht verrutscht. Will man das Boot auf dem Slipwagen verladen, bringt man es hinter den Trailer und zieht es so weit über den Anhänger, bis der Slipwagen auf den Rollen des Trailers aufliegt. Dann wird er so weit nach vorn gezogen, daß seine Radachsen in ihre Halterungen einrasten.

Aufladen auf einen kombinierten Trailer

1 Den Slipwagen so hinter dem Trailer aufstellen, daß er sich in Linie mit den Gleitrollen befindet.

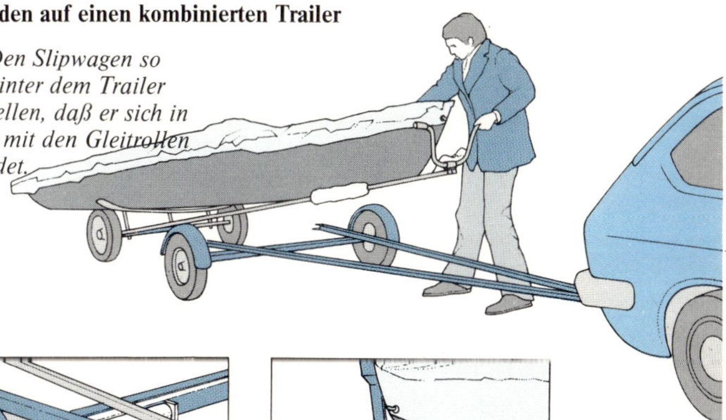

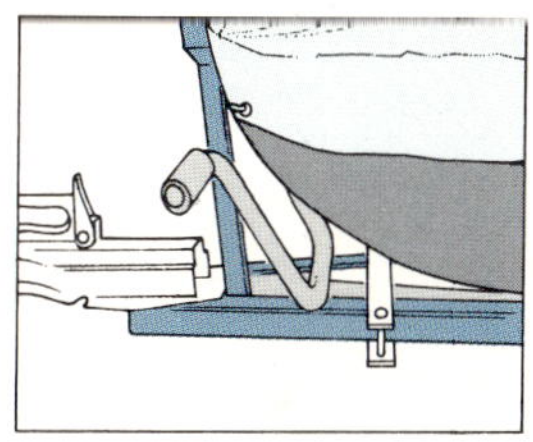

2 Den Trolley nach vorne ziehen, bis seine Radachsen in die Halterungen einrasten.

3 Trolley und Trailer werden mit einer Falle fest verbunden und gesichert.

Vorbereitung für den Straßentransport

Der Mast wird in seine Halterung gelegt, Wanten, Stage und Fallen werden beigebändselt oder mit Tape am Mast fixiert. Alle lose Ausrüstung wird aus dem Boot entfernt oder sicher gestaut. Boot oder Ausrüstung dürfen nicht mehr als 1,50 m nach hinten hinausragen. Beim Transport innerhalb von 100 km bis zu 3 m. Sie müssen bei Tag und Nacht markiert sein, durch ein rotes Schild beziehungsweise rotes Licht und roten Rückstrahler.

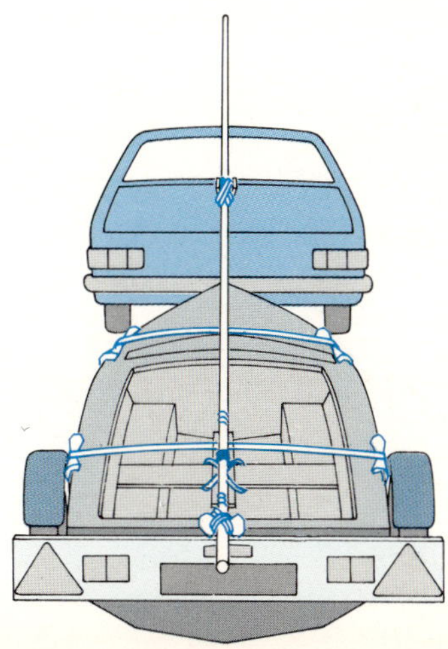

Ausweichregeln

Auch auf dem Wasser gibt es Vorfahrts- beziehungsweise Ausweichregeln. Sie weichen auf Binnen- und Küstengewässern etwas voneinander ab, doch als Grundregel gilt: Motorboote haben Segelbooten auszuweichen. Die Berufsschiffahrt hat in jedem Fall Vorrang. Auf Binnengewässern besitzt sie das uneingeschränkte Vorfahrtsrecht. Aber auch wenn der Segler Vorfahrt hat, sollte er nicht unbedingt darauf beharren, zumal Motorbootfahrer manchmal Kurs und Fahrt eines Seglers nicht richtig einschätzen können.
Fahrwasser und Schiffahrtswege sind möglichst rechtwinklig zu kreuzen. Durchgehender Verkehr hat Vorfahrt. Im übrigen hat man sich an der rechten Seite eines Fahrwassers zu halten und links zu überholen. Im freien Seeraum kann auf jeder Seite überholt werden. Für Segler untereinander gelten besondere Regeln, die hier erläutert sind. Sie gelten prinzipiell auch als Ausweichregeln bei Segelregatten (s. Seite 139).

Rechts: Ein Steuerbord-Bug-Boot (Nr. 14) kreuzt den Bug eines Backbord-Bug-Bootes in der Hoffnung, noch genug Raum zu haben. Würde es zu einer Kollision kommen, wäre die Nr. 14 schuldig.

Wegerecht

Um sicher zu sein, wer Wegerecht hat, muß man wissen, was Steuerbord- und Backbord-Bug ist. Bläst der Wind von Backbord, segelt das Boot auf Steuerbord-Bug. Kommt er von Steuerbord, segelt es auf Backbord-Bug. Es ist also jeweils die Seite, auf der der Baum gefahren wird. Zum besseren Merken kann man sich entsprechende Aufkleber auf die entsprechende Innenseite des Baums machen. Bestehen irgendwelche Zweifel am eigenen Wegerecht, passiert man den anderen hinter seinem Heck. Nie vor dem Bug vorbeilaufen.

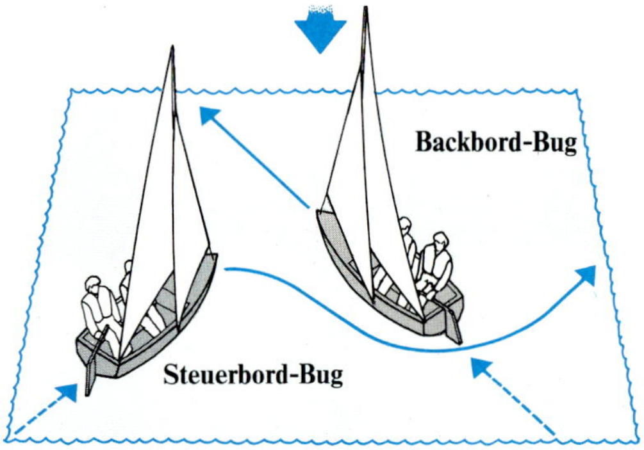

Segler auf unterschiedlichem Bug
Segeln zwei Boote auf unterschiedlichem Bug, hat Backbord-Bug Vorfahrt vor Steuerbord-Bug.

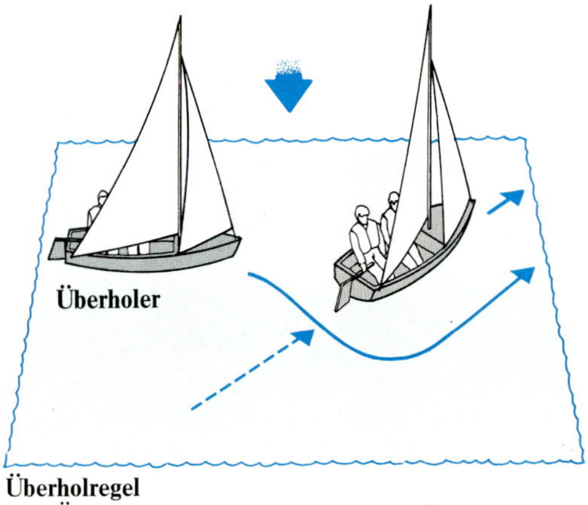

Überholregel
Der Überholer muß sich freihalten. Auf Binnenschiffahrtsstraßen darf er – abweichend von dieser Abbildung – nur in Luv überholen.

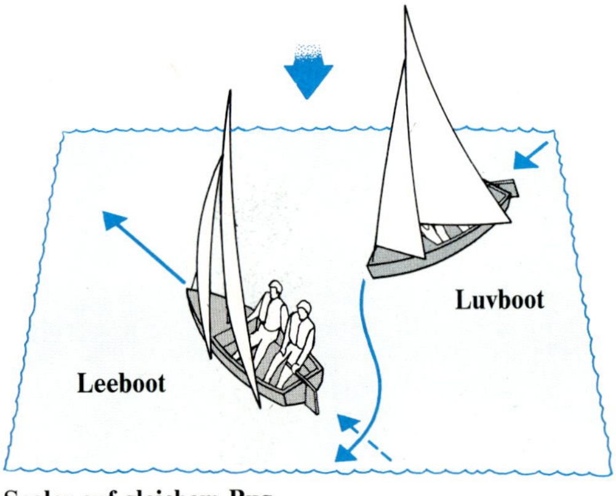

Segler auf gleichem Bug
Segeln zwei Boote auf gleichem Bug, hat das Leeboot Vorfahrt vor dem Luvboot.

16
14

Segeln für Fortgeschrittene

Beherrscht man die Grundkenntnisse des Segelns, möchte man natürlich auch schneller und sportlicher segeln können. Die Geschwindigkeit eines Bootes hängt von einer Reihe von Faktoren ab: Erfahrung und Können der Crew, Konstruktionsmerkmale des Bootes, Schnitt und Stand der Segel und optimales Rigg für die unterschiedlichen Segelbedingungen. Der erste und wichtigste Schritt zum Erfolg ist ständige Praxis, durch die man das Gefühl dafür bekommt, wie die einzelnen Trimmeinrichtungen das Verhalten des Bootes auf den verschiedenen Kursen zum Wind beeinflussen. Beherrscht man den Boots- und Segeltrimm, kann man auf ein schnelleres Boot umsteigen.

Rennjollen sind feinnervige, leichtgewichtige Segelmaschinen mit großer Segelfläche. Sie verlangen eine behutsame und erfahrene Hand. Außerdem besitzen sie eine Vielzahl sinnvoller Trimmeinrichtungen, die großen Einfluß auf ihre optimale Entfaltung haben. Fast alle Rennjollen haben ein Trapez, das der Besatzung erlaubt, noch weiter auszureiten und zusätzliches Trimmgewicht einzusetzen. Außerdem haben sie Spinnakergeschirr. Der Umgang mit dem Trapez und dem Spinnaker wird auf den Seiten 122 bis 125 und 110 bis 120 erläutert. Was man allein durch einen optimalen Trimm des Riggs unter verschiedenen Windverhältnissen erreichen kann, lesen Sie auf den Seiten 142 bis 145.

Gleiten

Alle Boote werden erheblich schneller, bringt man sie zum Gleiten. Dabei reiten sie auf ihrer eigenen Bugwelle. Die meisten Jollen kommen erst bei Windstärken um 10 kn ins Gleiten, leichtere Boote neigen schneller dazu. Im allgemeinen kommen Boote mit halbem Wind am leichtesten ins Gleiten, manche können es auch auf Am-Wind-Kurs, ja, sogar vor dem Wind, wenn es stark genug weht. Das Geheimnis, ein Boot ins Gleiten zu bringen, liegt in dem Vermögen, rechtzeitig eine einfallende Bö zu erkennen. Bevor sie da ist, fällt der Rudergänger etwas ab und fiert die Schoten leicht auf, damit das Boot nicht so stark krängt und möglichst aufrecht segelt. Hebt sich der Bug aus dem Wasser, verlagert die Besatzung ihr Gewicht weiter nach achtern. Nimmt die Geschwindigkeit zu, werden die Schoten wieder etwas angeholt, weil ja auch der scheinbare Wind vorlicher kommt. Ist die Bö vorüber, kann man das Boot im Gleiten halten, indem man etwas weiter anluvt und die Großschot etwas dichterholt. Dadurch bleibt der scheinbare Wind konstant und das Boot weiter im Gleiten.

Eine Jolle in einer Bö, auf einem Kurs voll und bei in rasanter Gleitfahrt. Die Mannschaft sitzt weit hinten und reitet aus.

Der 470er

Eine moderne Rennjolle hat gewöhnlich eine Menge von Einrichtungen, die sie von einer normalen Rolle unterscheidet. Bootsrumpf und Beschläge sind aus leichterem Material hergestellt. Die Großschot hat gewöhnlich mehr mehrscheibige Blöcke, die die höheren Zugkräfte auf die Schot durch das größere Großsegel reduzieren. Rennjollen haben gewöhnlich eine Trapezeinrichtung und können mit Spinnaker gesegelt werden. Feintrimmeinrichtungen am Baumniederholer, am Schwert oder an der Fockschotführung bieten der Besatzung eine Vielzahl von Trimmöglichkeiten für Boot und Segel.

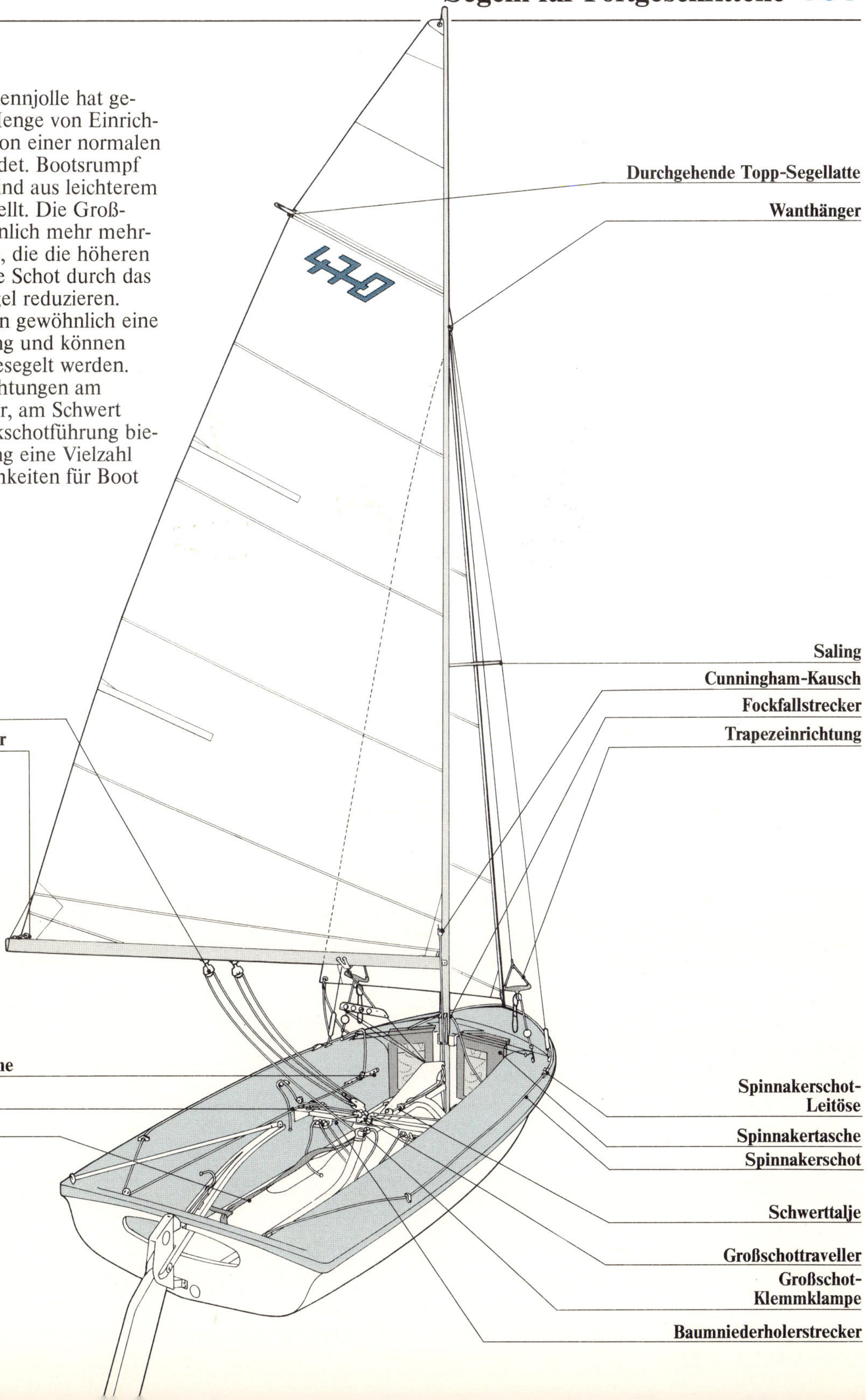

Spinnaker

Der Spinnaker – auch kurz Spi oder von den Seglern Blase genannt – ist ein dreieckiges bauchig geschnittenes Vorsegel aus leichtem Tuch. Er wird auf Raumschots- und Vorm-Wind-Kursen bei leichtem und mittlerem Wind gesetzt. Seine Fläche ist manchmal größer als die von Groß- und Vorsegel zusammen. Der Spinnakerschnitt hat sich mittlerweile zu einer speziellen Wissenschaft der Segelmacher entwickelt. Der Spinnaker wird – im Gegensatz zu anderen Segeln – nicht mit einem Liek fest angeschlagen, sondern „fliegend" gefahren. Nur der jeweilige Segelhals wird am Spinnakerbaum eingepickt.

Es gibt eine Vielzahl von Spinnakerschnitten für die verschiedenen Kurse, zwischen denen man wählen kann. Ebenso unterschiedlich und abhängig vom Bootstyp sind die Arten der Aufbewahrung und des Setzens und Bergens. Alle diese verschiedenen Systeme dienen dazu, den Spinnaker schnell zu setzen und zu bergen, ohne daß er vertörnt oder sonst unklar kommt. Die meisten Jollen bewahren ihren Spinnaker in einem Behälter im Mastbereich auf oder haben eine trompetenähnliche Öffnung am Bug, aus der heraus der Spinnaker gesetzt und in die er wieder hineingezogen wird.

Der Umgang mit dem Spinnaker erfordert sehr viel Erfahrung und gutes Zusammenspiel zwischen Vorschoter und Steuermann. Abhängig vom System besteht eine Arbeitsteilung insofern, als der Steuermann alles bedient, was achtern in seinem Bereich ist. Der Vorschoter versorgt alle Spinnakereinrichtungen im Vorschiffsbereich. Da der Spinnaker ein sehr lebendiges Segel ist und leicht außer Kontrolle geraten kann, ist es ratsam, die ersten Versuche damit bei schwachem Wind und unter Anleitung eines Spinnakerexperten zu machen.

Spinnakerschnitte

Die ersten Spinnaker waren asymmetrisch, mehr wie eine bauchige Genua geschnitten und wurden mit einer langen Spiere ausgebaumt. Um 1930 tauchten bei der 6-m-Klasse symmetrische Spinnaker auf, die mehr unseren heutigen glichen. Die ersten Spinnaker waren aus Baumwolle, ein schweres und entsprechend auch schwer zu handhabendes Tuch. Um 1950 kam Nylon als Spinnakertuch auf, ein leichtes und widerstandsfähigeres Kunstfasergewebe. In den letzten Jahren wurde eine Vielzahl unterschiedlicher Spinnakertypen entwickelt. Auf Jollen sind die üblichen Schnitte: der Horizontalschnitt, der Radial-Kopf- und der Triradialschnitt. Welchen Spinnaker man wählt, hängt von dem Jollentyp ab, den man segelt und den Wetterbedingungen, unter denen man überwiegend segelt. Der Horizontalschnitt wird für leichteres Wetter und kleinere Segel verwendet, die beiden anderen wählt man hauptsächlich für größere Segel.

Horizontalschnitt
Er dehnt sich hauptsächlich im Oberteil und eignet sich besonders für Vorm-Wind-Kurse.

Radial-Kopf
Ein Allround-Spinnaker für leichte Winde, kombiniert die Eigenschaften des Radial und Horizontal.

Triradial
Eine Kombination dreier Schnitte, universell auf allen raumen Kursen einzusetzen.

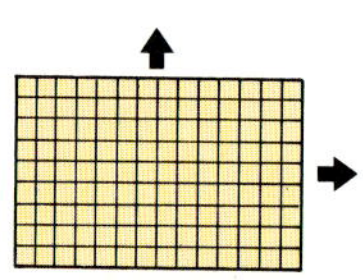

Geringe Dehnung

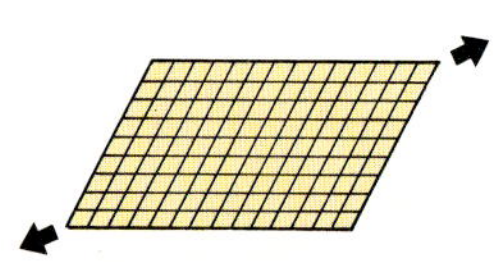

Größere Dehnbarkeit

Spinnakertuch
Spinnakertuch muß leicht und reißfest sein und darf sich wenig dehnen. Das hauptsächlich verwendete Nylon ist kaum dehnbar in Richtung von Kette und Schuß, sondern nur in der Diagonalen.

Die Spinnakerausrüstung

Außer dem Spinnaker braucht man noch einiges an zusätzlicher Ausrüstung: den Spinnakerbaum, das Spinnakerfall, eine Spinnakertasche oder Trompete aus der heraus der Spinnaker gesetzt wird, die außerhalb der Wanten laufenden Spinnakerschoten, zusätzliche Leitösen und Schotklemmen. Die Schot auf der jeweiligen Luvseite wird Achterholer genannt. Damit der Spinnaker optimal steht, sollten die Leitösen auf dem Seitendeck so angebracht sein, daß Schot und Achterholer einen Winkel von etwa 25° mit dem Seitendeck bilden.

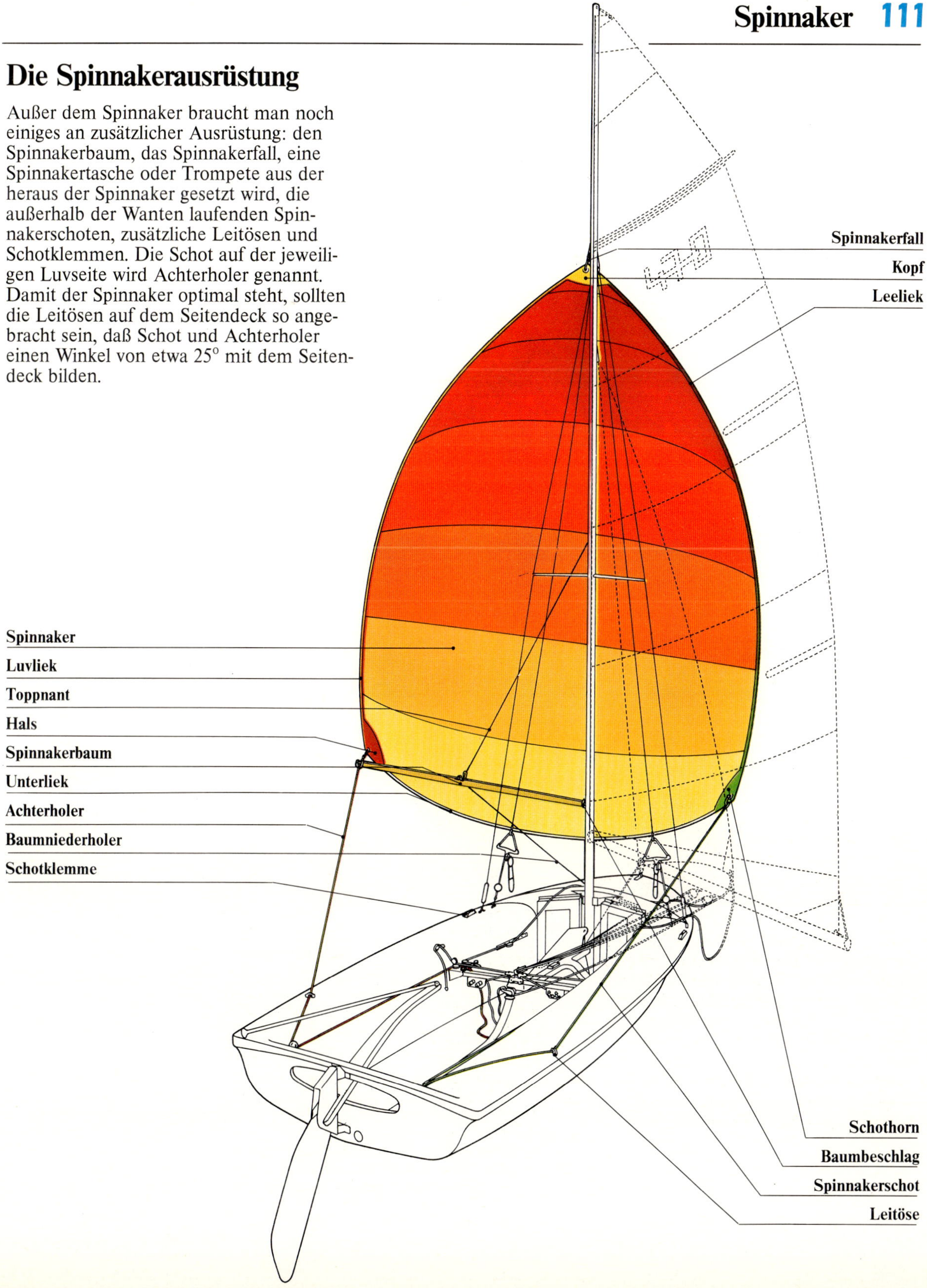

Der Spinnakerbaum

Gehalten wird der Spinnaker vom Spinnakerbaum, der mit einem seiner Enden am Hals des Segels, mit seinem anderen Ende auf der Luvseite des Bootes in den Baumbeschlag am Mast eingepickt wird. Dabei ist darauf zu achten, daß die Schnapphaken am jeweiligen Baumende mit der Öffnung nach oben eingepickt werden. Von oben wird der Spinnakerbaum durch den Toppnant gehalten, während der Niederholer ihn am Steigen nach oben hindert.

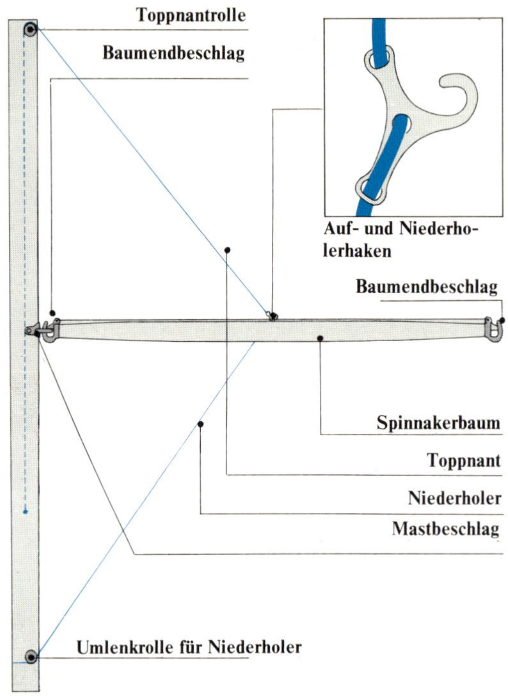

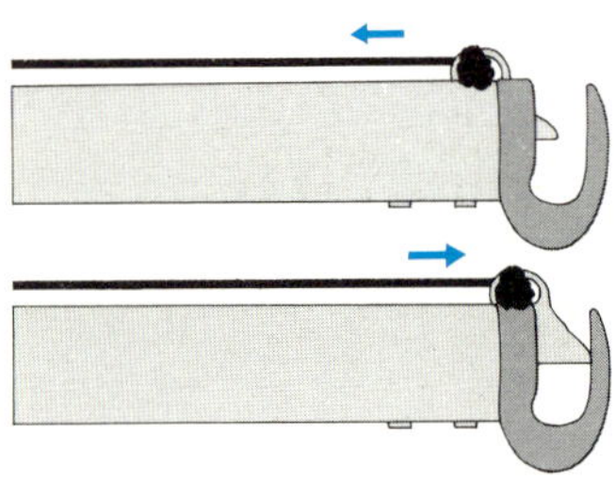

Spinnakerbaumstellung

Der Winkel des Spinnakerbaumes zum Mast muß so eingestellt werden, daß Hals und Schothorn des Segels in einer Ebene liegen. In der Regel beträgt dieser Winkel 90°.

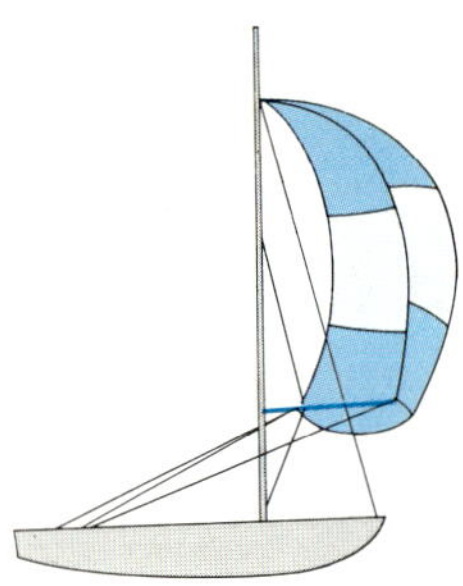

Baum korrekt gesetzt

Baum zu hoch

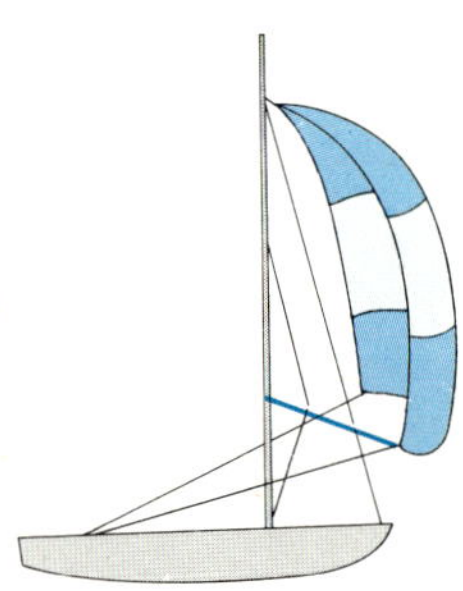

Baum zu niedrig

Oben: Auf einem Am-Wind-Kurs kann der Spinnakerbaum höher getrimmt werden, um den Spinnaker weiter und höher von Groß und Fock wegzubekommen.
Rechts: Ein perfekt gesetzter Spinnaker auf einem 505er auf Halb-Wind-Kurs.

K 5060

Spinnakertaschen

Manche Jollen haben zum Stauen des Spinnakers mit Klappen versehene Taschen an der Achterkante des Vordecks. Gesetzt wird der Spinnaker direkt aus der Tasche. Daher ist es wichtig, daß er sorgfältig klariert so verstaut wird, daß Kopf, Hals und Schothorn obenaufliegen, damit sie sofort angeschlagen werden können.

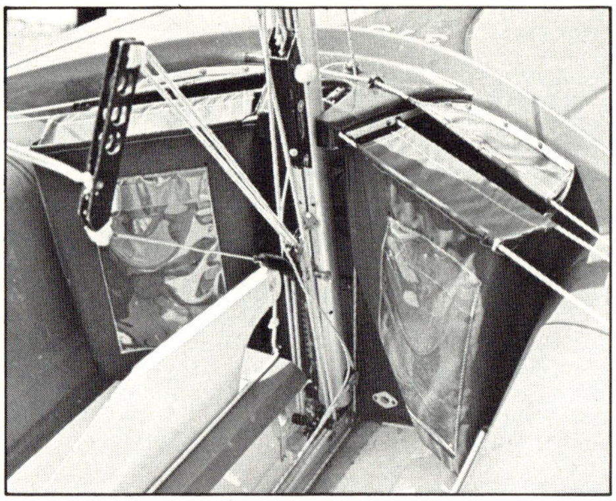

Dieser 470er hat je eine Spinnakertasche auf jeder Seite vom Mast. Jede hat eine durch Gummistropps unter Spannung gehaltene Verschlußklappe. Auf den Taschen durchsichtige Plastiktaschen.

Spinnaker stauen

Außerordentlich wichtig ist, daß der Spinnaker in der Packtasche richtig gestaut worden ist. Sonst gibt es beim Setzen bestimmt Schwierigkeiten. Wahrscheinlich wird er eine sogenannte Eieruhr bilden. Das Stauen muß zur reinen Routine werden und sollte zunächst an Land geübt werden. Am besten, man packt das Boot auf den Trolley und sezt nur den Spinnaker allein, den ein erfahrener „Packer" zuvor korrekt in der Tasche verstaut hat. Man macht das zu zweit. Einer fiert das Spinnakerfall, der andere zieht sich am Hals das Luvliek heran und stopft es in die Tasche, aber so, daß der Hals draußen bleibt. So arbeitet er sich bis zum Segelkopf vor, der ebenfalls draußen bleibt. Dann wird der verbliebene Rest des Spinnakers in die Tasche gestopft, bis das Schothorn übrigbleibt. Die drei Ecken des Spinnakers bleiben also außerhalb der Tasche, beziehungsweise obenauf liegen. Fall und Schoten bleiben angeschlagen, der Spinnaker ist – so gepackt – sofort klar zum Setzen.

1 *Der Spinnaker ist korrekt gesetzt worden. Dann fiert einer das Spinnakerfall,*

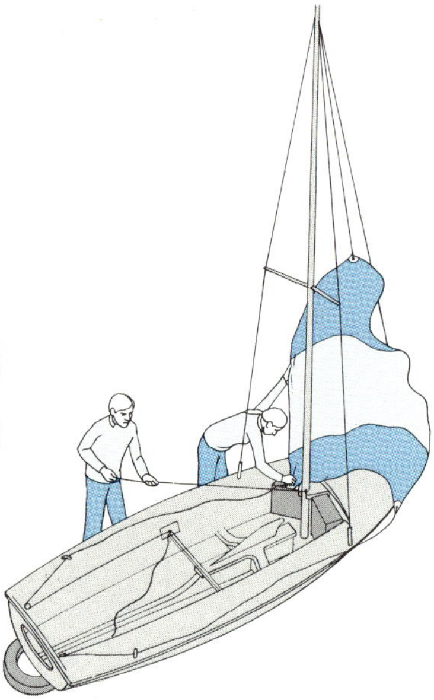

2 *während der andere Spinnakerhals und Luvliek packt und das Segel in die Tasche stopft, Hals, Kopf und Schothorn obenauf.*

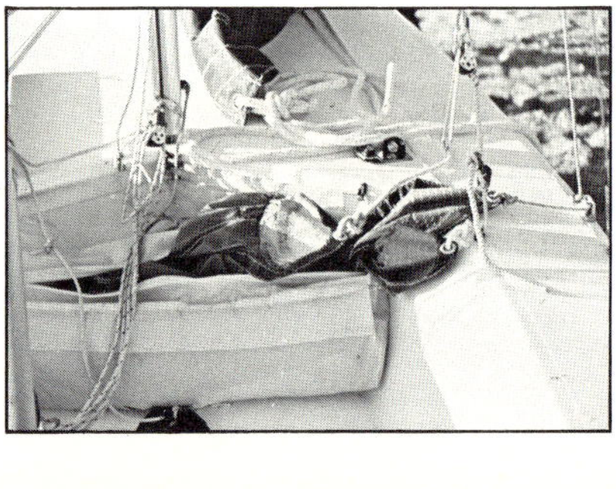

3 *So sehen Hals, Kopf und Schothorn aus der Tasche hervor. Das Fall bleibt angeschlagen, festgesetzt in der Schotklemme, damit es nicht ausweht – so ist der Spinnaker augenblicklich klar zum Setzen.*

Die Spinnakertrompete

Viele Rennjollen haben eine sogenannte Spinnakertrompete. Das ist eine trichterförmige Öffnung im Vordeck mit einem Führungsrohr, in das der Spinnaker vom Cockpit aus mit einem Niederholer hineingezogen wird. Dieses System hat den Vorteil, daß der Spinnaker nicht vertörnt und man ihn genauso wieder setzen kann, wie man ihn beim Bergen hineingezogen hat. Der Nachteil dieser Trompete ist, daß vorne überkommendes Wasser durch die Öffnung ins Boot läuft. Der Spinnaker wird an einem „endlosen" Fall gesetzt, das mit einem Ende am Kopf angeschlagen ist und mit dem anderen Ende an der Niederholerbefestigung auf der Vorderseite des Spinnakers. Dieses Ende läuft durch die Trompete nach hinten zu einer Umlenkrolle, so daß der Spinnaker beim Fieren des Falls einfällt und automatisch in die Trompete hineingezogen wird.

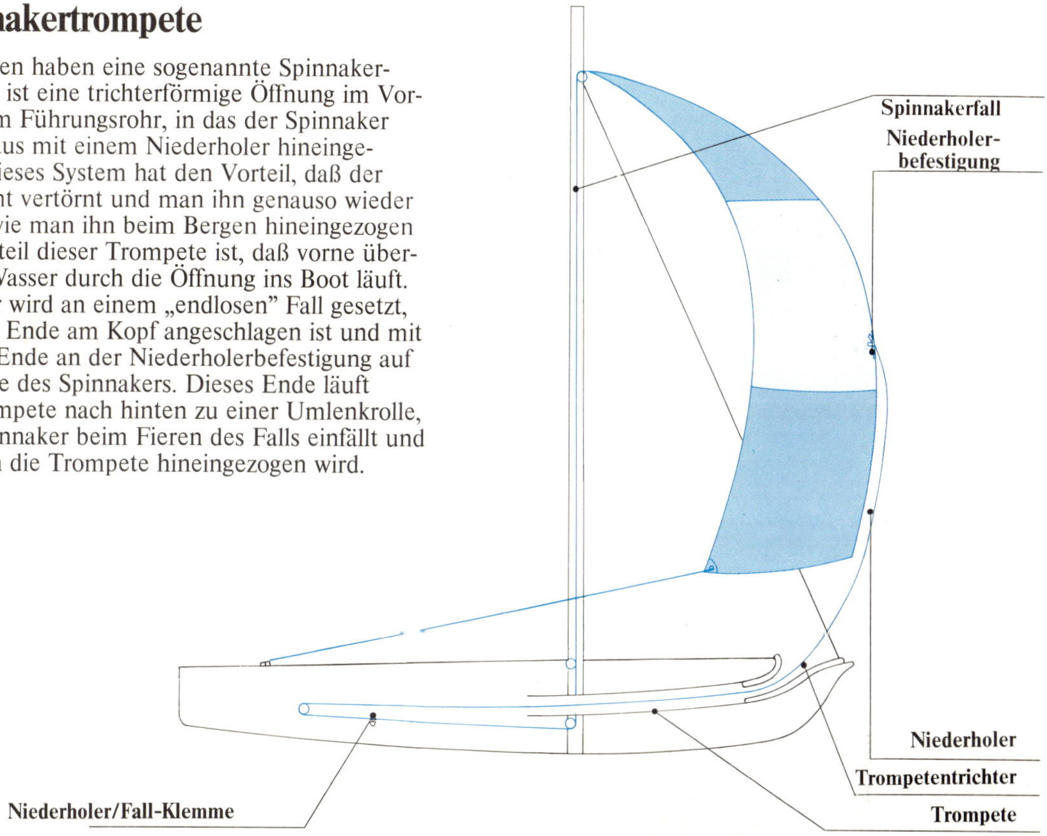

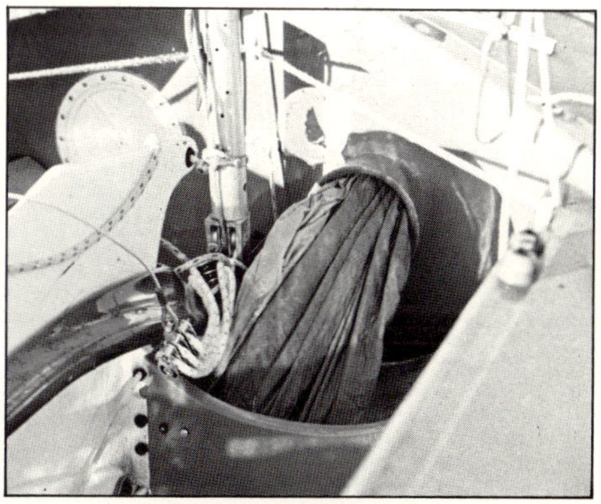

Oben und links: Die Spinnakertrompete auf einem Fireball. Man findet dieses System hauptsächlich auf Rennjollen, auf denen es bei Spinnakermanövern um Sekunden geht.

Setzen und Bergen des Spinnakers

Auch beim Setzen und Bergen des Spinnakers darf die Besatzung ihre sonstigen Aufgaben an Bord nicht vernachlässigen. Der Steuermann muß lernen, breitbeinig im Boot stehend, mit der Pinne zwischen den Beinen zu steuern, damit er die Hände frei hat, um die Spinnakerschoten zu bedienen. Die Art und Weise wie der Spinnaker gesetzt und geborgen wird, hängt vom Stausystem ab. Grundsätzlich geschieht es auf einem Vorm-Wind-Kurs. Großschot und Fockschot werden so lange belegt.

Flying Dutchmen unter Spinnaker auf einem Raumschots-Kurs während einer Regatta.

Setzen aus dem Leebehälter

Das Spinnakersetzen aus dem Leebehälter ist wesentlich einfacher, als ihn aus dem Luvbehälter zu holen. Es ist daher wichtig, vor dem Bergen zu überlegen, welcher der beiden Behälter auf dem nächsten Spinnakerkurs in Lee sein wird. Zum Spinnakersetzen geht der Steuermann auf Vorm-Wind-Kurs, während der Vorschoter noch einmal die Spinnakereinrichtung überprüft.

1 *Der Vorschoter pickt den Baum in den Hals ein, schlägt Toppnant und Niederholer am Baum an …*

2 *… und hakt den Baum in seinen Mastbeschlag ein. Währenddem setzt der Steuermann mit dem Fall den Spinnaker und bedient die Schoten. Sowie der Vorschoter vorne klar ist, kümmert er sich um die richtige Schotführung des Spinnakers.*

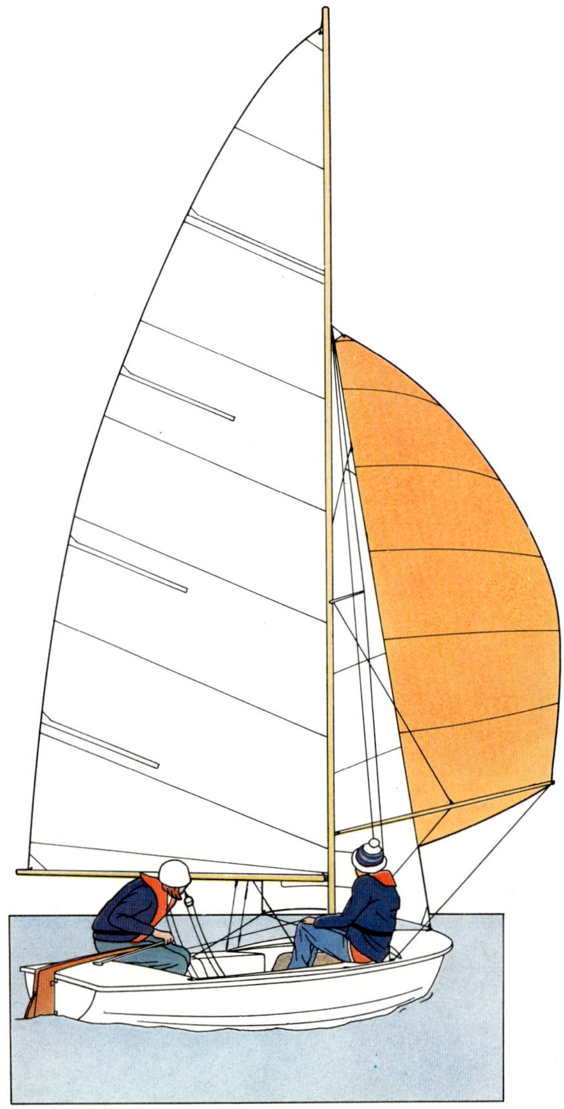

3 *Der Steuermann konzentriert sich wieder auf den Kurs, während der Vorschoter die Schoten trimmt (s. Seite 120).*

Setzen aus dem Luvbehälter

Den Spinnaker aus dem Luvbehälter heraus zu setzen, erfordert viel Geschick und etwas Glück. Deshalb ist es wichtig, den Spinnaker beim Bergen immer so zu stauen, daß er aus einem Leebehälter heraus gesetzt werden kann.

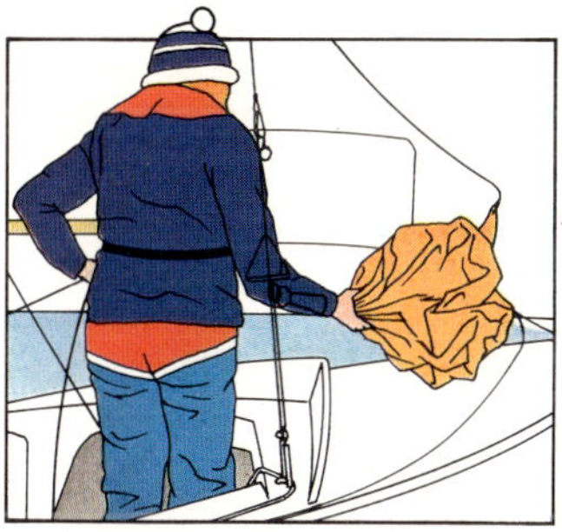

1 Der Vorschoter holt den Spinnaker aus dem Luvbehälter und hält ihn fest gebündelt, innerhalb vom Want, in einer Hand, während die andere Hand die Leeschot klar hält. Der Steuermann übernimmt das Fall, während er mit den Knien steuert.

2 Der Vorschoter ruft: „Hoch!" und wirft den Spinnaker hoch und um das Vorstag herum. Der Steuermann holt blitzschnell das Fall, und durch Zug an der Leeschot bringt der Vorschoter den Spinnaker nach Lee.

Der Steuermann übernimmt die Spinnakerschoten, und erst jetzt pickt der Vorschoter den Baum an Hals und Mastbeschlag ein und fixiert Toppnant und Baumniederholer. Dann übernimmt er die Schoten.

Mit Spinnakertrompete

Mit Spinnakertrompete ist alles einfacher. Zuerst setzt der Vorschoter die Schoten an den markierten Stellen (s. Seite 120) in den Klemmen fest. Und während der Steuermann den Spinnaker mit dem Fall setzt und dabei darauf achtet, daß er gut voll steht, pickt der Vorschoter den Baum am Mastbeschlag und am Segelhals ein und fixiert Toppnant und Niederholer am Baum. – Zum Bergen übernimmt der Steuermann den mit dem Fall verbundenen Spinnakerniederholer und zieht das Segel in die Trompete. Der Vorschoter hakt den Hals vom Baum ab, pickt Baumniederholer und Toppnant aus und den Baum vom Mast ab.

Spinnakerbergen in den Behälter

Beim Behältersystem kann der Spinnaker entweder in den Luv- oder Leebehälter niedergeholt werden. Je schneller und je zügiger das Bergen vor sich geht, desto weniger besteht die Gefahr, daß der Spinnaker sich am Rigg vertörnt. Einen Spinnaker zu bergen ist so lange kaum möglich, wie er noch voll steht. Deshalb muß zunächst der Wind aus dem Tuch gebracht werden. Man fiert Achterholer und Schot so lange, bis der Spinnaker einfällt.

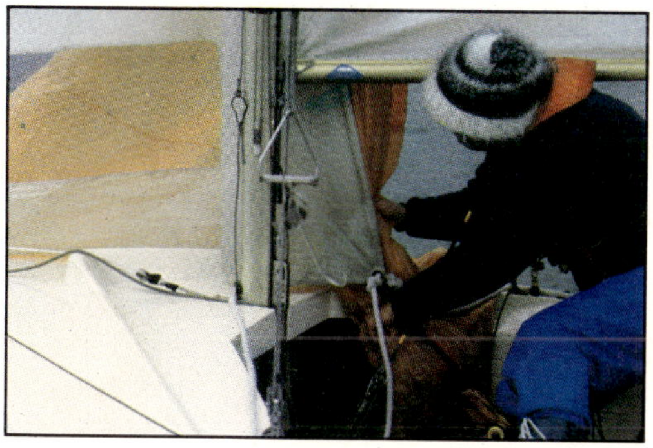

Bergen in Lee
Der Steuermann geht vor den Wind und macht das Fall klar. Der Vorschoter pickt den Hals vom Baum los und zieht den Spinnaker ins Cockpit, während der Steuermann gleichmäßig das Fall fiert. Dann verstaut der Vorschoter den Spinnaker in seinem Behälter und nimmt den Baum vom Mast.

Bergen in Luv
Der Steuermann geht auf einen Halbwind-Kurs und übernimmt das Fall. Der Vorschoter pickt den Baum vom Mast, löst Toppnant und Baumniederholer und pickt den Hals ab. Dann stopft er den Spinnaker in den Luvbehälter, während der Steuermann das Fall fiert. (Eine unübliche Methode.)

Schiften des Spinnakers

Schiften bedeutet, den Baum von einer Seite auf die andere zu nehmen. Das Manöver erfordert eine gut eingespielte Crew. Auf Jollen wird meistens eine andere als die hier dargestellte Methode praktiziert: Der Vorschoter pickt den Baum am Mast aus und am bisherigen Schothorn ein. Vorübergehend, während der Steuermann den Großbaum schiftet, wird der Spinnaker mit beiden Schotecken am Baum gefahren. Jetzt den bisherigen Hals am Spinnaker auspicken und das freigewordene Ende des Baumes wieder am Mast einhaken.

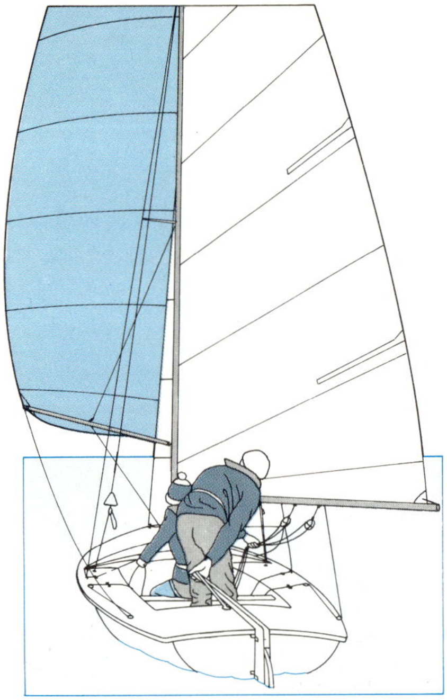

1 *Großsegel und Fock werden auf die neue Leeseite übergenommen.*

Rechts: Während des Schiftens darf der Spinnaker nicht einfallen oder außer Kontrolle geraten, will man nicht eine empfindliche Geschwindigkeitseinbuße in Kauf nehmen.

2 *Während der Steuermann mit der Pinne zwischen den Beinen Achterholer und Schot bedient, pickt der Vorschoter den Baum am Hals und Mast aus und...*

3 *... pickt ihn auf der neuen Luvseite in Schothorn und Mastbeschlag wieder ein. Die bisherige Schot ist jetzt Achterholer geworden, der bisherige Achterholer Schot.*

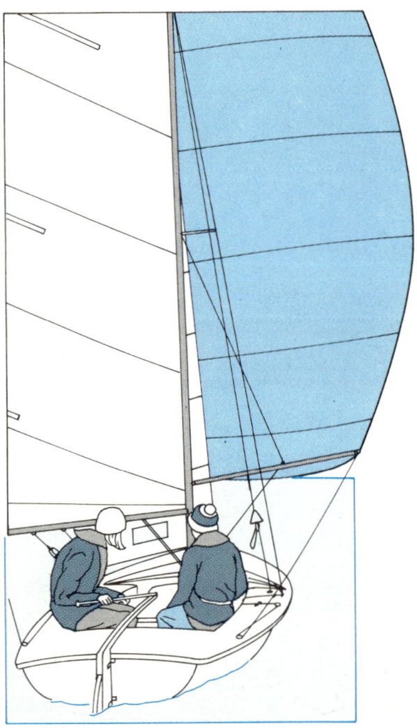

4 *Der Vorschoter übernimmt die Schoten vom Steuermann, trimmt den Spinnaker mit der Schot und belegt den Achterholer.*

Spinnakertrimm

Der richtige Stand des Spinnakers erfordert ständige Aufmerksamkeit und Korrekturen. Der Baum wird soweit es geht zur Seite ausgebracht und die Schot so weit gefiert, daß das Segel gerade noch nicht killt. Während man den Spinnaker mit der Schot trimmt, wird der Achterholer belegt, damit er nicht ausrauscht. Je höher am Wind mit dem Spinnaker gesegelt wird, desto schwieriger ist die Schotführung. Die Schot soll möglichst weit achtern und außen gefahren werden, damit sich das Leeliek öffnet. Fällt der Spinnaker ein, muß der Steuermann schnell abfallen und die Schot dichter geholt werden.

Der Spinnaker steht gut, wenn sich der Kopf im rechten Winkel zum Mast befindet. Bei starkem Wind, vor allem auf Vorm-Wind-Kurs, neigt er zum Steigen. In diesem Fall ist es besser, Schot und Achterholer weiter vorn zu fahren. Dadurch wird das Segel niedergehalten und flacher gezogen. Es pendelt nicht mehr so stark hin und her und ist so leichter zu kontrollieren. Bei mittleren Winden wird das Fall etwa 20 bis 30 cm aus dem Mast gefiert. So kommt der Spinnaker etwas mehr nach vorne und gibt dem Boot mehr Fahrt. Bei schwachen Winden, wenn das Segel nicht mehr richtig voll steht, kann man den Baum etwas tiefer fahren. In jedem Fall müssen die Unterliekecken in einer Ebene liegen.
Um den richtigen Anstellwinkel für den Baum zu finden, holt man ihn so weit nach achtern, daß der Spinnaker gerade noch nicht einfällt. Im allgemeinen heißt dies, daß der Spinnakerbaum in einem rechten Winkel zum scheinbaren Wind steht. Will der Spinnaker aber nicht voll stehen, muß der Baum vorlicher getrimmt werden. Auf keinen Fall darf er jedoch am Vorstag anliegen, er könnte dort verbiegen oder brechen.

Bei starkem und besonders böigem Wind kann der Spinnaker durchaus zu einem Kreuz werden. Als hier die Bö einfiel, war keins der beiden Boote in der Lage, daraus Nutzen zu ziehen. Eins der Boote kenterte (rechts), während das andere, um zu überleben, seinen Spinnaker fliegen lassen mußte.

Markierung der Schoten

Man kann sich die Bedienung des Spinnakers etwa erleichtern, wenn man sich für die verschiedenen Kurse die Schoten markiert. Dies geschieht mit Farbe oder verschiedenfarbigem Klebeband an den Stellen, wo, bei richtigem Trimm, die Klemmen sitzen müssen. So kann beispielsweise der Achterholer bereits vor dem Spinnakersetzen belegt werden. Hat man mehrere solcher Fixpunkte herausgefunden und markiert, braucht man nicht jedesmal wieder groß mit den Schoten zu spielen, sondern es bedarf nur noch kleinerer Korrekturen. Beim Segeln unter Spinnaker soll der Vorschoter in Luv sitzen, damit er das Vorliek des Segels ständig beobachten kann. Das bedeutet, daß der Steuermann auf Vorm-Wind- und Raumschots-Kurs in Lee sitzt, damit das Boot möglichst auf ebenem Kiel segelt. Auch auf Halbwind-Kursen sollte der Steuermann so lange es geht in Lee bleiben. Nur bei frischem Wind und beginnender Krängung wechselt er nach Luv und balanciert das Boot mit aus.

Rechte Seite: Eine Jollencrew beim Trimmen ihres Spinnakers. Geblendet vom Gegenlicht, ist es gar nicht so leicht, das Beste aus seinem Spinnaker herauszuholen.

7182

Das Trapez

Die übliche Trapezeinrichtung besteht aus je einem Stahldraht auf jeder Seite, der oben am Wanthänger des Mastes angeschäkelt ist. Ein am Pütting, über oder unter Deck befestigter Gummistropp hält das andere Ende der Drähte unter Spannung, so daß sie nicht frei ausschwingen können. Unten am Draht befindet sich ein Handgriff und ein Ring, in den der Trapezgurt eingehakt wird. Ein geübter Vorschoter bewegt sich blitzschnell vom Boot aus ins Trapez und wieder zurück, um so auf Böen oder Kursänderungen zu reagieren. Zu den Feinheiten der Trapezarbeit gehört es, sein Gewicht aus Trimmgründen auf der Scheuerleiste weiter nach vorn oder achtern zu verlagern oder auch mal in die tiefe Hocke zu gehen.
Tatsache ist, das Trapez verlangt schon etwas Können und viel Übung. Wer aber die Technik erst einmal richtig beherrscht, wird sich Segeln ohne Trapez kaum noch vorstellen können.

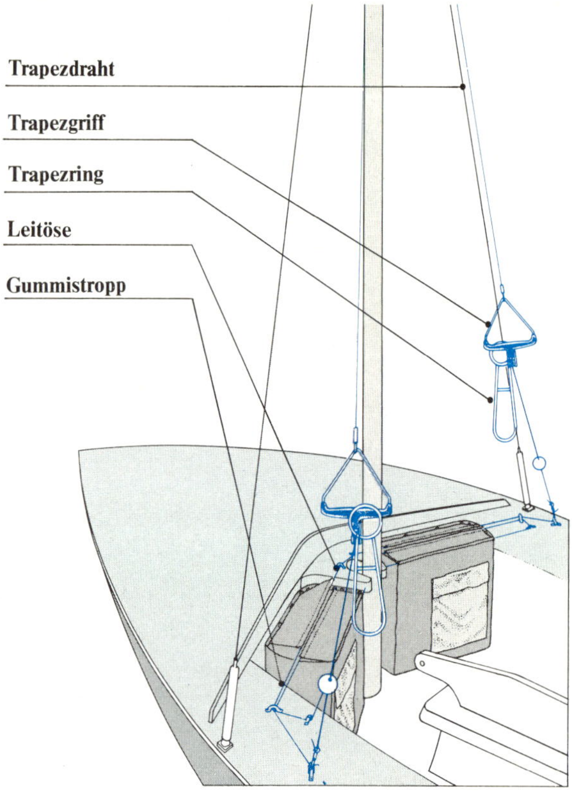

Rechts: Das Standard-Trapezsystem, wie es auf den meisten Rennjollen üblich ist. Unten: Das verfeinerte Endlos-System. Es ermöglicht dem Vorschoter, von einer Seite auf die andere zu wechseln, ohne sich ab- und wieder einhaken zu müssen.

Segeln im Trapez

Am besten beginnt man Trapezsegeln bei mittleren Windstärken mit einem trapez-erfahrenen Rudergänger, der in der Lage ist, Fehler auszugleichen. Der Vorschoter soll sich ständig bereithalten, rasch und kontrolliert ins Trapez zu gehen, wenn das Boot krängt. Der Anfänger muß zunächst das Aus- und Einsteigen und den Seitenwechsel gründlich üben. Wichtig vor allem ist die gute Verständigung zwischen Rudergänger und Vorschoter. Er muß über alle geplanten Kursänderungen verständigt werden.

So sieht ein korrekt sitzendes Trapezgeschirr aus. Das breite Rückenteil stützt den Körper und verteilt die Zugkräfte des Drahtes. Vorne, etwa in Nabelhöhe, sitzt eine Metallplatte mit dem Trapezhaken. Die Gurte sind verstellbar. (Es gibt die verschiedensten Ausführungen von Trapezgeschirren.)

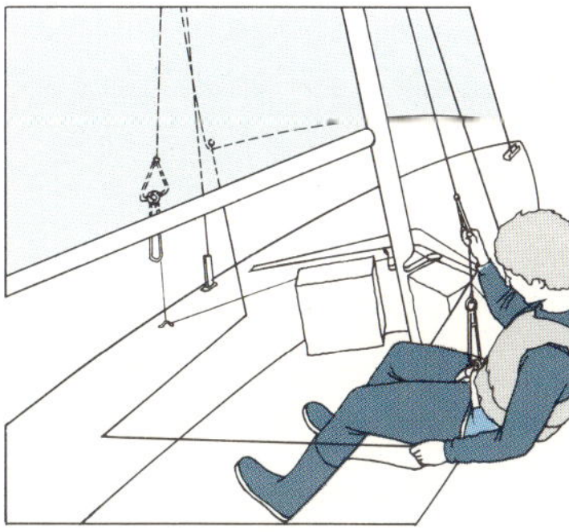

1 *Die Fock ist dichtgeholt. Der Vorschoter faßt mit seiner vorderen Hand den Trapezring und hakt ihn ein. Dann greift er mit derselben Hand den Trapezhandgriff und zieht sich hoch.*

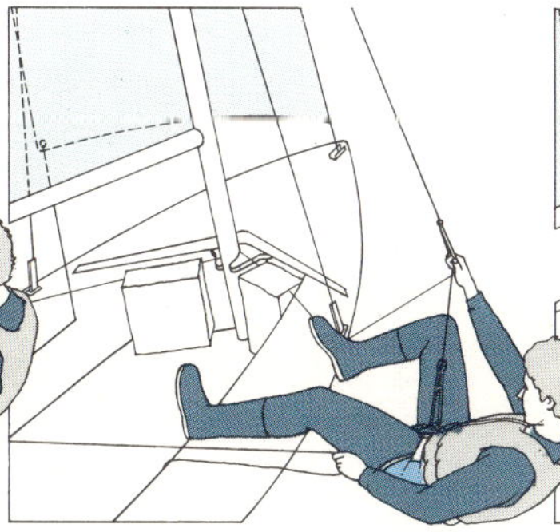

2 *Das Körpergewicht wird so weit nach hinten verlagert, bis man voll im Gurt hängt. Gleichzeitig wird das vordere Bein angewinkelt, auf den Bootsrand gesetzt und am Pütting abgestützt.*

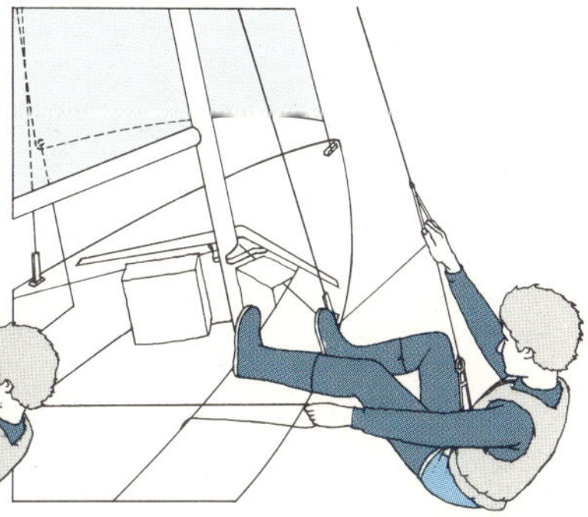

3 *Das vordere Bein wird gestreckt und dabei gleichzeitig dem seitlichen Zug des Trapezdrahtes entgegengewirkt. Dann wird das hintere Bein nachgezogen und ebenfalls auf den Bootsrand gesetzt.*

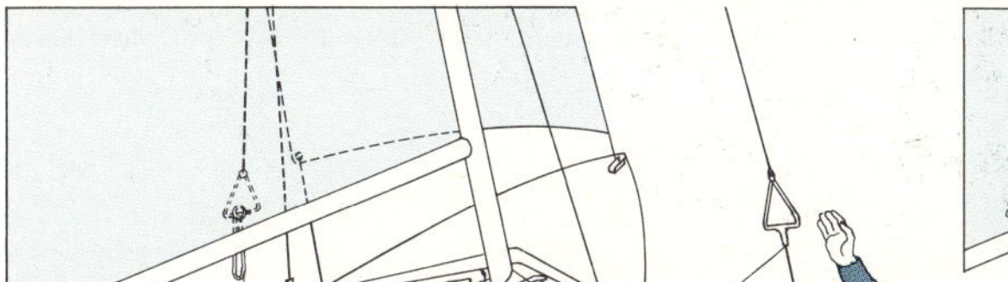

4 *Jetzt wird der Trapezgriff losgelassen, und die frei werdende Hand kann gegebenenfalls die Fockschot übernehmen.*

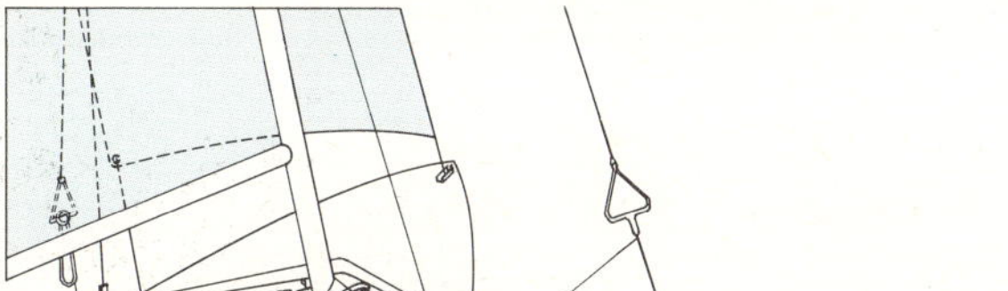

5 *Der Körper wird waagerecht gestreckt. Ideal ist die Trapezhaltung, wenn er einen Winkel von etwa 85° mit dem Mast bildet.*

Zurück ins Boot

Man wird schnell feststellen, daß es viel leichter ist, aus dem Trapez auszusteigen als einzusteigen. Ohne zu üben geht es aber auch nicht, denn man muß jederzeit schnell ins Boot zurückkommen können, wenn der Wind nachläßt oder sich der Kurs ändert. Hat der Trapezmann sich zunächst einmal mit der hier gezeigten Technik hinlänglich vertraut gemacht, kann er mit einer anderen Methode noch schneller ins Boot zurückkommen: Aus der gestreckten Trapezhaltung geht er in die tiefe Hocke, winkelt also die Beine stark an und hockt nun mit strammen Trapezdraht auf der Scheuerleiste. Dann zieht er die Füße hoch, wobei er sich gleichzeitig mit einer oder beiden Händen an der Scheuerleiste abstützen muß, und schwingt am Draht ins Boots zurück. – Hat das Trapez kein Endlossystem, muß der Gurt vorm Wechsel auf die andere Seite jeweils ausgehakt werden.

1 *Mit der Hand den Trapezgriff fassen, das hintere Bein vom Bootsrand lösen und den Körper in einer Art Kreisbogen nach hinten schwingen lassen.*

2 *Das vordere Bein wird so stark angewinkelt, daß man sich aufs Seitendeck setzen kann. Nun auch das vordere Bein ins Cockpit ziehen und gegebenenfalls den Trapezgurt aushaken.*

Um den Trapezring auszuhaken, faßt man ihn mit der Hand und drückt ihn kräftig nach unten.

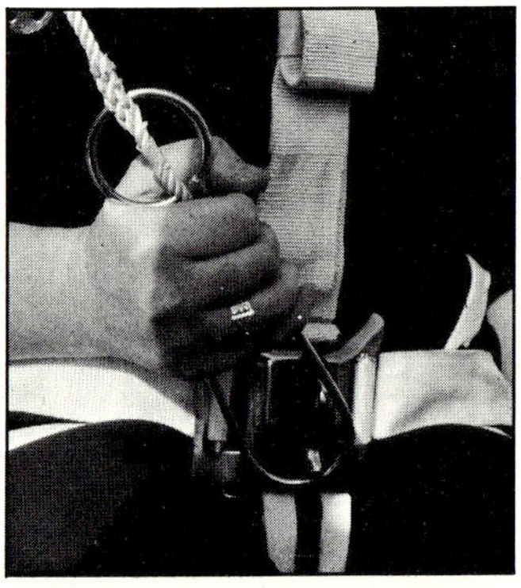

Trapeztechniken

Gewöhnlich neigt man dazu, sich im Trapez nach hinten zu lehnen, jedoch muß man immer bereit sein, sich mit dem vorderen Bein abzustützen, wenn das Boot plötzlich Fahrt verliert. Außerdem muß man seine Position ständig der Krängung anpassen, damit das Boot möglichst aufrecht segelt. Läßt der Wind nach oder fällt das Boot ab, kann man weiter ins Boot kommen, indem man die Knie beugt. Hakt man sich in das obere Auge des Trapezgurtes, hängt man etwas steiler im Gurt. Um das Boot vor- oder achterlicher zu trimmen, muß der im Trapez hängende Vorschoter seine Position auf dem Bootsrand nach vorn oder achtern verändern. Wenn das Boot gleitet, ist es wichtig, daß er ziemlich weit achtern steht (Bild unten). Bei alledem darf der Vorsegeltrimm nicht vernachlässigt werden.

Der Trapezmann steht verhältnismäßig aufrecht und weit hinten, während das Boot gleitet. So wird er nicht ständig durch die Wellen geschleift.

Das Geschick des Trapezmannes ist es, als menschlicher Hebelarm, die größte aufrichtende Kraft zu erzeugen. Gleichzeitig soll er so selten wie möglich auf die Wellen klatschen, denn das bremst jedesmal. Außerdem ist es günstig, wenn Trapez- und Steuermann sich „in Deckung" befinden (unten), um so wenig Luftwiderstand wie möglich zu verursachen. Auch sollten sie möglichst eng zusammenrücken, damit zwischen ihren Körpern keine großen Turbulenzen entstehen. Ein kleiner Nebeneffekt: Der Trapezmann hält auf diese Weise dem Steuermann das Spritzwasser ab.

Schwerwettersegeln

Es gibt keine allgemein gültigen Richtlinien, wann eine Wetterlage als Schwerwetter zu bezeichnen ist. Denn was für den einen Typ von Boot oder eine gut trainierte Besatzung noch als annehmbare Segelbedingung gilt, mag für andere Boote oder deren Besatzung schon eine Grenzsituation sein. Allgemein kann man Wind über 16 Knoten (Windstärke 5) als rauhes Wetter bezeichnen. Viel hängt dabei von dem Revier und den Stromverhältnissen ab. Steht beispielsweise Wind gegen Strom, kann die Segelei in den sehr steilen Wellen äußerst unangenehm werden. Wind von 15 Knoten und starke, steile See erschweren das Segeln erheblich mehr als Wind von 20 Knoten und eine lange See. Regatten werden häufig bei Starkwind aus Sicherheitsgründen abgesagt, und einzelne Segler werden vor dem Auslaufen gewarnt. Trotzdem ist es wichtig, daß man Erfahrung im Segeln bei Schwerwetter sammelt, denn es kann einen genausogut draußen erwischen. Um Schlechtwetterpraxis zu bekommen, sollte man sich einen erfahrenen Segler an Bord nehmen.

Je schwerer das Wetter ist, um so schwerer wird das Boot, aber auch seine Besatzung zu arbeiten haben. Wichtig ist, daß man Rigg, laufendes und stehendes Gut ständig kontrolliert und darauf achtet, daß alles in Ordnung ist. Bestehen irgendwelche Zweifel, bleibt man im Hafen. Überhaupt soll man, bevor man nach draußen geht, das Boot gründlich durchchecken. Sofern möglich, sollten die Segel gerefft sein oder zumindest so flach wie möglich getrimmt werden. Diese Maßnahme gilt für Am-Wind-Kurse. Ist man bei schwerem Wetter unterwegs, wird man feststellen, daß sich das Boot völlig anders als bei wenig Wind verhält. Die einzelnen Manöver erfolgen viel heftiger und laufen schneller ab, das Boot wird viel stärker krängen, und das Segeln mit raumem Wind ist nicht mehr erholsam, denn das Boot wird ins Gleiten kommen, und die Gefahr, daß es dabei aus dem Ruder läuft und querschlägt, ist nicht auszuschließen.

Segeln am Wind

Das Segeln hart oder hoch am Wind ist bei schlechtem Wetter der sicherste Kurs. Denn man ist in der Lage, bei Einfall einer zu starken Bö die Schoten aufzufieren oder anzuluven. Die Art, wie man am Wind bei viel Wind und starkem Seegang segelt, hängt zum Teil vom Bootstyp ab, ob es sich um eine behäbigere Familienjolle oder ein hochgezüchtetes Rennboot handelt. In jedem Fall wird die Besatzung ihr Körpergewicht zum Ausreiten voll einsetzen müssen.

Da Rennboote auch auf Am-Wind-Kursen ins Gleiten kommen, sollte man sich das zunutze machen. Dazu fällt man etwas ab, bis das Boot ins Gleiten kommt, und luvt dann wieder so hoch wie möglich an, ohne daß das Boot in Verdrängungsfahrt zurückfällt. Die Fock kann dabei etwas geschrickt werden, während der Steuermann durch Spielen mit der Großschot das Boot auf ebenem Kiel hält. Auch durch leichtes Aufholen des Schwertes kann man die Krängung reduzieren. Die ganze Aufmerksamkeit des Steuermanns gilt der Pinnenführung und muß sich darauf konzentrieren, die Wellen richtig anzuschneiden. Wird das Boot langsamer, verringert sich die Vortriebskraft des Windes, und die krängende Querkraft nimmt zu. Um wieder in Fahrt zu kommen, muß die Besatzung ihr Gewicht weiter nach vorne verlagern. Sobald eine Welle den Bug erreicht, luvt man etwas an, bis man auf dem Wellenkamm sitzt, und fällt dann auf der Rückseite der Welle wieder leicht ab. Bei großen Wellen ist die Windkraft auf dem Wellenkamm am stärksten, und die Besatzung muß daher dort besonders gut und aufmerksam ausreiten. Diese Art, durch den Seegang zu segeln, wird auch mit den schweren Familienjollen angewendet.

Eine stabile Jolle, die auch bei stärkerem Wind auf Am-Wind-Kurs nicht ins Gleiten kommt, muß etwas anders als eine Rennjolle gesegelt werden. Denn sie reagiert schwerfälliger, läuft nicht so schnell und krängt auch nicht so leicht. Man kann sie sehr gut hoch am Wind segeln, wenn man folgendes beachtet: Fällt eine Bö ein, luvt der Steuermann etwas an und fiert die Großschot so weit auf, daß sich das Boot aufrichtet. Ist die Bö vorbei, fällt er wieder auf den bisherigen Kurs ab und nimmt auch die Schot wieder dichter. Das Boot darf dabei nicht die Fahrt verlieren, weil es sonst auch seine Stabilität verlieren würde. Die Fock bleibt dichtgeholt, es sei denn, die Bö ist sehr stark.

Segeln mit halbem Wind

Das Segeln auf Halbwind-Kurs, das bei leichtem Wind am unproblematischsten ist, wird bei stürmischem Wetter zu harter Arbeit, weil ein leichtes Boot auf diesem Kurs fast ständig gleiten wird und schwierig zu steuern ist. Genau wie am Wind muß man fortgesetzt auf einfallende Böen achten, um entsprechend drauf zu reagieren und eine Kenterung zu vermeiden. Mit den Schoten muß ständig gespielt werden, auf keinen Fall dürfen sie belegt sein. Fällt eine Bö ein, fällt der Steuermann leicht ab und fiert die Schot etwas auf. Beschleunigt das Boot in der Bö, müssen die Schoten wieder etwas dichter genommen werden, da ja der scheinbare Wind durch die erhöhte Fahrt vorlicher einfällt. Auf keinen Fall darf in einer Bö angeluvt werden. Steuermann und Vorschoter sitzen eng zusammen weit achtern, damit der Bug sich hebt und entlastet ist. Je härter die Bö ist, desto weiter muß der Steuermann abfallen und die Besatzung achterlicher sitzen. Das Schwert sollte nicht mehr als zur Hälfte gefiert sein, damit das Boot bei einer langen Welle nach Lee wegrutschen kann. Ist die Bö vorbei, muß der Steuermann wieder etwas anluven, um wieder mehr Fahrt zu machen.

Segelt man parallel zur Wellenrichtung, gibt es wenig Probleme. Auf keinen Fall sollte man rechtwinklig ins Wellental hinunterfahren, da dann der Bug nur allzu leicht unterschneidet. Bei der Talfahrt wird etwas abgefallen, die Besatzung verlagert das Gewicht etwas nach vorn, und sobald das Boot beschleunigt, wird angeluvt und das Gewicht wieder achterlich verlagert, damit das Boot möglichst lange auf der Welle reitet. Nur muß man darauf achten, daß das Boot sich dabei nicht zu weit von seinem Ziel entfernt.

Unten: Segeln bei steifem Wind kann eine aufregende Sache sein, man muß nur genau wissen, wie ein Boot in einer hohen Welle mit hoher Geschwindigkeit zu handhaben ist. Gleitet es, muß es aufrecht gehalten werden und die Besatzung ihr Gewicht nach hinten verlagern, damit der Bug nicht unterschneidet.

Eine hochgezüchtete Rennjolle, wie der 470er, gleitet bereits auf einem Kurs voll und bei.

470
K 332
470
K 342
K 312

Vor dem Wind

Der Vorm-Wind-Kurs ist der schwierigste. Böen können nur mit Lee-Ruder pariert werden. Platt vor dem Wind verwindet das Großsegel stark. Das führt zu heftigen Rollbewegungen des Bootes. Um dagegen anzugehen, muß der Baumniederholer so dicht wie möglich durchgesetzt und die Großschot etwas angeholt und das Schwert etwa halb gefiert werden. (Vorsicht beim Halsen.) Die Besatzung sitzt auf beiden Seiten. Ferner kann man die Fock auf die andere Seite nehmen (Schmetterling), was auch die Bewegungen des Bootes etwas stabilisiert. Beim Einmannboot hilft man sich, indem man die Großschot so weit anholt, bis die Windfäden entgegengesetzt stehen, was anzeigt, daß sich die Luftströmung am Segel umgekehrt hat. Dadurch krängt das Boot nach Lee und ist besser zu beherrschen. Bei achterlichem Wind kommen die Wellen von achtern und schieben das Boot vor sich her, das dann ins Gleiten kommt. Dabei kann geschehen, daß das Boot schneller als die Welle wird und sich mit dem Bug in die davor laufende See bohrt. Die Folge ist ein abruptes Abstoppen, während gleichzeitig der Druck aufs Rigg schlagartig zunimmt. Dadurch verliert das Boot seine Stabilität. Es kann querschlagen oder kentern. Dem kann man vorbeugen, indem man einen Raumschots-Kurs segelt, dabei die Wellen schräg abläuft und auch noch mehr Fahrt macht, da der scheinbare Wind vorlicher einfällt.
Wem ein Vorm-Wind-Kurs zu riskant erscheint, weil immer die Gefahr einer Patenthalse – eines unbeabsichtigten Übergehens des Baums – und des Querschlagens besteht, der sollte besser einen Raumschots-Kurs segeln und vor dem Wind kreuzen, um sein Ziel in Lee zu erreichen. Die längere Wegstrecke wird meistens durch die höhere Geschwindigkeit wieder wettgemacht.

Wenden und Halsen

Wenden bei starkem Wind erfordert wesentlich mehr Konzentration als unter normalen Bedingungen, denn die Manöver laufen viel schneller und „temperamentvoller" ab. Man sollte Krängungen beim Wenden oder auch das „Geigen" beim Halsen vermeiden, da sonst Gefahr besteht zu kentern.
Wichtig beim Wenden ist, daß das Boot gute Fahrt macht, bevor man durch den Wind geht, denn nur allzu leicht kann es sonst passieren, daß es im Wind stehen bleibt oder auf den alten Bug zurückfällt. Außerdem sollte möglichst auf einem Wellenberg gewendet werden. Der Vorschoter wirft die Fockschot los, sobald das Boot anfängt zu drehen, und nimmt die Fock so schnell wie möglich wieder dicht, wenn sie auf die neue Seite übergeht. Auch der Platzwechsel von der alten auf die neue Luvseite muß bei Steuermann und Vorschoter schnell und entschlossen erfolgen, damit das Boot erst gar nicht unnötig krängt. Außerdem sollten die Schoten beider Segel erst ganz dicht genommen werden, wenn das Boot wieder Fahrt aufgenommen hat.
Das Halsen bei starkem Wind und bei grober See ist kein einfaches Manöver. Es muß sehr präzise und konzentriert gefahren werden. Der günstigste Augenblick ist der Zeitpunkt, wenn das Boot Höchstfahrt läuft. Entweder auf dem Hang einer Welle oder nachdem eine Bö durchgezogen ist. Denn dann ist der scheinbare Wind schwächer und der Druck auf die Segel am geringsten. Somit geht auch der Baum leichter auf die neue Seite über. Wichtig bei diesem Manöver ist, daß der Baum nicht unkontrolliert übergeht, sondern daß man vorm Schiften die Großschot dicht nimmt und sie dann zügig auffiert, sobald der Wind das Segel auf die neue Seite drückt.

Links: Schwerwettersegeln erfordert viel seglerisches Geschick und Erfahrung. Besonders auf einem Raumschots-Kurs, wie hier, wenn das Boot in der Welle zu geigen beginnt.

Rechts: In rauher See ist es besonders wichtig, vorm Wenden keine Fahrt zu verlieren, sonst stampft sich das Boot fest und geht nicht durch W...

Regattasegeln

Beherrscht man die Grundregeln des Segelns einwandfrei und beherrscht man das schnelle Segeln mit allen seinen Schikanen, kann man den Versuch machen, zu regattieren. Wettsegeln auf gut organisierten Regatten ist nicht nur ein aufregendes Erlebnis, es kann auch schnell zum Lebensinhalt werden. Vor allem ist es die beste Gelegenheit, sein seglerisches Können ständig zu verbessern.

Um in der Bundesrepublik Regatten segeln zu können, muß man den Segelschein A oder – auf Küstenrevieren – A1 des Deutschen Segler-Verbandes (DSV) besitzen. Die Regatten werden normalerweise von Clubs ausgerichtet, auf lokaler Basis, als Klassenmeisterschaften, im nationalen und internationalen Rahmen. Daran teilnehmen kann nur, wer Mitglied eines vom DSV anerkannten Club ist. Manche Clubs forcieren bestimmte Bootsklassen, so daß man nur dann eine Chance hat, aufgenommen zu werden, wenn man mit einem entsprechenden Boot kommt. Eventuell kann das bei der Anschaffung eines neuen Bootes zu einem entscheidenden Kriterium werden.

Regatten auf Club- oder nationaler Basis werden gewöhnlich als Klassenregatten, seltener als freie Regatten nach dem sogenannten Yardstick-Wertungssystem ausgeschrieben. Die Regattabahn wird von der Wettfahrtleitung festgelegt. Information darüber und auch über alle anderen wesentlichen Bestimmungen und Regeln sind in den Wettsegelbestimmungen und den ergänzenden Segelanweisungen niedergelegt. Die verschiedenen Regattakurse sind auf Seite 132/133 dargestellt.

Wichtig für jeden Regattasegler ist, daß er sich und sein Boot sorgfältig vorbereitet. Das ist eine unerläßliche Voraussetzung für den Sieg. Konditionstraining, Ausgleichssport, unermüdliches Segeltraining bei jeder Gelegenheit, bei jedem Wind und Wetter, tragen zum Erfolg bei. Auch die Kenntnis der Regattaregeln, die den Anfänger manchmal in ihrer verwirrenden Vielzahl zum Verzweifeln bringen, ist eine wichtige Voraussetzung. Sie alle wirklich zu beherrschen und alle Tricks zu kennen, setzt ein gründliches Studium und lange Praxis voraus. Doch die wichtigsten Grundregeln muß jeder kennen (s. Seite 139 bis 140), der sich mit dem Gedanken trägt, an Regatten teilnehmen zu wollen.

Es ist entschieden falscher Ehrgeiz, gleich als Steuermann segeln zu wollen. Glücklich kann sich schätzen, wer zunächst von einem erfahrenen Steuermann als Vorschoter mitgenommen wird. Und wenn man dann selbst als verantwortlicher Steuermann seine erste Regatta segelt, immer und überall die Augen offen halten. Was machen die anderen anders? Weshalb segeln sie schneller? Was habe ich falsch gemacht? Eine Regatta ist die beste Gelegenheit, von Spitzenseglern zu lernen. Als seine vornehmlichen Gegner aber sollte man sich auf diejenigen Segler konzentrieren, die in etwa das gleiche Leistungsniveau haben wie man selbst.

Ein Pulk von Optimisten rundet gekonnt eine Leemarke.

Rechts: 505er, die Probleme beim Schiften ihrer Spinnaker an der Raumschots-Marke haben.

Regattabahnen

Es gibt sehr unterschiedliche Regatten, angefangen von der kleinen Clubregatta, an der vielleicht zehn Boote beteiligt sind, bis zur internationalen Großveranstaltung, zu der Hunderte von Teilnehmern gemeldet sind. Auch die Regattakurse und Distanzen weichen voneinander ab. Sie werden von der Regattaleitung festgelegt und nach Zeit abgesegelt. Manche Regatten bestehen aus mehreren Wettfahrten, deren Gesamtergebnis den Sieger bestimmt. Die übliche Form des Kurses ist ein Dreieckskurs, bei der rechts oder links herum drei Markierunsbojen gerundet werden müssen. Es ist aber auch möglich, daß Clubs, deren Gewässer einen solchen Kurs nicht zulassen, andere Strecken festlegen. In der Regel soll der erste Kurs von der Startlinie zu einer genau in Luv liegenden Tonne führen, was für die Regattaleitung bedeutet, die Startboje bei wechselnden Winden bis zum Start laufend zu versetzen. Das Starten selber wird auf Seite 136/137 behandelt.

Lark-Jollen beim Runden einer Luvmarke in einer Meisterschaftsregatta bei schwachem Wind.

Startlinie mit Deckpeilung
Wenn sich die Dreiecke an Land in Deckung (Linie) befinden, liegt das Boot auf der Startlinie zwischen den beiden Bojen.

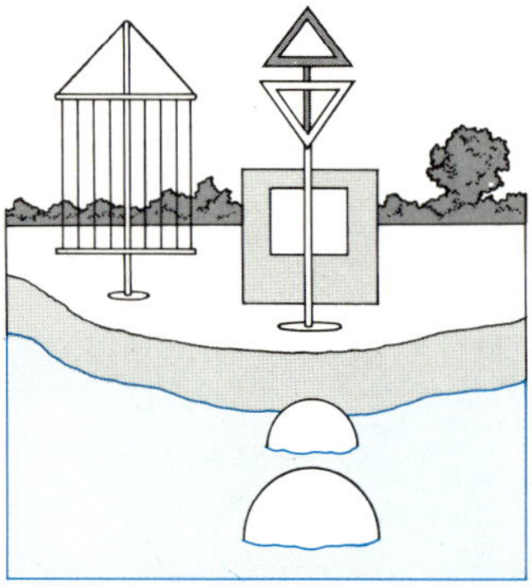

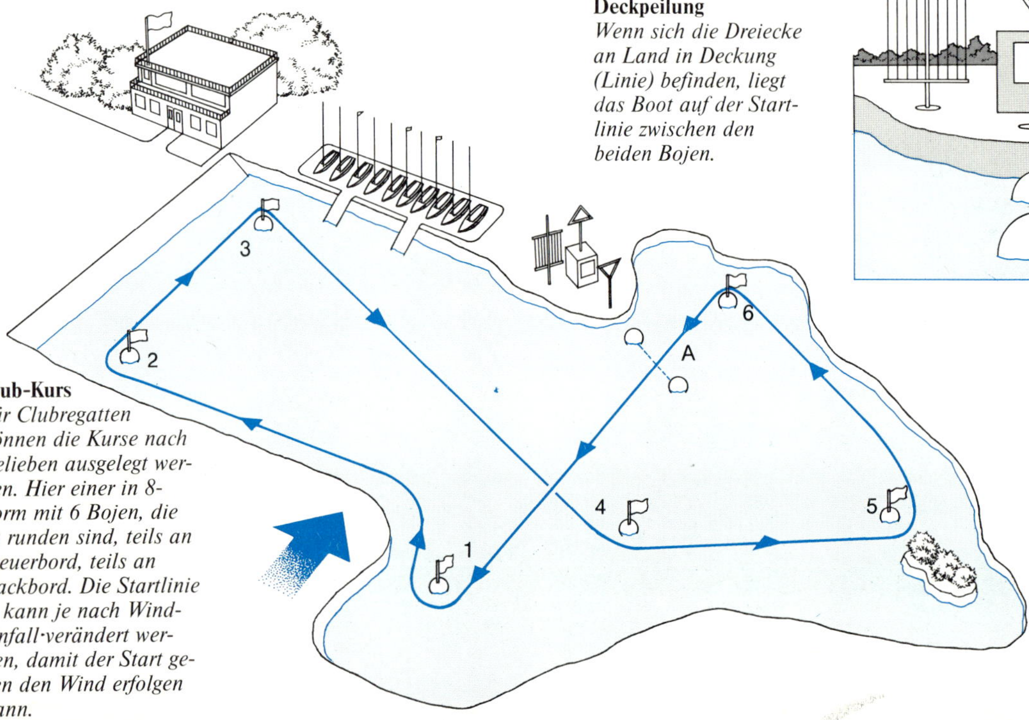

Club-Kurs
Für Clubregatten können die Kurse nach Belieben ausgelegt werden. Hier einer in 8-Form mit 6 Bojen, die zu runden sind, teils an Steuerbord, teils an Backbord. Die Startlinie A kann je nach Windeinfall·verändert werden, damit der Start gegen den Wind erfolgen kann.

Der einfache Dreieckskurs

Meistens wird in Clubregatten ein einfacher Dreieckskurs gesegelt, ein olympischer Kurs (wie unten), aber ohne die dritte Runde. Die Bahn besteht aus einem gleichschenkligen Dreieck, markiert durch drei Tonnen. Die Startlinie ist so ausgelegt, daß sich die erste Tonne genau in Luv befindet. Üblicherweise besteht die erste Runde aus einem Kreuz- und zwei Raumschots-Kursen. Die zweite Runde hat einen Kreuz- und einen Vorm-Wind-Kurs und der letzte Schlag ist ein Kreuzkurs ins Ziel. Dabei werden die Tonnen jeweils an Backbord gelassen. Start ist an der Leetonne, Ziel die Luvtonne.

Der olympische Kurs

Bei nationalen oder internationalen Regatten segelt man den sogenannten olympischen Kurs. Bei ihm geht es nach der dritten Runde noch nicht ins Ziel, sondern es ist noch einmal das Dreieck abzusegeln, um sicherzustellen, daß fast die Hälfte der Regattastrecke kreuzend zurückgelegt werden muß. Internationale Regatten werden in der Regel auf offener See ausgetragen, um gleichmäßigere Windverhältnisse anzutreffen.

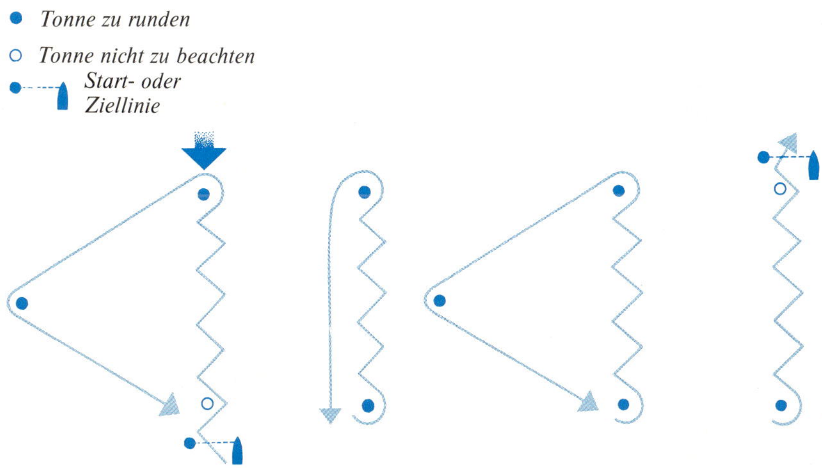

Die erste Runde hat einen Kreuz- und zwei Raumschots-Kurse.

Die zweite Runde hat einen Kreuz- und einen Vorm-Wind-Kurs.

Die dritte Runde hat einen Kreuz- und zwei Raumschots-Kurse.

Der letzte Schlag ist ein Kreuzkurs ins Ziel.

Alternativ-Kurs

Der olympische Dreieckskurs hat den Nachteil, daß auf ihm kein Halbwind-Kurs gesegelt wird. Der Alternativkurs, wie er hier dargestellt ist, gibt dem Segler Gelegenheit, sein Können auf mehr Kursen zum Wind unter Beweis zu stellen. (Zur Zeit in England in der Diskussion.)

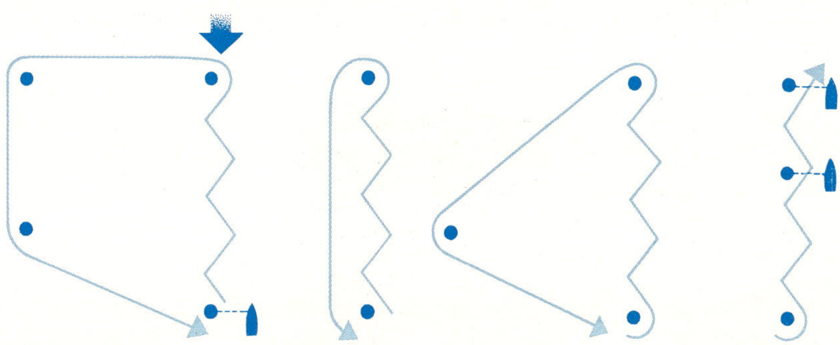

Die erste Runde hat einen Kreuz-, einen Halb-Wind-, einen Vorm-Wind- und einen Raumschots-Kurs.

Die zweite Runde hat einen Kreuz- und einen Vorm-Wind-Kurs.

Die dritte Runde hat einen Kreuz- und zwei Raumschots-Kurse.

Die Zielkreuz schließlich kann bei Bedarf verkürzt werden.

Verschiedene Arten des Wettsegelns

Das Segeln Boot gegen Boot innerhalb einer Klasse ist aufregend, aber es gibt auch Regatten anderer Art, die nicht weniger faszinierend sind. Beispielsweise Regatten, bei denen es nicht um den Einzelsieg geht, sondern um das Gewinnen im Team. Das setzt andere Regeln, andere Formen der Taktik voraus, wobei es dann auch weniger um die Schnelligkeit, sondern um die Taktik geht. Viele Clubs starten ihre Regatten auch nach dem Handikap-System, bei dem Boote unterschiedlicher Klassen gegeneinander segeln. Eine sehr seltene Art des Regattierens ist das Segeln Boot gegen Boot wie beim America's Cup.

Das Teamsegeln wird zwischen zwei Teams von drei bis vier Booten derselben Klasse gesegelt. Diese Regatta besteht gewöhnlich aus zwei Wettfahrten, zwischen denen die Boote getauscht werden. Ziel der Wettfahrt ist es, als Gruppe zu siegen. Demzufolge entscheidet weniger die Schnelligkeit des einzelnen Bootes, sondern die Taktik und das Zusammenspiel des Teams. Genaue Kenntnis der Regattaregeln ist genauso wichtig, wie das Vermögen, Kurse und Positionen des Teams zueinander und in Bezug auf den Gegner zu erkennen und entsprechend zu agieren.

Einheitsklassen sind ein guter Test für die Fähigkeiten des Steuermanns, denn die Boote sind nahezu oder völlig gleichwertig.

Liegt man beispielsweise auf dem zweiten Platz und die Teamboote auf Platz 4 und 5, muß man versuchen, die Fahrt des Bootes auf Platz 3 soweit zu verlangsamen, daß die eigenen Boote an ihm vorbeikommen. Damit liegt jetzt das Team auf Platz 2, 3, 4 und hat eine gute Chance, das Rennen zu gewinnen. Teamsegeln vertieft nicht nur die Kenntnis der Wettsegelbestimmungen, sondern trainiert auch den praktischen Umgang mit dem Boot. (Bei uns kaum praktiziert.)

Handikap- oder Yardstick-Regatten werden häufig von Clubs veranstaltet, die viele unterschiedliche Boote haben, die zu internen Regatten zusammenkommen. Der Ausgleich der verschieden schnellen und großen Boote untereinander erfolgt durch eine Zeitvergütung, die sogenannte Yardstickzahl. Sie beruht auf den Durchschnittswerten vieler Regatta-Ergebnisse des betreffenden Bootstyps. Eine absolute Chancengleichheit gibt es dabei nicht. Zu viele veränderliche Größen, wie beispielsweise unterschiedliche Segeleigenschaften des einzelnen Bootstyps bei ungleichen Windverhältnissen, können nicht berücksichtigt werden.

Matchracing, das Wettsegeln zwischen zwei Booten gleicher Klasse, ist eigentlich die klassische Form des Rennens. In der Regel müssen dabei immer zwei Boote gegeneinander segeln. Dann segeln die jeweiligen Gewinner gegeneinander und so weiter, bis nur noch zwei Boote übrig bleiben, die um den endgültigen Sieg kämpfen müssen. Diese Match-Rennen beginnen genaugenommen bereits 5 bis 10 Minuten vor dem wirklichen Start, da während dieser Zeit die Boote bereits um die beste Startposition rangeln. Das Boot, das als erstes über die Startlinie geht, hat damit die beste Chance, das Rennen zu gewinnen, da es aus seiner Position heraus das andere Boot kontrollieren kann. Allerdings ist der Vorsprung nur so gering, daß der gerinste Fehler den Sieg kosten kann.

In Regatten nach dem Yardstick-System sollte man möglichst vermeiden, sich in Kämpfe mit anderen Booten einzulassen, denn man segelt mehr gegen die Zeit als gegen Konkurrenten.

Regattavorbereitungen

Bevor man sein Boot vor einer Regatta zu Wasser bringt, ist zu checken, ob man alles Erforderliche an Bord hat, denn es ist ausgesprochen ärgerlich, wenn man auf dem Weg zum Start plötzlich feststellt, daß man irgend etwas Wichtiges vergessen hat und es nicht mehr holen kann.

Die Zeit, die man für die Vorbereitungen benötigt, hängt vom Bootstyp ab. Ein Flying Dutchman beispielsweise ist umständlicher aufzuriggen und zu trimmen, als ein Laser, der nur wenige Minuten beansprucht, um segelklar zu sein. Wichtig ist, daß der Rumpf sauber und glatt ist. Man überprüft das laufende und stehende Gut und tauscht beschädigtes Material aus. Dabei sollte man nicht knausern. Beim Riggen und Trimmen sollte man die Wind- und Wetterbedingungen der Wettfahrt berücksichtigen. Ausrüstung, die nicht den Klassen- oder Wettfahrtsbestimmungen entspricht, muß von Bord genommen werden. Andererseits muß alle vorgeschriebene Ausrüstung an Bord sein. Auch die Bekleidung sollte dem Wetter entsprechen, damit die Besatzung keine Konditionseinbußen erleidet. Sie darf weder die Bewegungsfreiheit einschränken, noch übermäßig Windwiderstand bieten. Geht man in ein längeres Rennen, sollte man an Essen und Trinken denken oder seinen Bedarf durch eine ausreichende Mahlzeit vorher gedeckt haben. Ein rechtzeitiger Gang zur Toilette erspart einem eventuelle Probleme und Nöte. Wichtig ist auch, daß man die Segelanweisungen und den Regattakurs vorher sorgfältig studiert und sich einprägt, so daß man Unklarheiten vor dem Start ausräumen kann. Die Segelanweisungen sollten an Bord mitgeführt werden. Viele Seglerkombinationen haben dafür Klarsichttaschen, die sie trocken und lesbar halten. Manchmal geben die Veranstalter Kontrollnummern an jeden Teilnehmer aus, die nach dem Rennen zurückgegeben werden müssen, damit die Regattaleitung weiß, daß alle Boote wieder zurückgekommen sind. Boote können disqualifiziert werden, die diese Anweisung nicht befolgen.

Das Punktsystem

Gewertet werden Regatten nach einem Punktsystem. Bei uns meistens nach dem des Deutschen Segler-Verbandes (DSV) oder sonst nach dem olympischen. Nach beiden Systemen gibt es für den ersten Platz in einer Wettfahrt 0 Punkte. Vom 2. Platz an differieren die Bewertungen. DSV-System: 1,6; 2,9; 4; 5; 6; 7; 8; usw. Olympisches System: 3; 5,7; 8; 10; 11,7; (7+6) 13; (8+6) 14 usw. Die schlechteste Wettfahrt kann meistens gestrichen werden. Für Aufgabe und Disquialifikation wegen eines Regelverstoßes gibt es ebenfalls Punkte. Auch bei diesen „Strafpunkten" weichen beide Systeme voneinander ab. Doch nach jedem Svstem ist Gesamtsieger, wer am Schluß die niedrigste Punktzahl hat.

Startlinien

Die einfachste Startlinie bildet eine Deckpeilung zum Ufer. Denn wenn man die Wettfahrt auf dem freien Wasser starten will, braucht man ein Startboot. Bei fast allen Startmethoden geht man von einer festgelegten Startlinie aus, abgesehen vom sogenannten Torstart, der bei großen Jollenfeldern angewandt werden kann. Die Länge der Startlinie, sollte mindestens das $1\frac{1}{4}$fache der Gesamtlänge aller am Rennen beteiligten Boote betragen.

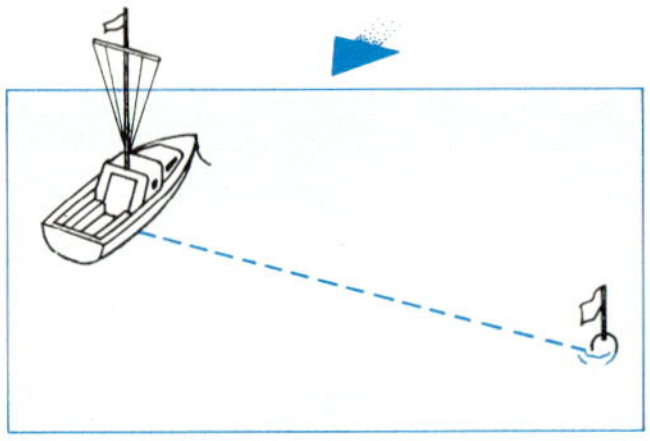

Einfache Startlinie mit Startboot
Beim Start im freien Wasser ist es mit Hilfe des Startbootes einfacher, die Startlinie genau rechtwinklig zum Wind zu legen. Die Startlinie wird gewöhnlich durch den Mast des Startbootes und eine Begrenzungsboje gebildet.

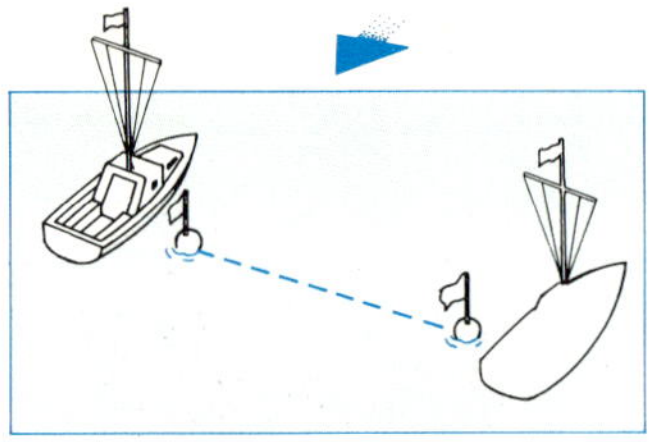

Startlinie zwischen zwei Bojen
Der Vorteil bei dieser Anordnung ist, daß das Startschiff nicht fest verankert zu sein braucht – zweckmäßig bei rauhem Wetter – und bei Winddrehungen die Bojen schnell verlegen kann. Das Startschiff kann sich rechts oders links neben den Begrenzungsbojen aufhalten.

Start eines Feldes von Fireball-Jollen mit Startboot und Backbord-Begrenzungstonne.

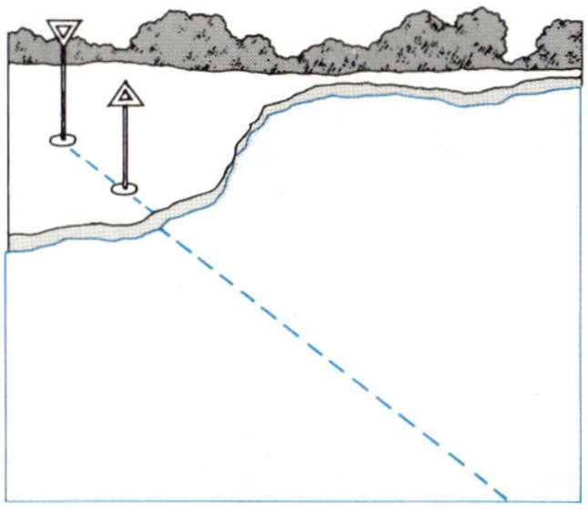

Startlinie mit Deckpeilung ohne Begrenzungsboje
Die einfachste Form einer Startlinie ist die mit einer festen Peilung an Land ohne Begrenzungsboje. Auch wenn man die Deckpeilung bei wechselnder Windrichtung verändern kann, sind die Korrekturmöglichkeiten sehr beschränkt.

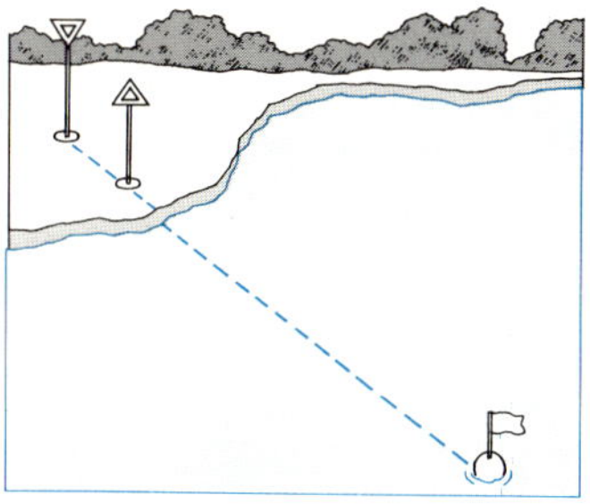

Deckpeilung mit Begrenzungsboje
Bei dieser Startlinie, gebildet durch Deckpeilung und Begrenzungsboje, sind die Segler gezwungen, innerhalb der Markierung zu starten. Die Boje braucht nicht in Verlängerung der Deckpeilung zu liegen, doch sollte sie es möglichst.

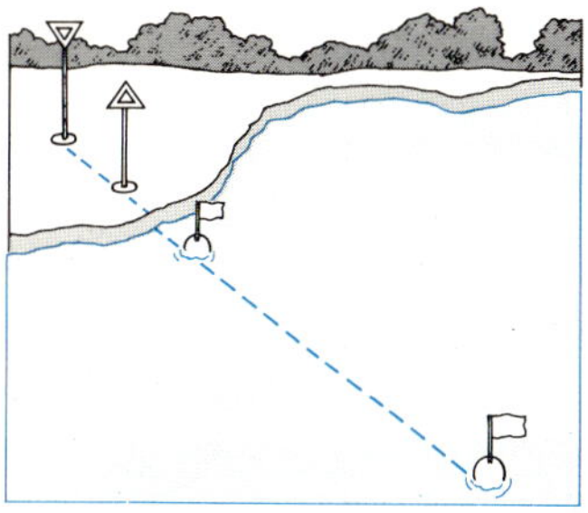

Deckpeilung mit innerer und äußerer Begrenzungsboje
Bei dieser Art der Startlinie müssen die Boote zwischen den Bojen starten. In der Regel liegen die beiden Begrenzungsbojen in Linie der Deckpeilung.

Der Torstart

Dieses Verfahren wird häufig bei großen Regattafeldern und Meisterschaften benutzt, um allen Teilnehmern ungefähr eine gleiche Startchance zu geben. Die Startlinie wird gebildet durch ein Pfadfinderboot, gewöhnlich ein Teilnehmer am Rennen, das, gefolgt von einem Torboot, am Wind vom Startschiff wegsegelt und so allmählich das Starttor öffnet. Zunächst wird die innere Boje in einem bestimmten Abstand vom Startschiff geworfen. Das Pfadfinderboot wird, um Behinderungen zu verhindern, auf seiner Leeseite von einem Wächterboot begleitet. Der zeitliche Ablauf stellt sich wie folgt dar: Ungefähr 10 Sekunden vor dem Startschuß wirft das Torboot die innere Boje, und sobald der Startschuß fällt, können die Teilnehmer durch dieses sich stetig vergrößernde Tor starten. Das Pfadfinderboot hat seinen Kurs so lange zu segeln, bis es entlassen wird und ins Rennen gehen kann. Gleichzeitig stoppt das Torboot oder wirft eine Boje, um die äußere Begrenzung der Startlinie zu markieren. Diese Art des Starts hat bei mäßigem und stetigem Wind manche Vorteile. Bei schwachen, umlaufenden Winden ist sie nachteilig.
Beim Torstart muß man darauf achten, daß man klar in Lee des Pfadfinders bleibt, damit man sich nicht plötzlich vor der Startlinie befindet und der Pfadfinder in Lee durchgeht. Eine Rückkehr aus dieser Position gibt es nicht mehr.
Beim Start ist das Heck des Torbootes hoch am Wind auf Backbord-Bug anzulaufen. Nicht raumschots, weil dann die Gefahr besteht, zwischen einem am Wind segelnden Boot und dem Torbootsheck eingekeilt zu werden.

Nach Setzen der inneren Begrenzungsboje folgt das Torboot dicht hinter dem Pfadfinder mit dem Wächterboot an seiner Leeseite. Die Boote, die das Kielwasser des Torbootes gekreuzt haben, sind gestartet, während die anderen Boote noch darauf warten.

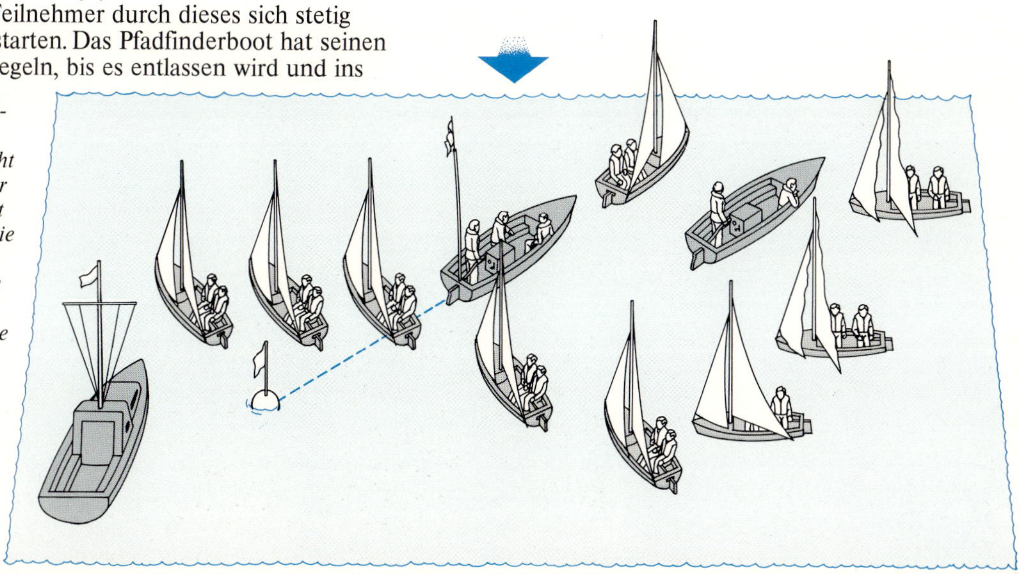

Flaggen und Signale

Vor Beginn von Regatten oder Wettfahrten gibt es Steuermannsbesprechungen, auf denen die Segelanweisungen, die während der Wettfahrt geltenden Regeln, Flaggen und Signale erklärt und alle sonstigen Informationen gegeben werden. In den internationalen Wettsegelbestimmungen gibt es auch Richtlinien für den Gebrauch von Signalflaggen und Standern des Internationalen Signalbuchs, mit denen man sich vertraut machen muß. Die Aufstellung rechts zeigt die gebräuchlichsten Flaggen und Stander, die entweder auf dem Startschiff oder dem Startmast an Land gesetzt werden. Neben diesen optischen Signalen werden auch akustische Signale (Böller u. ä.) abgegeben. Im Zweifelsfall gilt immer das optische Signal. Sinnvoll ist es, als Folie oder in einer wasserfesten Klarsichthülle ein Verzeichnis der Flaggensignale mitzuführen, ebenso eine Bahnkarte, um im Zweifelsfall schnell mal nachsehen zu können.

Golf: Torstart

Yankee: Schwimmwesten anlegen

Lima: In Rufnähe kommen

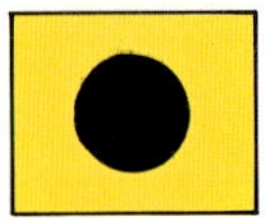
India: Ein-Minuten-Regel

Papa: Vorbereitungssignal

Hilfsstander 1: Allgemeines Rückrufsignal

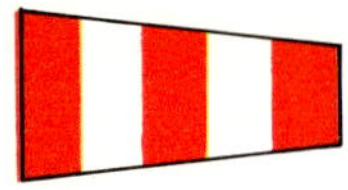
Antwortwimpel: Startverschiebung

Mit schwarzem Ball: Startverschiebung um 15 Minuten

Mit Zahlenwimpel 1: Verschiebung um 1 Stunde

Mit Zahlenwimpel 2: Verschiebung um 2 Stunden

Mit Flagge Alpha: Alle Wettfahrten sind auf ein späteres Datum verschoben

Nordpol: Abbruch der Wettfahrt

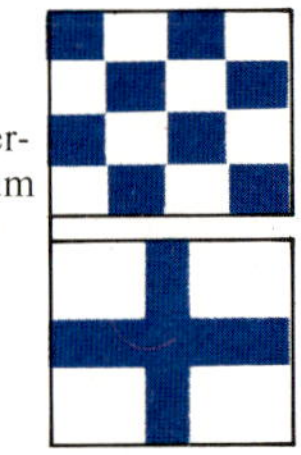
Nordpol über X-Ray: Abgebrochene Wettfahrt wird in Kürze wiederholt

Nordpol über Hilfsstander 1: Wettfahrt wird aufgehoben

Mike: Bahnmarke fehlt und wird durch den Träger dieser Flagge ersetzt

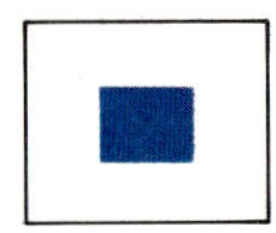
Sierra: Bahnverkürzungssignal

Ein Startschiff an der Startlinie: Das Vorbereitungssignal P zeigt an, daß es weniger als 5 Minuten bis zum Start sind.

Regattasegeln

Ein Anfänger muß die Wettsegelbestimmungen wenigstens so weit beherrschen, daß er weder Mitsegler behindert, noch sich einer Disqualifikation aussetzt. Wer hingegen häufiger regattiert, muß sich eingehend mit den Einzelheiten der Regeln beschäftigen. Sie sind international und werden von der International Yacht Racing Union (IYRU) herausgegeben und in Deutschland durch die Zusatzbestimmungen des Deutschen Segler-Verbandes ergänzt. Eine goldene Regel für den Anfänger: Im Zweifelsfall lieber Raum geben, anstatt in blindem Vertrauen auf sein vermeintliches Wegerecht drauflos zu segeln.

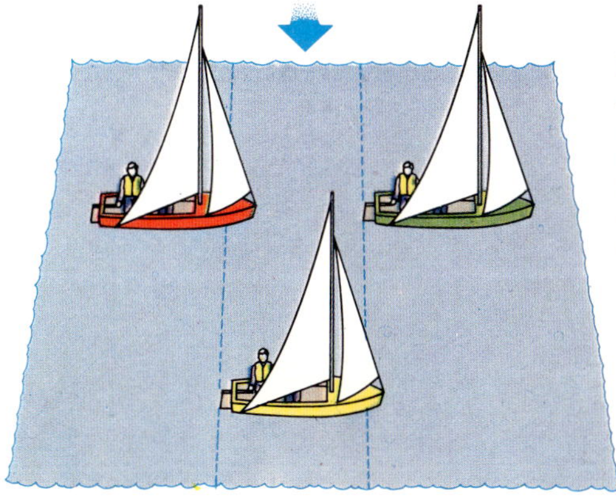

Klar achteraus
Ein Boot ist klar achteraus, wenn es mit keinem anderen Boot überlappt. (Gelb überlappt Grün, Rot überlappt Gelb.)

Auf unterschiedlichem Bug
Das Boot auf Steuerbord-Bug muß dem Boot auf Backbord-Bug ausweichen (Regel 36).

Auf dem gleichen Bug
Segeln zwei Boote auf dem gleichen Bug, muß das luvwärtige dem leewärtigen Raum geben (Regel 37).

Klar achteraus
Ein Boot, das klar achteraus liegt, muß sich von dem klar vorausliegenden Boot freihalten (Regel 37).

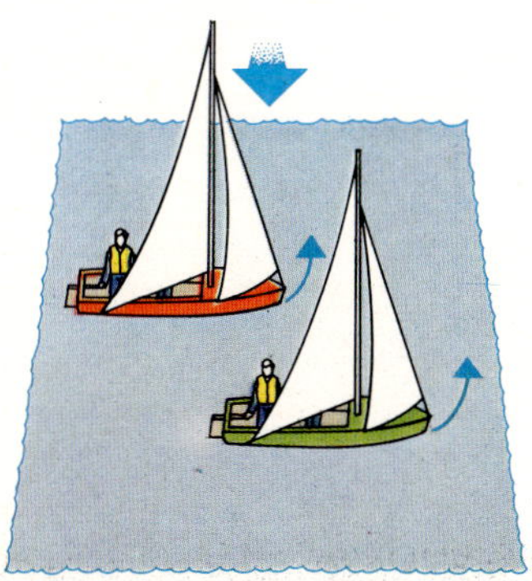

Luvkampf
Ein Boot klar voraus oder in Lee kann den Gegner ausluven, ausgenommen Regel 38 (rechts). (Grün kann anluven, Rot muß sich freihalten.)

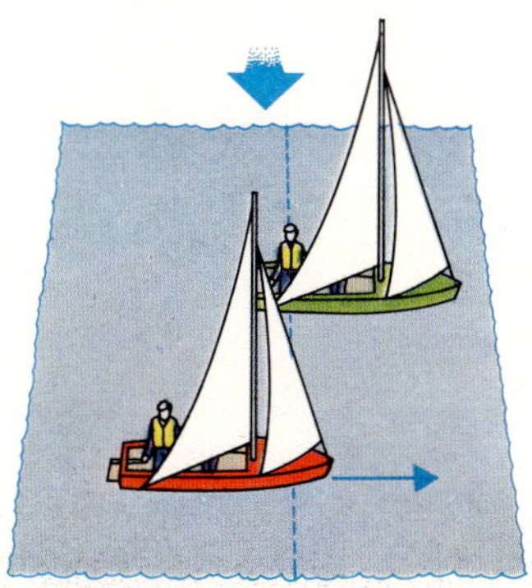

„Mast querab"
Ein Leeboot (Rot) darf nur so lange anluven, bis sein Mast querab vom Steuermann des Luvbootes (Grün) ist (Regel 38).

Protest

Wer schuldhaft gegen eine Regel verstoßen hat, nimmt die in den Segelanweisungen dafür vorgesehene Buße auf sich. Ist man aber von der Schuld eines anderen überzeugt, muß die Flagge Bravo des Internationalen Signalbuchs als Protestflagge im Want gezeigt werden. Protestieren darf auch, wer einen Regelverstoß als Zeuge beobachtet hat.

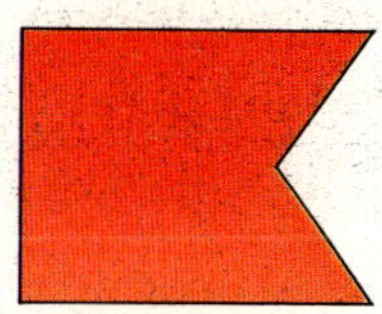

Hindernisse und Bahnmarken

Die kritischen Stationen bei einer Wettfahrt sind die Bahnmarken. Das sind die Punkte, an denen sich die Boote ballen und um ihre Vorteile ringen. Hier gilt es besonders, seine Rechte zu kennen, denn abgesehen davon, daß auch geblufft wird, geht es ja darum, sich in die bessere Position zu manövrieren oder sie zu halten, aber auch um Kollisionen zu vermeiden. Es gibt eine Reihe von Regeln für das Runden von Bahnmarken, aber auch um Zusammenstöße zu vermeiden. Schon bevor man an die Boje herankommt, sollte man die anderen Boote aufmerksam beobachten und bereit sein, schnell zu reagieren, wenn ein Gegner Raum verlangt.

Starboote an der Wendemarke. Das Boot im Vordergrund ist in der Klemme, und blockiert die von hinten aufkommenden Boote. Einige Boote segeln auf Steuerbord-Bug und haben kein Wegerecht gegenüber denen auf Backbord-Bug.

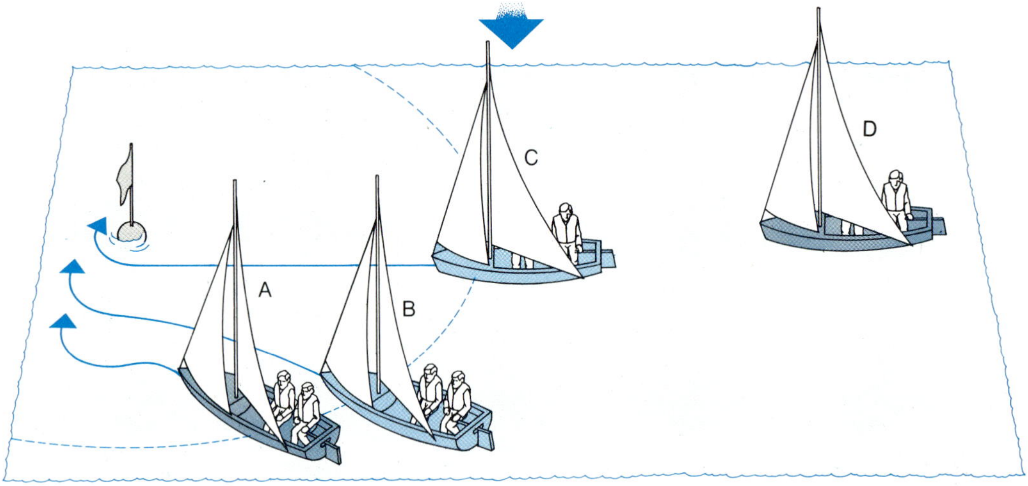

Runden der Bahnmarken
Nähern sich mehrere Boote einer Bahnmarke, so müssen die jeweils außenliegenden Boote dem innenliegenden Boot Raum geben, sofern mindestens zwei Bootslängen vor Erreichen der Bahnmarke eine Überlappung hergestellt wurde. A muß B und C Raum geben, B nur C. D kann keinen Raum verlangen, denn es liegt noch klar achteraus von allen anderen Booten (Regel 42).

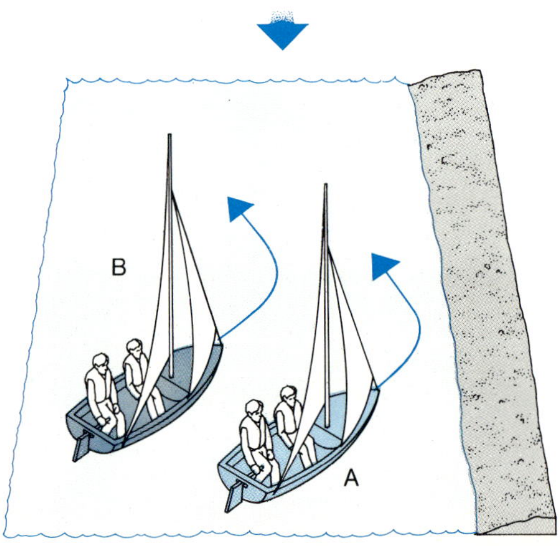

Raum bei Hindernissen
Segeln zwei Boote auf dem gleichen Bug, kann das Leeboot (A) Raum verlangen, wenn die sichere Schiffsführung ein Ausweichen vor dem Hindernis verlangt (Regel 43).

Rechte Seite: Drei Gull-Jollen nähern sich einer Wendemarke. 1863 liegt klar voraus, aber 1939 muß 2202 Raum geben, weil eine Überlappung besteht.

1863
1939

Wie man ein Boot schneller macht

Wer das Beste aus seinem Boot herausholen will, muß Mittel und Wege finden, die Antriebskräfte optimal zu nutzen und zugleich den durch Rigg und Rumpf verursachten Wind- und Reibungswiderstand so weit wie möglich zu reduzieren. Der Stärke der Antriebskraft ist eine Grenze gesetzt. Sie liegt dort, wo die Mannschaft nicht mehr in der Lage ist, ein Boot auf einem Am-Wind-Kurs auszureiten. Weil man auf einem Am-Wind-Kurs am besten die Wirksamkeit des Riggs feststellen kann, sollte man mit dem Bootstrimm auf diesem Kurs beginnen. Bauchiger getrimmte Segel bringen mehr Vortrieb als flachgeschnittene Segel, verursachen jedoch mehr Krängung. Früher hatte man eine Vielzahl von Segeln für die verschiedenen Bedingungen. Heute kann man den Segelbestand durch die verschiedenen Trimmöglichkeiten von Rigg und Segeln kleiner halten. Nicht alle Boote werden vom Hersteller mit sämtlichen Trimmeinrichtungen geliefert, und man muß sich eine Reihe von zusätzlicher Ausrüstung hinzukaufen oder einbauen. Bei manchen Klassen sind Trimmeinrichtungen sogar bewußt eingeschränkt.

Ist ein Boot neu oder hat man es noch nie gesegelt, ist es gut, wenn man ein schnelles Boot vom gleichen Typ mitsegeln lassen kann und seins dann genauso trimmt.

Ein Teil der notwendigen Korrekturen kann auf dem Trockenen vorgenommen werden, der überwiegende Teil des Trimms aber muß auf dem Wasser erfolgen. Für den Trimm auf dem Trockenen legt man das Boot am besten auf den Bootswagen, setzt die Segel und dreht es, bis es in einer Am-Wind-Position steht. Dann setzt man den Schothornstecker so weit durch, daß möglicherweise vorhandene vertikale Falten entlang des Baumes verschwinden. Die Cunningham-Kausch wird nur dichtergenommen, wenn sich Falten entlang des Mastes am Vorliek zeigen. Dann wird die Großschot so weit angeholt, bis die obere Segellatte etwa parallel zur Bootslängsachse steht. Nun holt man die Fockschot so weit dicht, bis ihr Achterliek in seiner Gesamtlänge parallel zum Großsegel steht. Die Form dieser Düse, die hier zwischen Fock und Großsegel entsteht, und die Spannung in der Achterlieken der beiden Segel sind wichtige Kriterien für einen optimalen Segeltrimm. Die Fock muß so eingestellt sein, daß die Windfäden alle gleichmäßig in derselben Richtung und waagerecht stehen. Die entsprechenden Fixpunkte werden markiert.

Die verbleibende Feineinstellung muß beim Segeln auf dem Wasser vorgenommen werden. Bei leichtem Wind und Seegang ist ein etwas bauchiger getrimmtes Segel vorteilhafter. Es gibt mehr Vortrieb. Dazu fährt man den Mast so gerade wie möglich und den Schothornstrecker etwas loser. Nimmt der Wind zu, muß das Großsegel flacher gefahren werden. Das erreicht man, indem man den Schothornstrecker steif durchsetzt und durch Biegung des Mastes. Zum Teil ergibt sie sich von allein bei stärkerem Wind. Sie kann aber auch durch mehr Spannung auf den Want- und Stagspannern erreicht werden. Bringt man den Traveller der Großschot außerdem weiter nach Lee und verändert die Fockschot-Holepunkte, so bewirkt das eine Verwindung in den oberen Teilen des Segels. Dadurch reduziert sich der Winddruck aufs Segel und damit auch die Krängung des Bootes. Die zunehmende Mastbiegung bei starkem Wind macht nicht nur die Segel flacher, sondern sie erweitert auch die Düse zwischen Großsegel und Fock und verringert die Spannung in den Achterlieken beider Segel. Dadurch verringern sich die Kräfte aufs Rigg ebenfalls.

Die Düse zwischen Groß- und Vorsegel muß stets offengehalten werden.

Der Mast

Der Mast ist eine wichtige Trimmeinrichtung für den Stand der Segel und auch für die Kursstabilität eines Bootes. Einrichtungen am Mast, wie die Salinge oder der verstellbare Mastfuß, verändern den Stand und die Krümmung des Mastes und damit natürlich auch die Wölbung im Segel. Bei normalen Segelbedingungen, wenn das Segel bauchig gefahren wird, soll der Mast möglichst gerade stehen. Wünscht man das Segel flacher, trimmt man den Mast im oberen Bereich nach hinten und im mittleren Bereich nach vorn. Man kann aber auch den Mast seitwärts biegen und damit auch die Segelform verändern. Holt man den Masttopp nach Lee, öffnet sich das Segel durch stärkere Verwindung im oberen Bereich, damit läßt der Druck im Segel nach und die Krängung verringert sich.

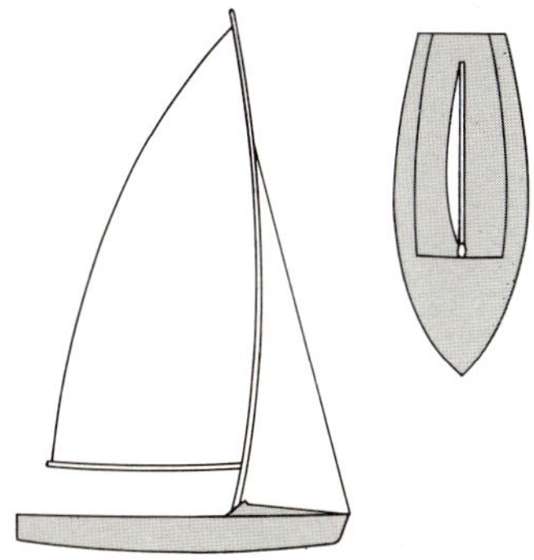

Mast im mittleren Bereich nach vorn und im oberen Bereich nach achtern getrimmt: flacheres Segel.

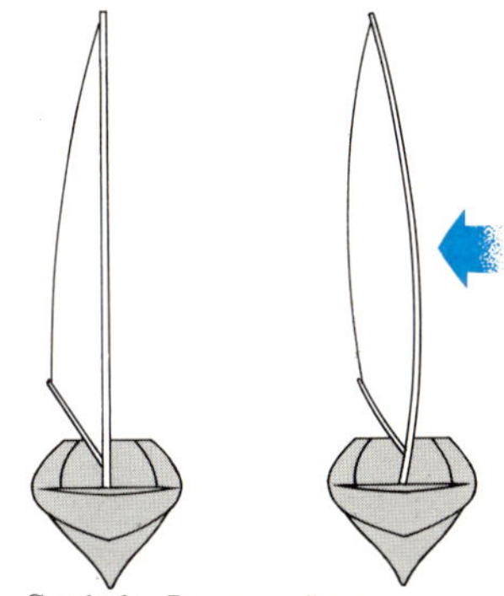

Seitliche Biegung: Links gerader Mast, rechts Mastbiegung nach Lee.

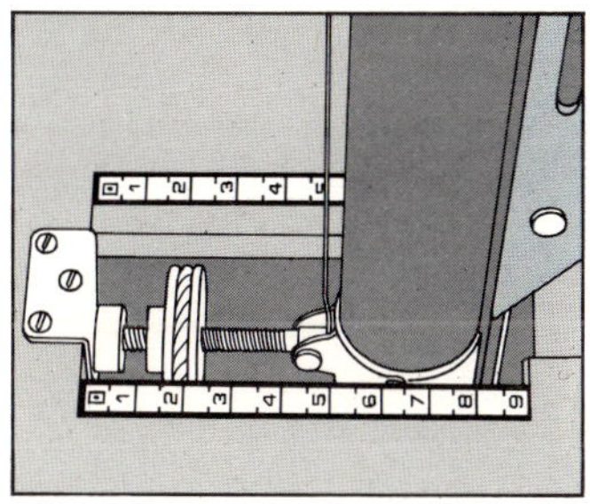

Mastkontroller
Er dient zur Kontrolle der Mastbiegung in Deckshöhe. Bei leichtem Wind wird der Mast im Deck zurückgehalten. Bei zunehmendem Wind läßt man ihn langsam nach vorne kommen. Dadurch erhält er mehr Biegung. Der Beschlag besteht aus einem Nylonrad auf einem Gewindebolzen.

Die Saling

Die Saling ist eine der wichtigsten Trimmeinrichtungen des Mastes, mit der man seine Biegung verstärken oder verhindern kann. Der Winkel, um den sie die Wanten aus ihrer Geraden wegspreizt, beeinflußt das Verhalten des Mastes unter Segeln. Dabei darf nicht vergessen werden, daß beim Segeln nur Luvwant und -saling unter Beanspruchung stehen und eine Biegung des Mastes verursachen. Salinge können während des Segelns nicht verändert werden. Sie müssen vor dem Mastsetzen eingestellt werden.
Der Winkel der Salinge zur Längsachse des Mastes beeinflußt seine Biegung nach vorn und achtern. Werden sie so eingestellt, daß die Wanten ungespreizt zum Topp laufen, haben sie keinen Einfluß auf die Biegung des Mastes. Da sich der Mast normalerweise im Mittelbereich biegt, nimmt er auch die Saling mit, soweit es die Wanten erlauben. Verläuft der Spreizwinkel der Saling nach achtern, werden die Wanten aus ihrer geraden Zuglinie gedrückt. Kommen die Wanten dann unter Spannung, versuchen sie, die Saling und den mittleren Bereich des Mastes nach vorn durchzudrücken. Steht die Saling nach vorn, werden die Wanten aus ihrer normalen Zugrichtung nach vorn gespreizt. Sie drücken dadurch Saling und Mast im mittleren Bereich nach achtern und wirken auf diese Weise der natürlichen Mastbiegung entgegen.

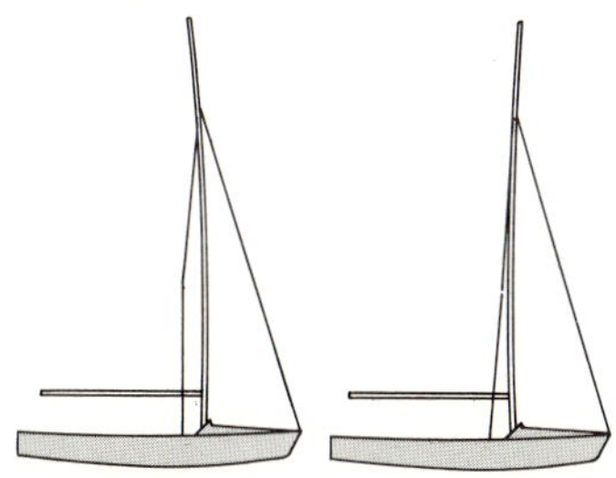

Salingswinkel
Die Saling links ist nach achtern abgewinkelt und drückt den Mast im Mittelbereich nach vorn. Die Saling nach vorn gewinkelt (rechts) drückt den Mast im mittleren Bereich nach achtern durch.

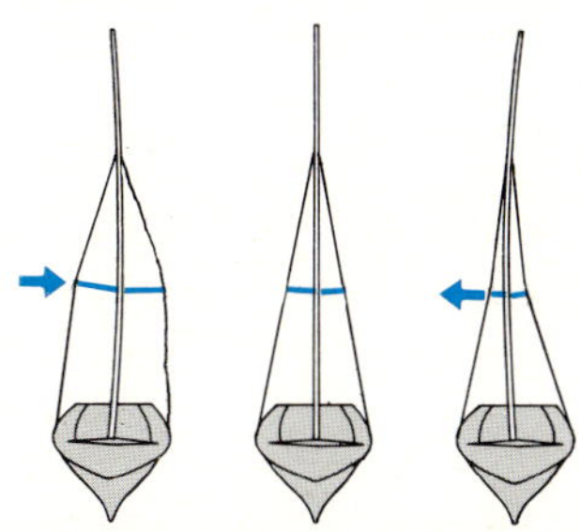

Salingslänge
Saling unter Druck (links), neutral (Mitte) und unter Zug (rechts).

So wie der Winkel der Saling zum Mast seine Biegung bestimmt, kann auch die Länge der Saling den Masttrimm beeinflussen. Je länger die Saling ist, desto steifer macht sie den Mast gegen eine seitliche Biegung. Die kurze Saling hingegen gibt dem Mast genügend Flexibilität zur Seite, die mit Hilfe der Wanten kontrolliert werden kann.

Großschotführung

Die Großschot kann einen fest auf dem Cockpitboden oder Schwertkasten sitzenden Fußblock haben oder einen verstellbaren, der mit einem Schlitten auf einer Travellerschiene gleitet. Der Traveller erlaubt zahlreiche Trimmöglichkeiten des Großsegels. Wird der Traveller nach Lee gebracht, wirkt der Schotzug senkrechter, das Segel wird flacher, der Mast biegt mehr durch. Traveller mittschiffs bewirkt ein etwas bauchigeres Segel. Man kann mit dem Traveller das Achterliek mehr öffnen und schließen und – in gewissen Grenzen – auch das Steigen des Baumes verhindern. Um dem Mast eine stärkere Biegung geben zu können, kann man die Großschotblöcke am Baum weiter nach hinten versetzen. Ein senkrechter Schotzug holt den Masttopp nur geringfügig nach achtern. Eine schräg in Richtung Mastfuß wirkende Zugkraft der Schot übt gleichzeitig einen gewissen Biegedruck auf den mittleren Bereich des Mastes aus.

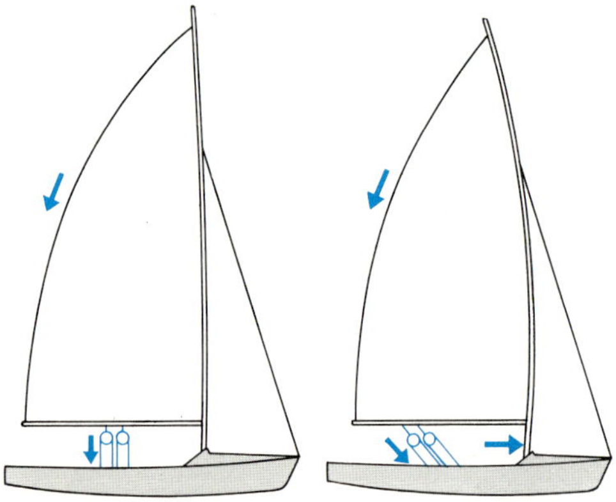

Senkrechter Zug der Großschot nach unten ermöglicht nur den Masttopp leicht nach hinten zu holen. Schräger Zug der Großschot, durch Versetzen der Blöcke nach hinten, ergibt eine stärkere Biegung des Mastes.

Großschotführung mit Traveller, der einen senkrechten Zug ausübt.

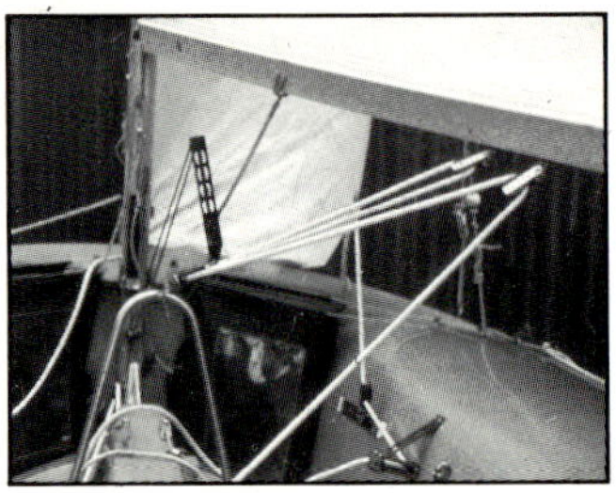

Großschotführung mit schrägem Zug. Sie wirkt auch weitgehend als Baumniederholer.

Segellatten

Es wird häufig übersehen, daß auch Segellatten den Segeltrimm beeinflussen, denn sie sorgen für einen guten Stand des Achterlieks. Sie werden, je nach Bedarf, aus unterschiedlichem Material mit unterschiedlicher Biegsamkeit, dem Segel entsprechend gefertigt. Ein bauchiger geschnittenes Leichtwettersegel beispielsweise benötigt weichere Latten als ein flaches Schwerwettersegel. Nicht durchgehende Latten sollen am inneren Ende dünner werden, damit sie im Segel keinen Wulst bilden. Durchgehende Latten sollen über ihre ganze Länge gleichmäßig elastisch sein. Sie können auch durch loseres oder festeres Einbinden in die Tasche den Bauch des Segels verändern. Jede Segellatte sollte in der Reihenfolge ihrer Verwendung numeriert und am vorderen oder hinteren Ende markiert sein.

Schothornstrecker (-ausholer)

Mit dieser Einrichtung kontrolliert man die Spannung des Großsegelunterlieks. Auf vielen Jollen besteht diese Streckvorrichtung nur aus einem Bändsel am Schothorn, das man durch das Auge an der Baumnock zieht und festmacht. Auf Rennjollen oder größeren Booten besteht die Streckeinrichtung aus einer kleinen Talje, die, je nach Bedarf, durchgesetzt oder gefiert werden kann. Ein gestrecktes Unterliek macht das Segel im unteren Bereich flacher, so daß der Segelschwerpunkt nach achtern rutscht. Bei der Grundeinstellung sollte das Unterliek so weit gestreckt werden, daß es keine vertikalen Falten mehr zieht, aber noch keine horizontalen.

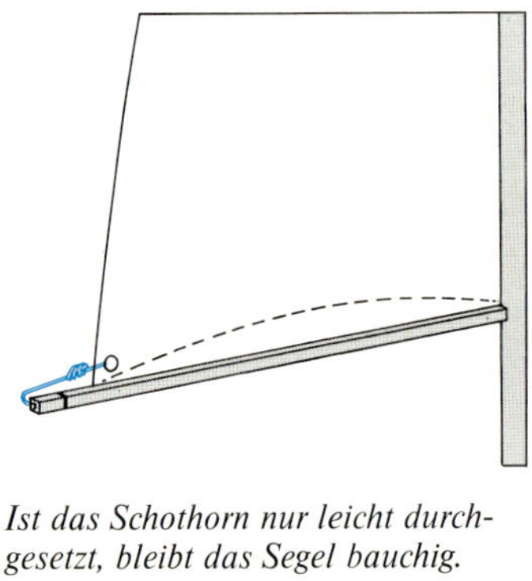

Ist das Schothorn nur leicht durchgesetzt, bleibt das Segel bauchig.

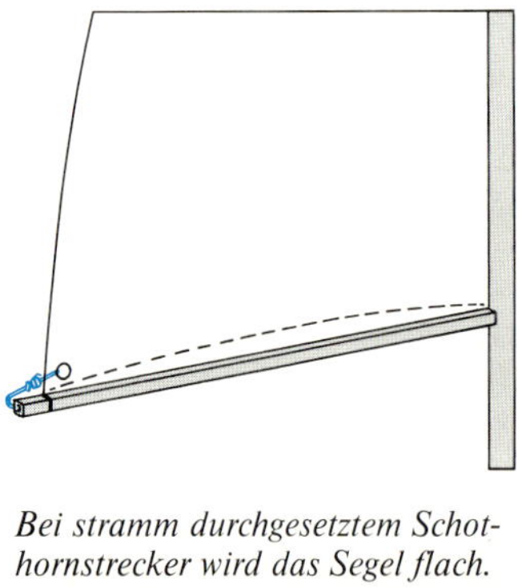

Bei stramm durchgesetztem Schothornstrecker wird das Segel flach.

Cunningham-Kausch (-Hole)

Diese Einrichtung besteht aus einer kräftigen Kausch ein bis zwei Handbreit über der Halskausch, durch die ein Stropp als holende Part einer kleinen Talje mit Zug nach unten geschoren ist. Das feste Ende ist am Lümmelbeschlag belegt. Mit dieser Einrichtung kann man den Segelschwerpunkt verändern. Nimmt der Wind zu, wandert der Schwerpunkt im Segel, weiter nach achtern, holt man die Cunningham-Kausch dicht, kommt der Schwerpunkt wieder nach vorn zurück. Als Faustregel gilt, daß man sie anholt, bis alle Falten am Vorliek des Segels verschwunden sind.

Baumniederholer

Der Baumniederholer verhindert das Steigen des Baumes auf Kursen mit raumen Winden und das Verwinden des Großsegels im oberen Bereich.
Er muß jederzeit leicht regulierbar sein. Bereits kleine Veränderungen in der Einstellung des Niederholers können große Wirkungen haben. Fiert man ihn beispielsweise auf einem Am-Wind-Kurs etwas, verwindet sich der obere Teile des Großsegels – das Boot segelt sofort aufrechter.

Ein wirkungsvoller Baumniederholer mit einer Hebelwaage, wie man ihn auf Rennjollen findet. Über ein doppeltes Streckerfall kann er von jeder Seite des Bootes aus bedient werden.

Das Fockfall

Besonders wichtig ist, daß der Zug des Mastes nicht vom Vorstag, sondern vom Vorliek der Fock aufgenommen wird. Fallen sollten daher aus Stahldraht sein, damit man sie genügend durchsetzen kann und das Vorliek nicht nach Lee durchhängt. Denn dadurch wird das Segel zu bauchig. Bei Booten, die keine verstellbaren Wanten haben, ist das Fockfall die einzige Möglichkeit, um die Wantenspannung zu variieren. Daher sollte es einen Strecker haben, der vom Steuermann bedient werden kann.

Fockschotführung

Die Einstellung der Fockholepunkte für die richtige Schotführung ist abhängig von Kurs und Windstärke. Sie sollen daher nach vorn, achtern, aber auch seitlich verstellbar sein. So kann man Achter- und Unterliek der Fock trimmen und die Düse zwischen Groß- und Vorsegel dem Wind entsprechend verändern und verhindern, daß sich das Segel stark verwindet. Bei starkem Wind wird der Holepunkt mehr auswärts gefahren, bei leichtem Wind weiter einwärts.

Zusammenwirken der Trimmeinrichtung

Nur beim richtigen Einsatz all dieser Einrichtungen ist es möglich, die Segel optimal und effektiv zu trimmen. Die nebenstehenden Zeichnungen demonstrieren die beiden Extreme des möglichen Segeltrimms. Das linke Bild zeigt ein Boot mit gerade getrimmtem Mast. Baumniederholer lose, Schot dicht, Schothornstrecker nur leicht angeholt und die Cunningham-Kausch lose, die oberste Segellatte stramm eingebunden. Das Resultat ist ein sehr bauchig stehendes Segel. Auf der rechten Zeichnung ein Boot, bei dem der Mast bis zum möglichen Maximum des Segelschnitts gebogen ist. Dafür müssen Schot, Schothornstrecker und Baumniederholer ganz steif durchgesetzt sein, ebenfalls die Cunningham-Kausch. Das Resultat ist ein extrem flaches Segel.

Links: Sind alle Trimmtaljen nur leicht durchgesetzt, bleibt der Mast gerade und das Segel bauchig.

Oben rechts: Setzt man alle Trimmtaljen stramm durch, peitscht der Mast nach hinten und das Segel wird flach.

Tauwerk und seemännische Knoten

Tauwerk ist ein lebenswichtiger Teil der Ausrüstung eines Bootes, und Ersatz geht ziemlich ins Geld. Der Umgang mit Tauwerk und die Pflege von Tauwerk zählen zum täglichen seemännischen Handwerk. Man kann die Lebensdauer seines Tauwerks erheblich verlängern, wenn man stets darauf achtet, daß es nirgends scheuert. Gibt es Scheuerstellen, sollten sie sofort herausgeschnitten und die Enden zusammengespleißt werden. (Weit besser ist es, beschädigtes Tauwerk durch neues zu ersetzen.) Auf das Ende einer Leine kommt ein sogenannter Takling, der sie vor dem Aufdrüseln bewahrt.

Im Laufe der Zeit haben die Seeleute eine Vielzahl von Knoten entwickelt. Die Auswahl auf diesen Seiten zeigt die hauptsächlich gebrauchten. Einige sind universell zu verwenden, andere mehr für spezielle Zwecke. Wie beispielsweise der Stopperstek, der nur in einer Zugrichtung funktioniert. Seemännische Knoten müssen unbedingt halten, sich zugleich aber leicht wieder lösen lassen. Auch in nassem Tauwerk.

Teile des Knotens

Wenn man sich mit seemännischen Knoten befaßt, muß man die entsprechenden Fachausdrücke kennen. Ein Ende in Haarnadelform heißt Bucht. Der Teil, über dem die Bucht geformt wird, heißt feste Part, und das Ende der Leine wird Tampen genannt.

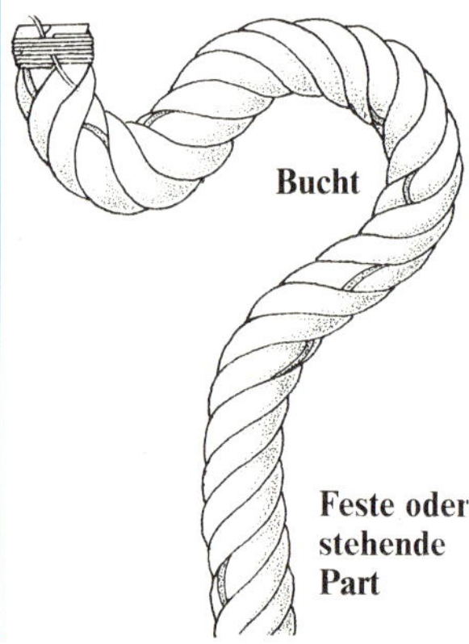

Achtknoten

Der Achtknoten ist schnell und leicht herzustellen. Er wird in den Tampen eines Endes gemacht, um unbeabsichtigtes Ausrauschen zu verhindern. Mit ihm werden Schoten gesichert.

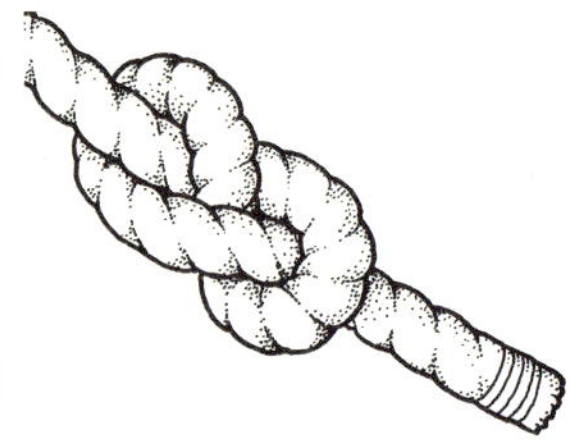

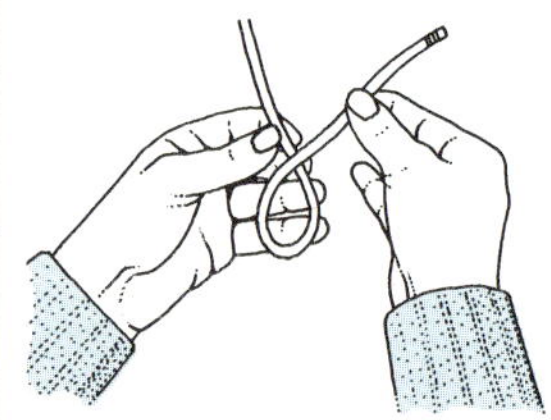

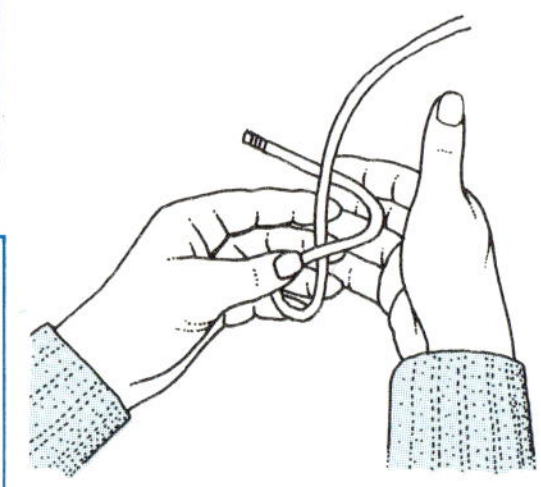

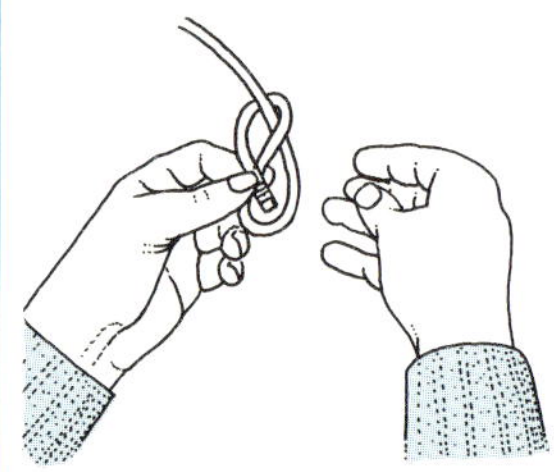

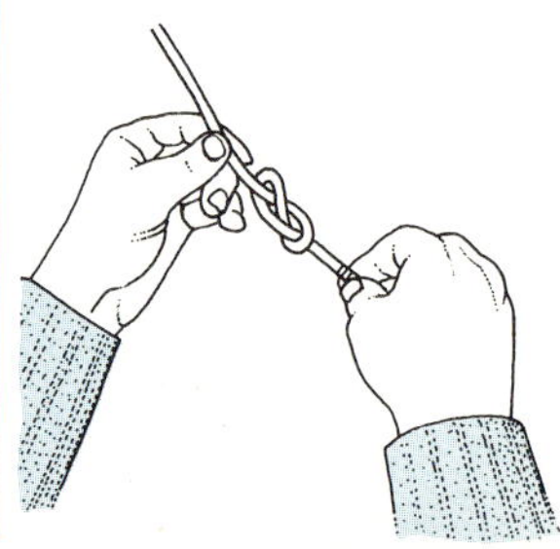

Tauwerksarten

Früher wurde Tauwerk ausschließlich aus Naturfasern hergestellt. Heute wird praktisch nur noch synthetisches Tauwerk verwendet. Es ist weitaus strapazierfähiger, doch lösen sich herkömmliche Knoten auch leichter, weil die Kunstfasern eine glatte Oberfläche haben. Das einzelne Tau besteht aus Kardeelen. Die Kardeele werden zu Enden geschlagen – das heißt, verdrillt – oder geflochten. Für Festmacheleinen und Fallen wird meist dreikardeeliges geschlagenes Tauwerk genommen, für Schoten geflochtenes. Es ist lehniger und griffiger, hat aber auch mehr Reck als geschlagenes Tauwerk. Material und Stärke hängen vom Verwendungszweck an Bord und von der Bootsgröße ab.

Polypropylen 3-kardeelig

Nylon 8-geflochten

Nylon doppel-4-geflochten

Polyester 3-kardeelig

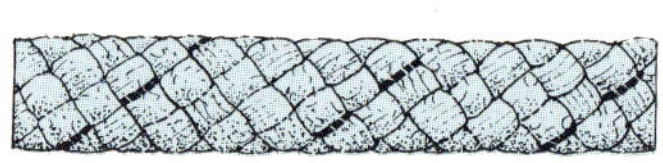

Nylon Mantelgeflecht

Kreuzknoten

Dieser Knoten besteht aus zwei Überhandknoten, die so gegeneinanderlaufen, daß die Parten jedes Tampen nebeneinander und auf derselben Seite aus der Bucht des anderen Tampen kommen. Verlaufen die beiden Überhandknoten in derselben Richtung, entsteht ein sogenannter Altweiberknoten, der nicht hält.

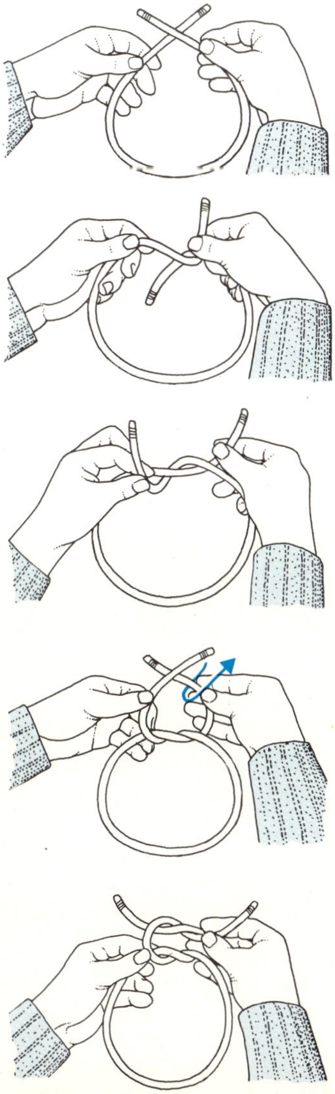

Lösen eines Kreuzknotens

Der Kreuzknoten wird auf folgende Weise schnell und leicht gelöst: Fassen Sie einen Tampen des Knotens mit einer Hand und die feste Part mit der anderen Hand und ziehen Sie den Knoten auseinander. Schieben Sie nun den Knoten von der festen Part her über den Tampen.

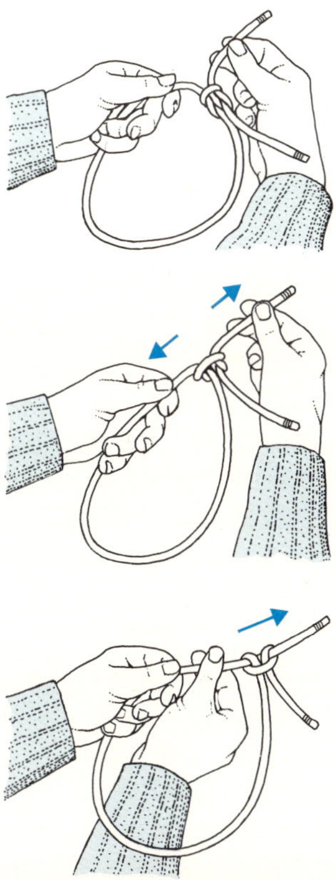

Einfacher Schotstek

Den Schotstek verwendet man in der Regel zum Zusammenstecken zweier ungleich starker Enden (hält nicht in glattem Kunstfaser-Tauwerk). Zum Lösen wird der Knoten umgebogen und die Bucht auseinandergezogen.

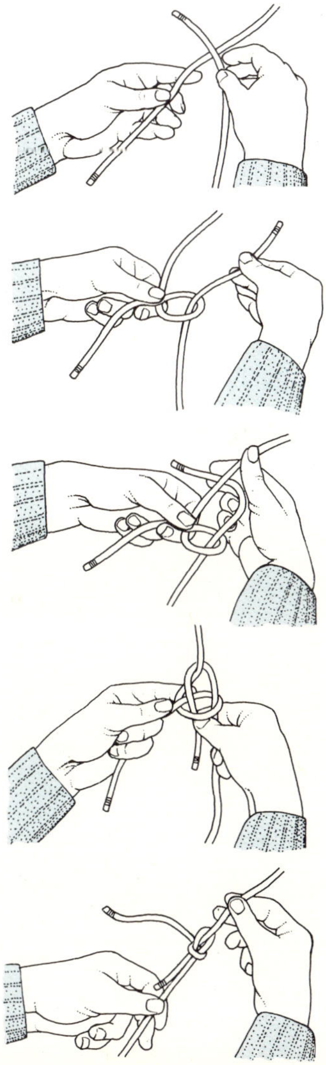

Eineinhalb Rundtörn und zwei halbe Schläge

Dies ist der gebräuchlichste Knoten, um ein Ende, auf dem nicht viel Kraft steht, an Spieren, Handläufen und Wanten festzumachen. Der Knoten ist schnell und leicht angefertigt und läßt sich genauso schnell wieder lösen.

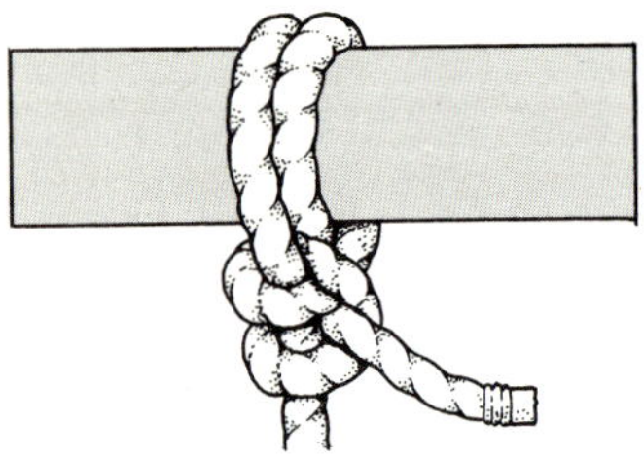

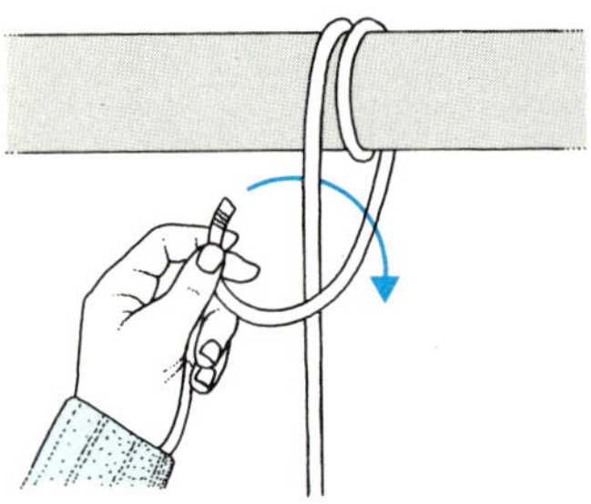

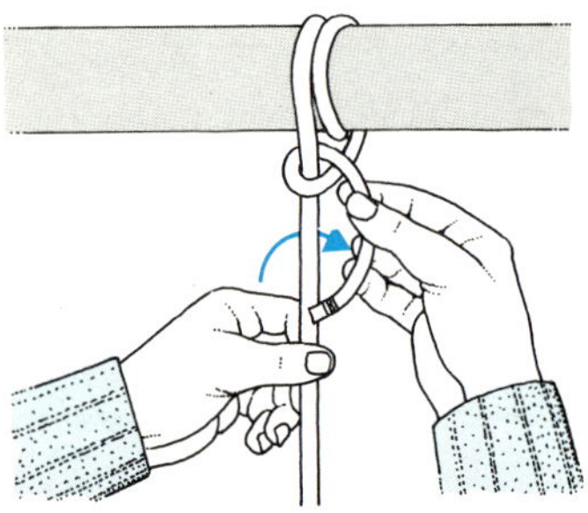

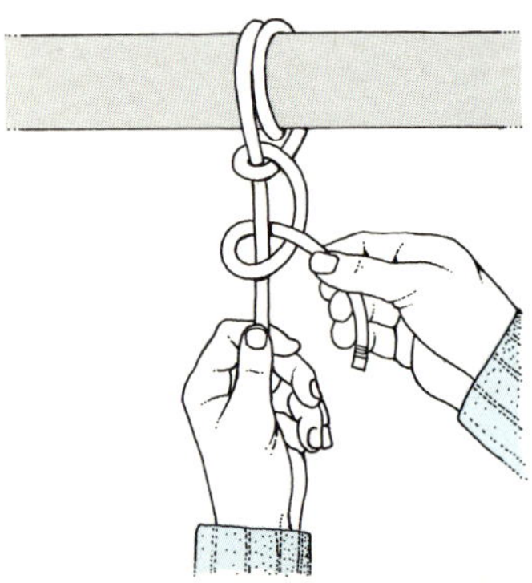

Webeleinstek

Der Webeleinstek dient zum vorübergehenden Belegen an einem Rundholz. Er läßt sich schnell und leicht anfertigen, hält jedoch nur dann dauerhaft, wenn der Zug im rechten Winkel erfolgt.

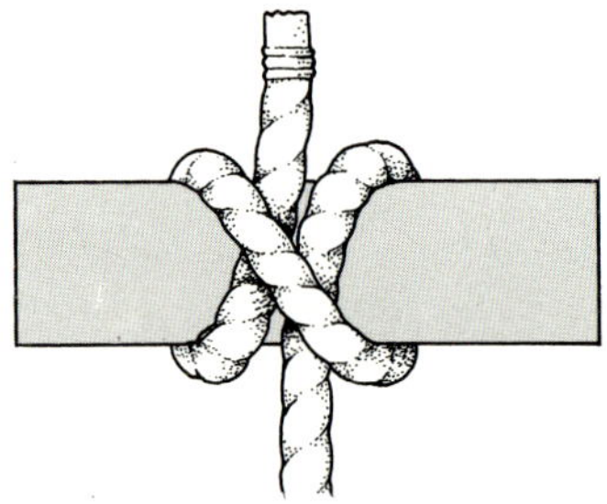

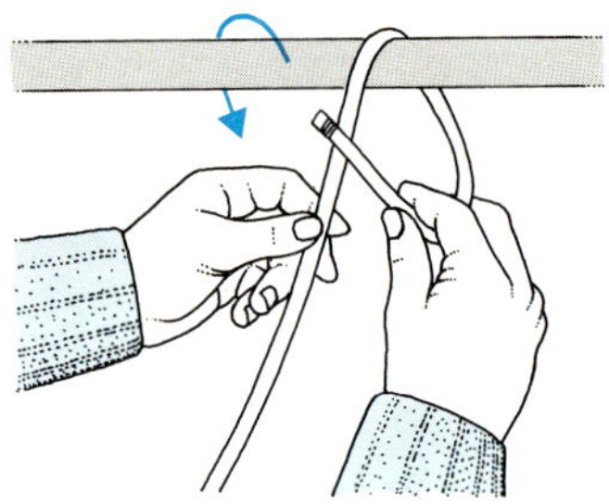

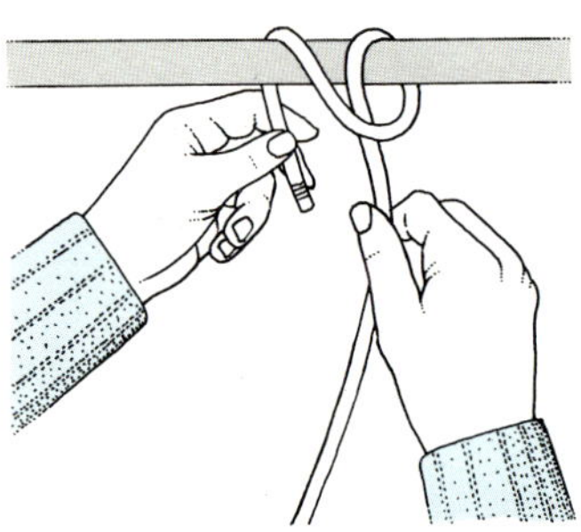

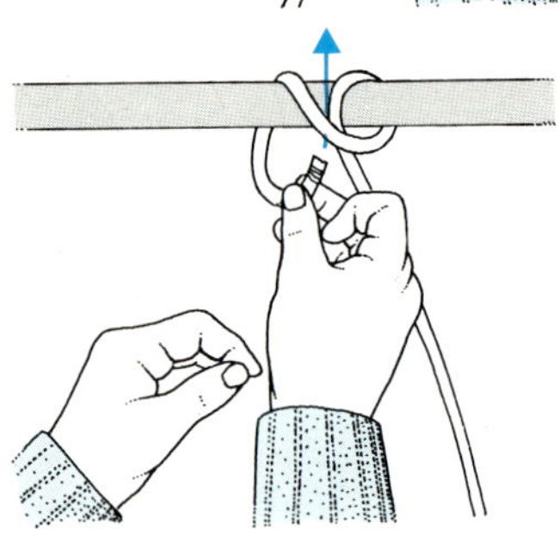

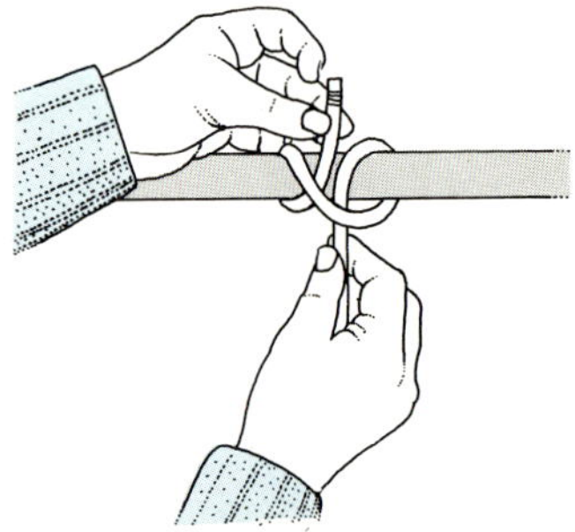

Webeleinstek um einen Poller
Auf die folgende Weise kann mit dem Webeleinstek schnell an einem Poller festgemacht werden. Das Ende wird wie hier gezeigt in zwei Buchten gelegt und dann über den Poller geworfen. Zusätzlich unbedingt durch zwei halbe Schläge sichern.

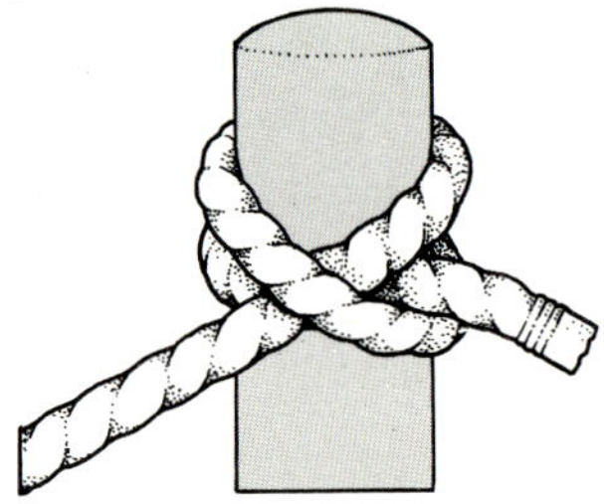

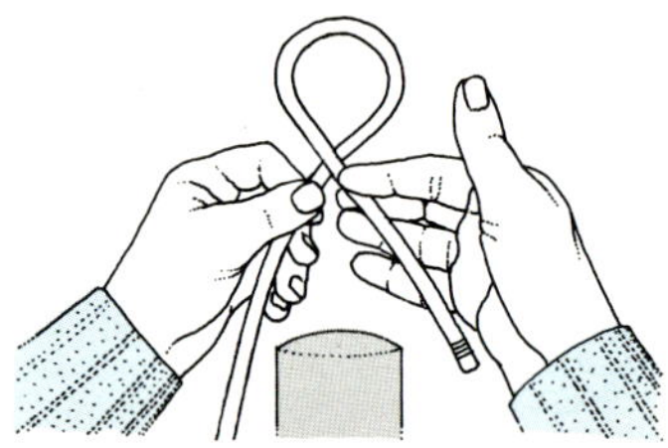

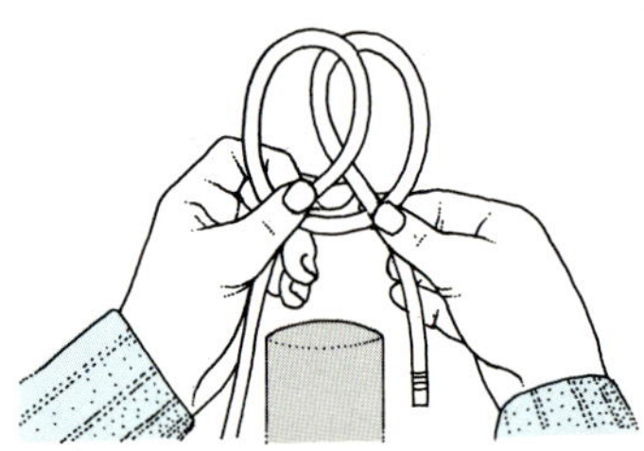

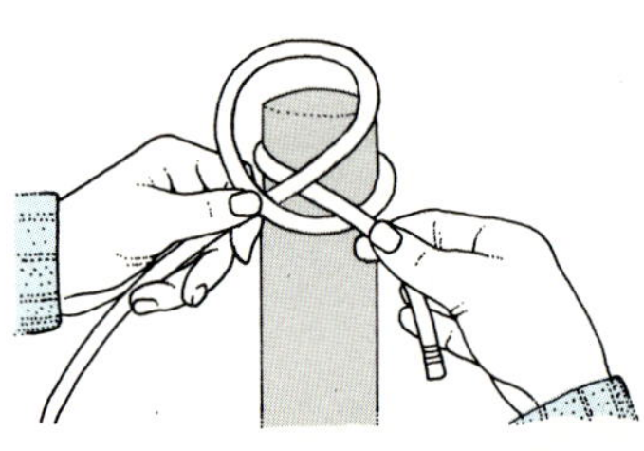

Einfacher Palstek

Man erhält ein Auge im Tampen, das sich nicht zusammenzieht. Hat man durch Drehen der rechten Hand in der festen Part ein Auge gebildet sind die folgenden Vorgänge einfach zu bewerkstelligen. (Bei uns wird er anders herumgemacht, den Tampen außerhalb des Auges.)

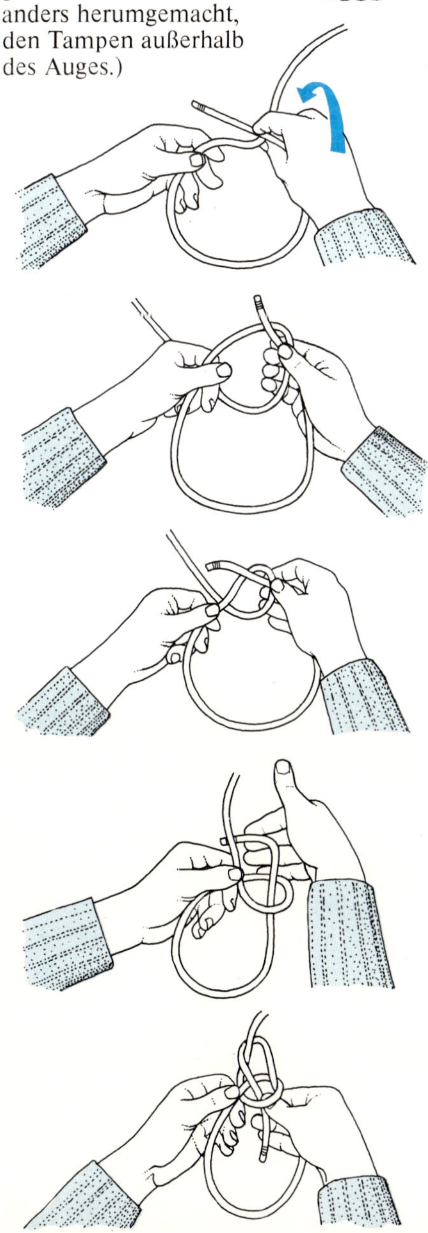

Stopperstek

Der Stopperstek dient zum Anstecken eines Tampens an einer vertikalen Spiere, wie z.B. dem Mast, da der Knoten nicht nach unten rutscht, solange Kraft auf der holenden Part steht.

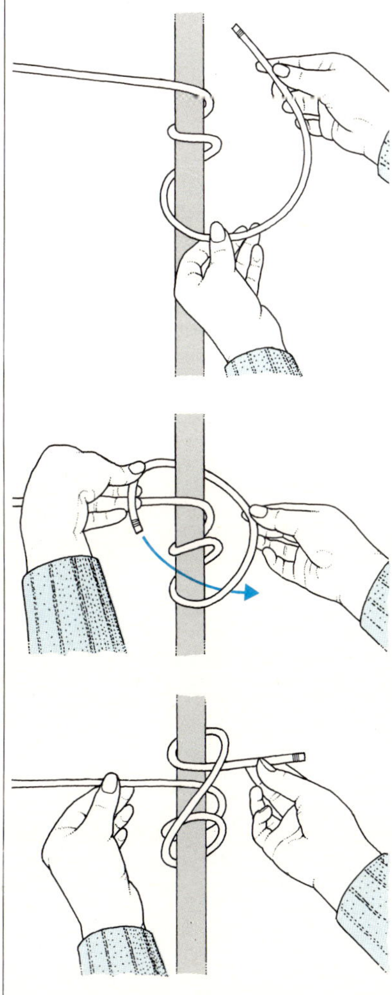

Doppelter Schotstek über festem Auge

Er dient zum Festmachen eines Endes an einem festen Auge oder einem Haken. Bis Phase drei gilt er als einfacher Schotstek, der aber nicht sicher hält.

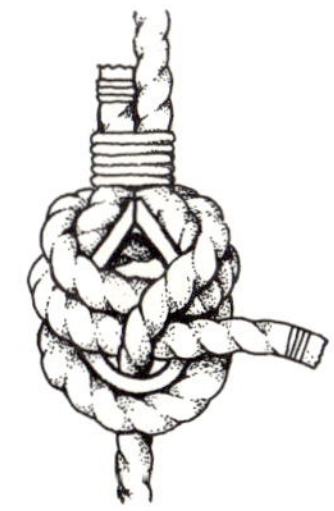

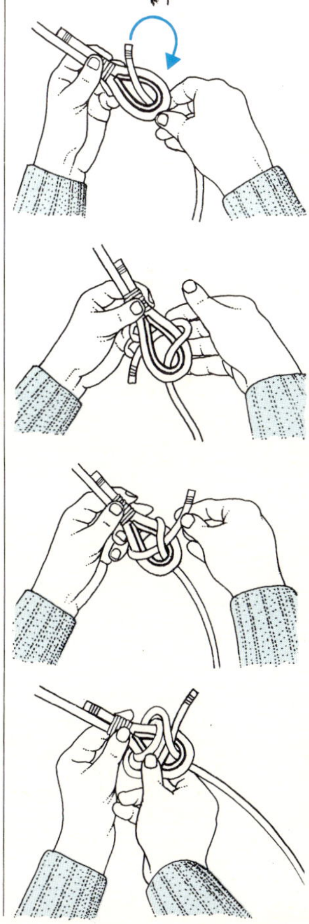

Eineinhalb Rundtörn mit Slipstek

Es gibt verschiedene Knoten, die sich so bekneifen, daß sie durch einfachen Zug schnell gelöst werden können. Meist wird eine durchgesteckte Bucht der laufenden Part bekniffen. So auch bei diesem Knoten. Zu größeren Sicherheit kann man mit der Bucht noch einen halben Schlag draufsetzen. Er löst sich dann aber nicht mehr auf Zug.

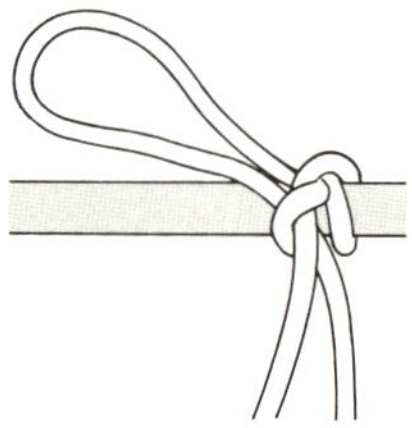

1 *Man macht eineinhalb Rundtörn,*

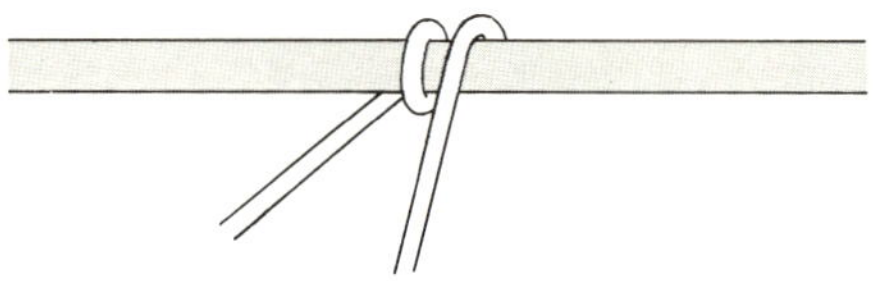

2 *verdoppelt das Ende zu einer Bucht und legt sie über die feste Part,*

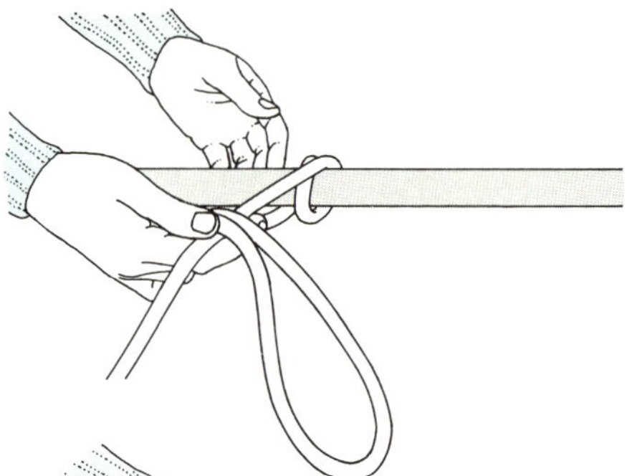

3 *macht dann einen halben Schlag mit der Bucht um die feste Part und zieht ihn zusammen.*

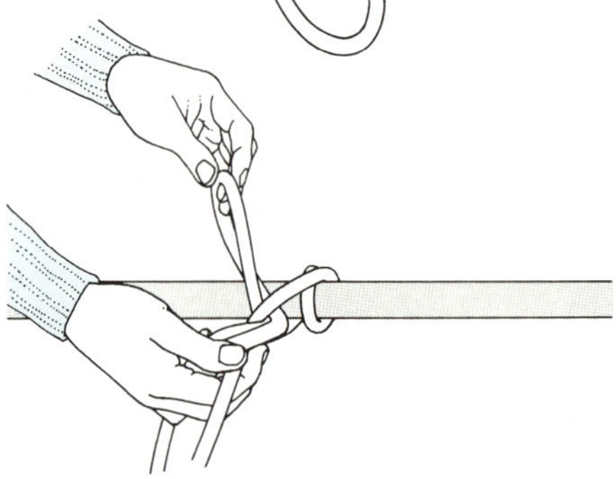

4 *In diesem Stadium kann der Knoten schnell gelöst werden, indem man einfach am Ende zieht.*

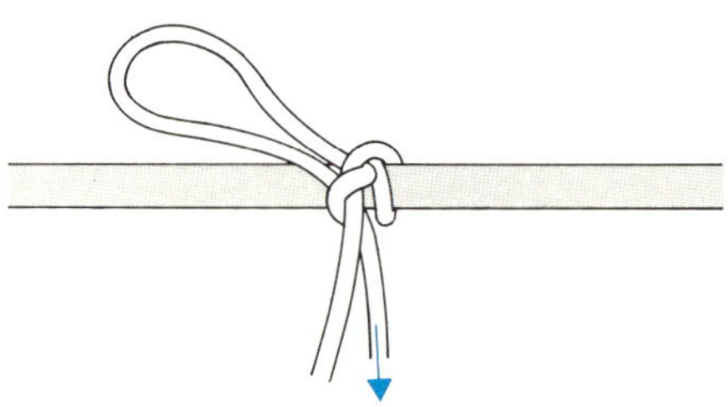

Zur größeren Sicherheit kann noch einmal ein halber Schlag draufgesetzt werden. Der Knoten läßt sich dann aber nicht mehr auf Zug lösen.

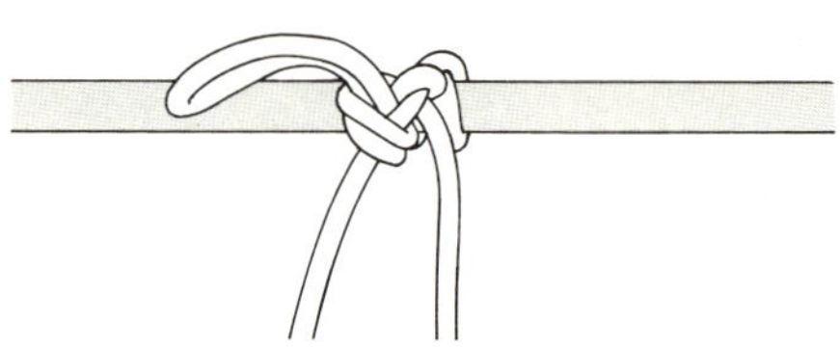

Roringstek mit halbem Schlag

Er dient zum Festmachen einer Leine an einem Ring oder einer Stange.

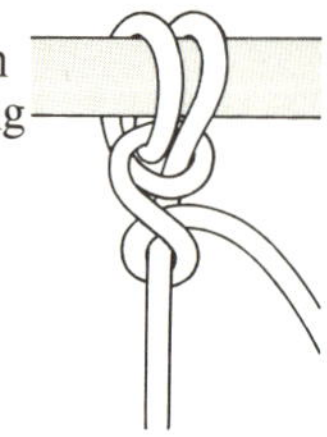

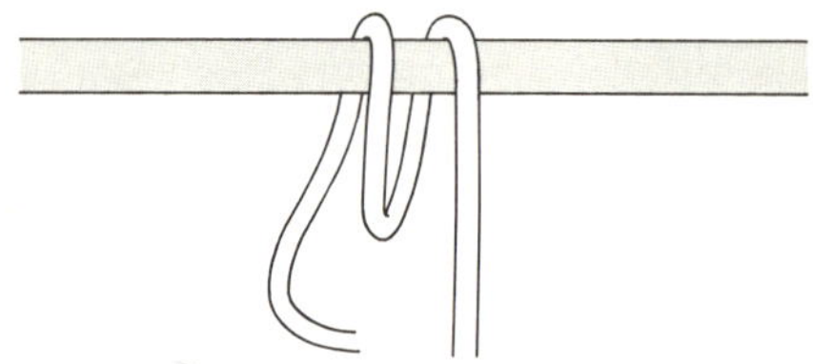

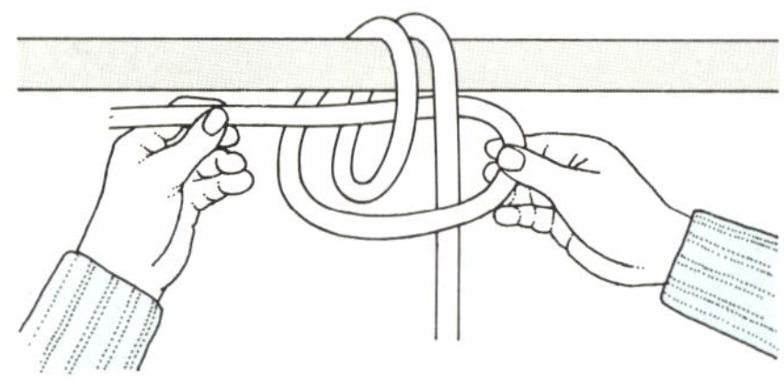

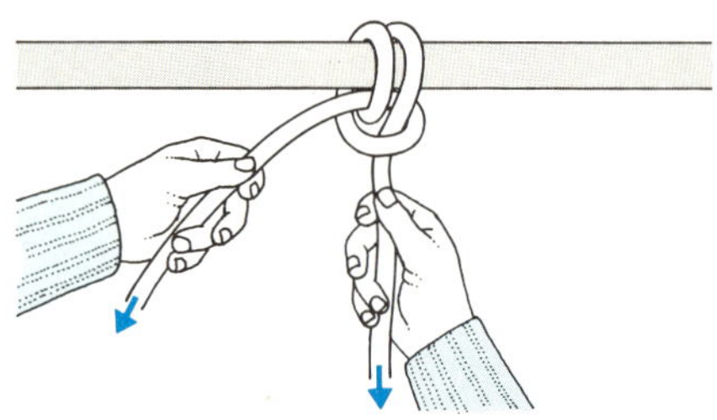

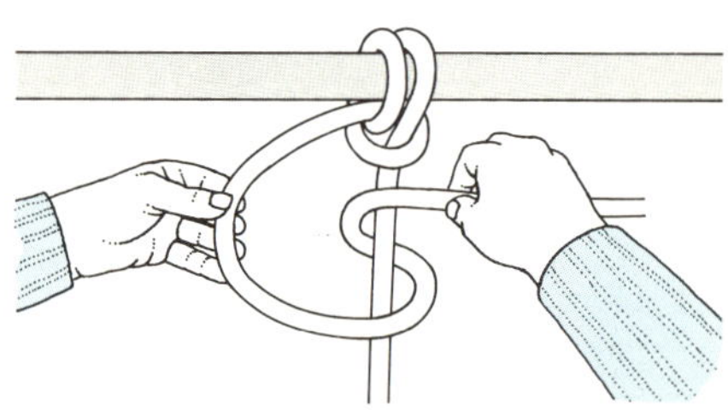

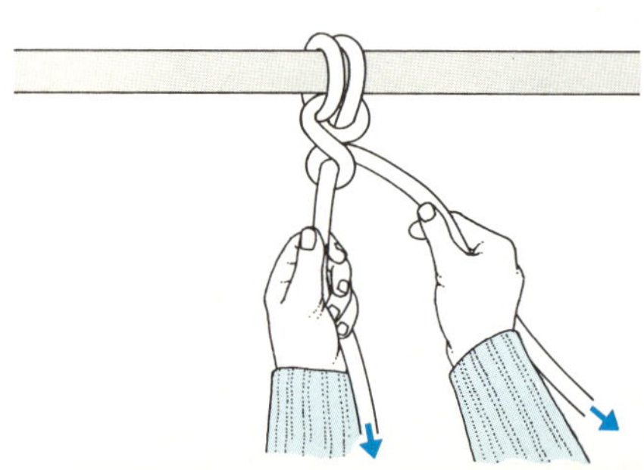

Der Takling

Um Tampen vor dem Aufdrüseln zu sichern, muß mit Takelgarn ein Takling, entgegen der Drehrichtung des Tauwerks, aufgesetzt werden. Hier der Behelfstakling.

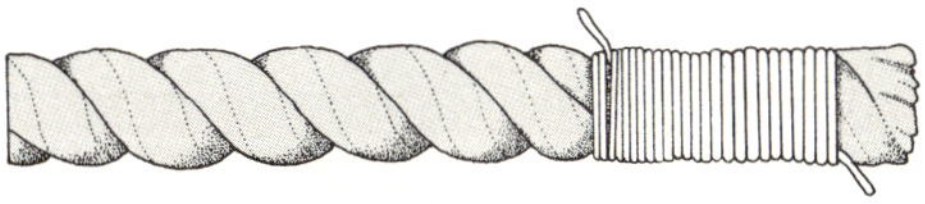

Der fertige Behelfstakling

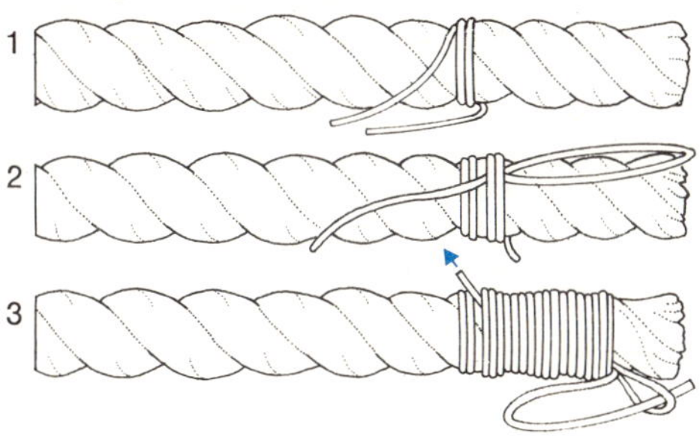

Spleißen

Als Spleißen bezeichnet man das Verflechten zweier Enden. Man braucht dazu einen Marlspieker, um die Kardeele auszudrehen. Erlernen läßt sich spleißen nur in der praktischen Anschauung.

Der fertige Kurzspleiß

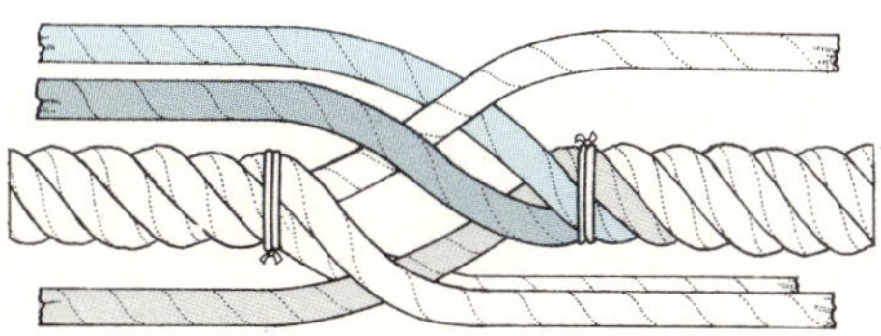

1 *Beide Tampen werden etwa 6 Törns aufgedreht. Um ein weiteres Aufdrüseln zu verhindern, kommt ein Bändsel rum.*

2 *Nun eins der Kardeele des linken Tampens nach rechts spleißen – über und unter ein Kardeel – gegen den Schlag, in dem die Kardeele zusammengedreht sind. Dann die beiden übrigen Kardeele auf die gleiche Weise nach rechts einspleißen. So werden mit allen Kardeelen jeder Seite 6 Runden gespleißt. Die herausragenden Kardeelspitzen sauber abschneiden.*

Augspleiß

Da ein Spleiß besser hält als jeder Knoten, sollten die Festmacher an einem Ende einen Augspleiß erhalten. Dazu müssen die Kardeele lang genug aufgedreht werden, um jedes fünfmal durchstecken zu können. Der Spleißanfang wird durch einen Takling gesichert, damit die Leine nicht weiter aufdreht.

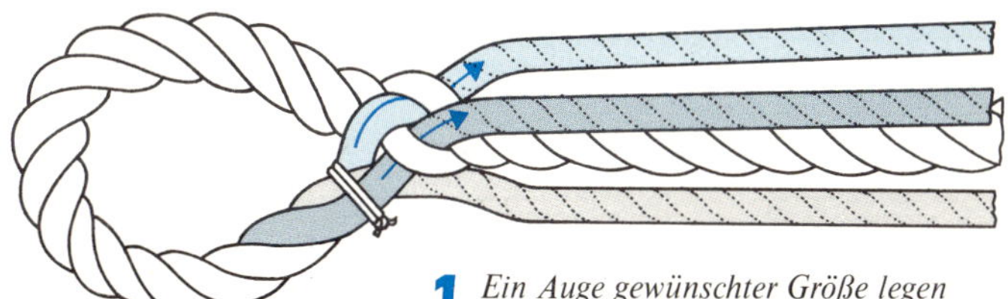

1 *Ein Auge gewünschter Größe legen und das Mittelkardeel (blaugrau) unter das oberste Kardeel der stehenden Part am Kreuzungspunkt stecken. Nun das linke Kardeel (blau) links unter das nächst weitere Kardeel stecken. Beide Steks nicht zu fest dichtziehen.*

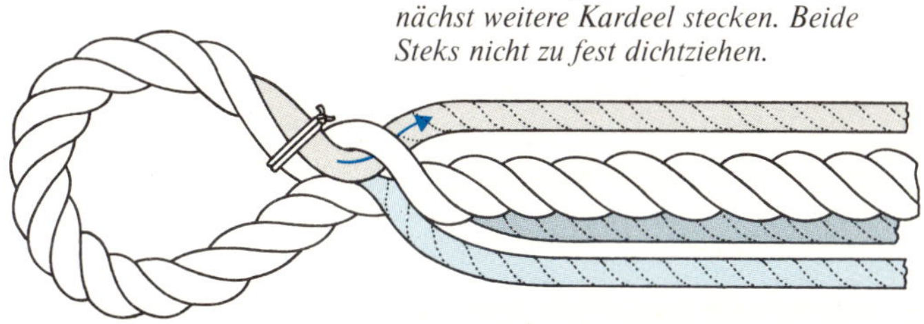

2 *Nun das rechte Kardeel unter das stehende Kardeel rechts vom stehenden Kardeel stecken, unter dem das mittlere Augkardeel steckt.*

3 *Nun werden die Kardeele der Reihe nach immer von rechts nach links gegen den Schlag durchgesteckt, je fünfmal, und jede Stekrunde wird dichtgezogen.*

4 *Der Anfängerfehler wird immer beim ersten Stecken des rechten Kardeels gemacht. Merke: Rechts und rückwärts vom ersten Stek. Zum fünften Stek kann man die Kardeele etwas verjüngen. Überstehendes wird abgeschnitten.*

Der Umgang mit Tauwerk

Damit das Tauwerk keine Kinken wirft und klar läuft, muß man wissen, wie es richtig aufgeschossen wird. Nicht gebrauchtes Tauwerk wird sofort aufgeschossen. Nichts lose als Knäuel irgendwo herumliegen lassen. Leicht kann jemand darauf ausrutschen, und außerdem vertörnt es sehr schnell und unentwirrbar. Kunstfasertauwerk ist zudem empfindlich gegen UV-Strahlung. Ist es mit Chemikalien – Lösungsmittel, stark verschmutzte Binnengewässer – in Berührung gekommen, sollte es so bald wie möglich mit Süßwasser abgespült werden. Gelegentlich wird man eine Leine an Land oder zu einem anderen Boot hinüber werfen müssen. Das klappt niemals, wenn sie nicht vorher richtig zum Werfen aufgeschossen worden ist.

Eine bunte Auswahl der verschiedensten Tauwerksarten aus Kunstfasern.

Belegen auf einer Klampe

Auf einer Klampe muß so belegt werden, daß sich das Tauwerk unter Zug nicht bekneift. Zunächst legt man einen vollen Rundtörn um den Steg der Klampe, dann zwei weitere Törns in Achtform um die Klampe. Zuletzt sichert man den Tampen von Festmachern mit einem Kopfschlag, nicht jedoch die Tampen von Fallen und Schoten.

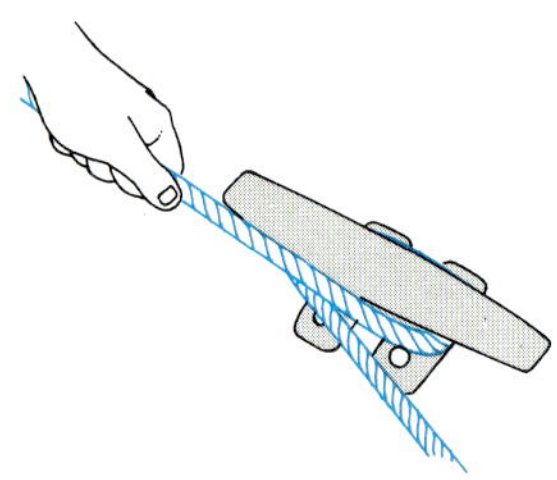

1 *Zuerst wird ein Rundtörn um den Klampensteg genommen.*

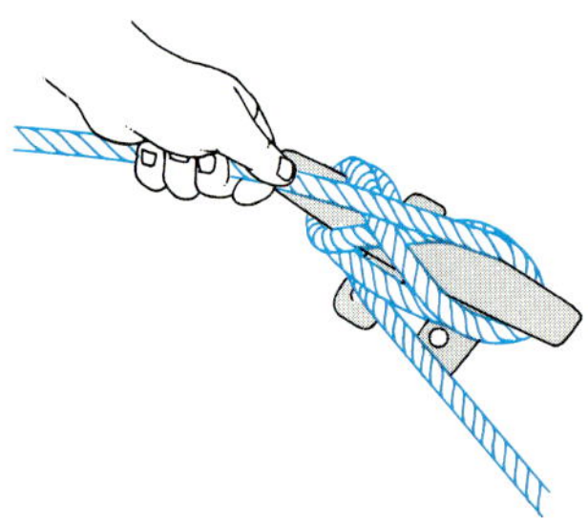

2 *Dann werden zwei Achttörns um die Klampe gelegt.*

Beim Belegen auf einer Festmacheklampe ist es notwendig, den Tampen mit einem Kopfschlag zu sichern. Anstelle des Kopfschlages kann man auch einen Slipstek setzen, der sich durch Reißen am Ende blitzschnell lösen läßt.

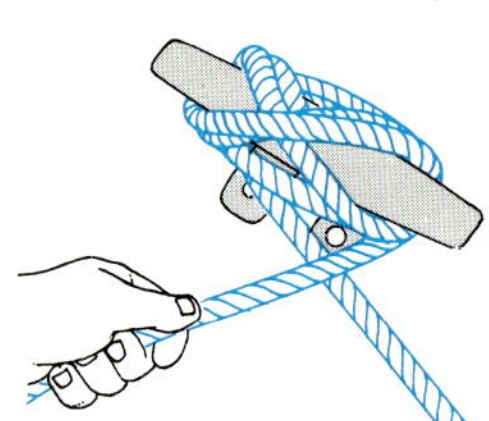

3 *Zuletzt wird mit einem Kopfschlag (bei Festmacheleinen und mit einem Rundtörn bei Fallen) belegt.*

Aufschießen einer Leine

Aufgeschossen wird eine Leine in ungefähr armlangen Buchten und in Laufrichtung der Kardeele. Schießt man entgegengesetzt auf, gibt es ärgerliche Kinken – die Leine verwindet sich in sich. Eine stehende Leine wird stets in Richtung zum losen Ende aufgeschossen. Die Bildfolge zeigt, wie man ein Fall am Mast aufschießt.

1 Die feste Part, dicht hinter der Klampe, über die Handfläche legen und die Leine in Buchten in der Handfläche im Uhrzeigersinn (bei rechtsgeschlagenem Tauwerk) aufschießen …

2 … bis die Leine zu Ende ist.

3 Mit der anderen Hand durch die Buchten hindurchfassen und den Anfang des Bunsches nach vorne holen.

4 über Kreuz „verdrillen“ …

5 … und das so gewonnene Auge über das obere Horn der Klampe hängen.

Werfen einer Leine

Gelegentlich ist es notwendig, eine Leine an Land oder an ein anderes Boot zu übergeben. Dabei läßt sich nicht vermeiden, daß man sie werfen muß. Am besten ist es, die Leine für den Wurf neu aufzuschießen, damit man sicher ist, daß sie klar ausläuft. Wie die Abbildung zeigt, nimmt man in jede Hand ungefähr die Hälfte der Buchten und wirft nur einen Teil mit der Wurfhand hinüber. Den anderen Teil gibt die zweite Hand im Flug hinterher.

1 Die aufgeschossene Leine wird geteilt, bei längeren Leinen der kleinere Teil in die Wurfhand genommen.

2 Geworfen wird mit weitausholendem Arm über das Ziel hinweg.

3 Dabei müssen die Buchten aus der anderen Hand glatt und ungehindert auslaufen.

Kleines Segellexikon

A

Abdrift (auch Abtrift) Seitliches Versetzen eines Bootes durch Wind oder Strom.

abfallen Eine Kursänderung vom Wind weg. (Gegenteil: anluven.)

ablandig Wenn der Wind vom Land in Richtung See weht. (Gegenteil: auflandig.)

abschlagen Das Abnehmen der Segel. (Gegenteil: anschlagen.)

abtakeln Die gesamte Takelage vollständig abnehmen, also stehendes und laufendes Gut mit dem Mast, etwa um das Boot einzuwintern. (Gegenteil: auf takeln.) Oft fälschlich verwandt für Segel abschlagen.

achteraus Alles, was hinter einem Boot liegt. (Gegensatz: voraus.)

Achterholer Jeweils die Spinnakerschot, die sich in Luv befindet, also am Spinnakerbaum.

Achterleine Festmacherleine, die vom Heck eines Bootes schräg nach achtern an Land oder zu einem Pfahl führt. Bisweilen auch als Heckleine bezeichnet. (Gegenteil: Vorleine.)

Achterliek (das) Die hintere Kante eines Segels.

Achterstag (das) Vom Masttopp zum Heck verlaufendes Stag, das die nach vorne gerichteten Kräfte des Mastes aufnimmt. (Gegensatz: Vorstag.)

anluven Eine Kursänderung höher an den Wind heran. (Gegenteil: abschlagen.)

anstecken Einen Gegenstand mit einem Ende oder zwei Enden miteinander verbinden.

aufbrisen Der Wind nimmt an Stärke zu.

auffieren Dem Zug auf einer Leine nachgeben, ohne sie ausrauschen zu lassen. Häufiger auch nur: fieren.

aufklaren Das Wetter „klart auf", es wird besser. - 2. An und unter Deck, im Spind Ordnung schaffen.

aufkommen 1. Mit Ruderlage mittschiffs die Drehbewegung des Schiffs allmählich verringern. –
2. Ein voraus laufendes Schiff einholen. –
3. Schlechtes Wetter, Gewitter, Sturm oder dergleichen kommt auf.

auflandig Wenn der Wind von See in Richtung Land weht. (Gegenteil: ablandig.)

aufschießen 1. Mit dem Boot in den Wind drehen, um es zum Stehen zu bringen. –
2. Eine Leine in regelmäßigen Buchten zusammenlegen.

auftakeln (auch aufriggen) Die gesamte Takelage (Rigg) an Bord bringen und aufrichten. (Gegenteil: abtakeln.) Oft fälschlich verwandt für Segel setzen.

auftuchen Ein Segel oder auch eine Abdeckplane ordentlich zusammenlegen.

Auge Seemännische Bezeichnung für verschiedene Arten von Ringen, Ösen, Löchern oder Schlingen. In Wortverbindungen entfällt das „e" (Augspleiß, Augbolzen).

B

back (engl.) Zurück, Rückwärts. Wird ein Segel back geholt, fällt der Wind von der „Rückseite" ein. Entweder segelt das Boot dann rückwärts oder man erhöht dadurch das Drehmoment beim Wenden.

Backbord (Bb) in Fahrtrichtung gesehen die linke Seite eines Bootes. Links.

Baum Eine Stange aus Holz, Kunststoff oder – heute meistens – Aluminium, an der die untere Kante eines Segels angeschlagen (Großbaum) oder auch „fliegend" gefahren wird (Spinnakerbaum).

Baumniederholer Unten am Mast angreifende Talje, die ein Steigen des Baums auf Vorm-Wind-Kursen verhindert.

beidrehen Eine Yacht hoch am Wind, durch entsprechende Segelstellung, etwa das Backholen der Fock, nahezu zum Stehen bringen.

beiliegen Beigedreht einen Sturm abwettern, aber auch längere Zeit annähernd an einer Stelle liegen bleiben, um etwas zu bergen oder eine Reparatur auszuführen.

bekneifen Festklemmen (von Leinen).

belegen Eine Leine festmachen.

Beplankung (die) Außenhaut eines hölzernen Schiffes.

bergen 1. Die Segel herunternehmen. –
2. Einen Gegenstand in Sicherheit bringen. – 3. Ein in Seenot geratenes Schiff einbringen. Die Besatzung oder Ladung von einem gestrandeten Schiff herunterholen (abbergen).

Bermuda-Rigg Bezeichnung für die Hochtakelung, die von Fischerbooten der Bermuda-Inseln stammt. Das dreieckige Hochsegel löste in den 30er Jahren das viereckige Gaffelsegel als Yachttakelage ab.

Bindereff (auch Bändselreff) Die Segelfläche wird bei starkem Wind verkleinert, indem man das Tuch auf den Baum herunterholt und dort festbindet.

Block Gehäuse aus Holz, Metall oder Kunststoff mit einer oder mehreren Rollen über die Leinen laufen.

Boje 1. Im Grund verankerter Schwimmkörper zum Festmachen von Booten. –
2. Nicht ganz korrekte Bezeichnung für Tonnen, die als Seezeichen oder Wendemarken bei Regatten dienen.

Bord (der) Eigentlich die Schiffsseite (Backbord, Steuerbord), besonders deren Oberkante, daher „über Bord" fallen. „An Bord" heißt allgemein sich auf einem Schiff befinden.

brechen 1. Seemännischer Ausdruck für das Reißen von Leinen und Ketten (nicht jedoch für Segel). -
2. Das „Überkämmen" der Wellen, wenn sich auf einer Welle eine Schaumkrone bildet.

Bucht 1. Zurückspringendes Küstenstück. –
2. Schleife in einer Leine. Sie wird „in Buchten" aufgeschossen.

Bug (der) Das vordere Ende eines Schiffes. Steuerbord-, bzw. Backbordbug bezeichnet jedoch jeweils die Seite einer Yacht, auf der der Großbaum geführt wird.

C

Cockpit (das) Vertiefung im Deck, in der sich während des Segelns die Besatzung aufhält. Auf Jollen der gesamte nicht eingedeckte Raum.

Cunningham-Hole (auch C.-Kausch) Nach seinem Erfinder, dem Amerikaner Briggs Cunningham, benannter Vorliekstrecker am Großsegel. Eine zweite Kausch, etwa 15 cm über dem Segelhals, durch die ein Niederholer führt, mit dem das C-Hole auf den Baum heruntergeholt werden kann. So läßt sich die Großsegel-Wölbung unterschiedlichen Windverhältnissen anpassen.

Curryklemme Nach ihrem Erfinder, Dr. Manfred Curry, benannte gezahnte Federklemme, die sich unter Zug bekneift. Vorwiegend zum Festsetzen von Schoten und Streckern verwendet.

D

Deckpeilung (die) Zwei Objekte (Landmarken) werden in Deckung gebracht. Die Deckpeilung zweier bekannter Objekte ergibt eine terrestrische Standlinie.

Deutscher Segler-Verband (DSV) 1888 gegründeter Dachverband der deutschen Segelclubs und oberste Segelsportautorität der Bundesrepublik.

Dolle (die) Gabelförmiges Auflager aus Metall oder Kunststoff für den Riemen (von Landratten fälschlich als Ruder bezeichnet) beim Pullen (Rudern).

Draggen (der) Kleiner vierarmiger Anker, auch als Suchdraggen zum Auffischen über Bord gefallener Gegenstände verwendet.

Ducht (die) Quer oder längs liegendes Sitzbrett in einem offenen Boot.

dwars Querab, rechtwinklig zur Fahrtrichtung.

E

Ende Leine, Tau; ausgenommen sehr dicke Taue. Sie heißen Trossen. Die Enden eines „Endes" bezeichnet man als Tampen oder auch Tamp.

F

Fahrwasser An engen Stellen oder zwischen Untiefen, Sandbänken usw. die durch Seezeichen markierte Fahrrinne mit tiefem Wasser.

Fall (das, Mehrz.: Fallen)
1. Leinen oder Drähte zum Setzen der Segel. Entsprechend Großfall, Fockfall oder Spinnakerfall. –
2. Der Fall = Neigung eines Mastes nach vorne oder achtern.

Fender (der) Polster aus unterschiedlichen Materialien, um die Bordwand vor Beschädigungen an Stegen, Nachbarschiffen oder ähnlichem zu schützen.

fieren Dem Zug auf einer Leine nachgeben, ohne sie ausrauschen zu lassen. Häufig auch: auffieren.

Fock (die) Dreieckiges Vorsegel. Es gehört zu den Haupt- oder Arbeitssegeln.

Fockroller Mechanische Vorrichtung, um die Fock, vom Cockpit aus, auf das Vorstag aufzurollen.

Freibord (der) Höhe der Bordwand über der Wasserlinie.

G

Gaffel (die) Rundholz an dem das viereckige Gaffelsegel mit seinem Oberliek angeschlagen wird.

Gatchen (auch Gattchen) Kleines, meist mit einer Metallkausch eingefaßtes Loch in Segeln oder Planen, durch das Bändsel, Strecker oder ähnliches gezogen werden können.

geigen Schaukeln des Bootes um die Längsachse, besonders vor achterlichem Wind.

Genua (die) Eine große Fock für leichtere Winde. Sie zählt zu den Beisegeln. Regatta-Yachten haben bis zu vier Genuas unterschiedlicher Größen und Tuchstärken, die meist römisch beziffert werden. Also Genua I, II usw.

GFK Abkürzung für glasfaserverstärkter Kunststoff, das Baumaterial, aus dem heute die meisten Jollen hergestellt werden. Andere gebräuchliche Bezeichnungen: Fiberglas- oder Polyesterharz-Boote.

Gezeitenstrom-Atlas Vom Deutschen Hydrographischen Institut herausgegebene Sammlung von Gezeitenstrom-Karten, die Richtung und Stärke des Tidenstromes an bestimmten Bezugsorten enthalten.

Gezeitentafel Vom Deutschen Hydrographischen Institut herausgegebene Tabellen, die für verschiedene Bezugsorte die Zeiten für Hoch- und Niedrigwasser und die Tidenkurven angeben.

gieren Seitliches Ausscheren eines Bootes aus seinem Kurs, besonders vor achterlichen Seen.

gleiten Ein Zustand, der von leichten Booten (Jollen) durch einen teilweisen dynamischen Auftrieb erreicht wird. Dabei reiten sie auf ihrer Bugwelle und können ein Mehrfaches ihrer Rumpfgeschwindigkeit erreichen.

Gut (das) Das gesamte Faser- und Drahttauwerk der Takelage eines Segelbootes, unterteilt in „stehendes Gut" – dazu zählt die feste Verstagung des Mastes mit Vorstag, Wanten und Achterstag – und „laufendes Gut". Dazu gehören die Fallen zum Setzen der Segel und die Schoten zur Segelführung.

H

Hahnepot (die) Ein gespreiztes Ende, das die in seinem Scheitel angreifende Kraft auf zwei Punkte verteilt.

Hals Die vordere untere Ecke eines Segels.

halsen Mit dem Heck durch den Wind gehen.

Havarie Beschädigung einer Yacht durch Grundberührung, Kollision oder Sturm.

Heck (das) Das hintere Ende eines Schiffes.

heißen/hissen Das Hochziehen eines Segels oder einer Flagge.

holen Das Ziehen an einem Ende (anholen, durchholen, einholen, ausholen, aufholen). (Gegensatz: fieren.)

I

International Yacht Racing Union (IYRU) 1907 in London gegründeter Welt-Segler-Verband, dem heute die nationalen Segelsportverbände aus rund 70 Ländern angehören.

J

Jolle 1. Allgemein ein kleines offenes Boot. –
2. Ein offenes Segelboot mit Schwert im Gegensatz zum Kielboot.

K

Kat 1. Eine Takelung mit einem Mast und nur einem Großsegel, also ohne Vorsegel. – 2. Gebräuchliche Abkürzung für Katamaran.

Kausch (die) Eine ring- oder auch herzförmige Metall-oder Kunststoff-Verstärkung für ein Auge.

kentern Umkippen eines Bootes, nachdem es den Kenterpunkt überschritten hat. Alle Schwerboote können kentern.

killen Flattern der Segel.

Kinken (die) Eine in sich verdrehte Leine hat Kinken. Aus den Kinken treten = jemand aus dem Wege gehen.

Klampe (die) Eine doppelarmige Knagge aus Holz, Metall oder Kunststoff zum Belegen von Leinen.

Knickspanter Boote, deren Rümpfe einen eckigen Querschnitt haben. Es kann ein einfacher oder ein doppelter Knickspant sein. (Gegensatz: Rundspanter.)

Knoten (kn) Nautische Geschwindigkeitsbezeichnung für Seemeilen pro Stunde. Der Ausdruck stammt von der Markierung der Logleine des alten Handlogs mit Knoten.

Kopf Die obere Ecke eines Segels, an der man das Fall anschäkelt.

Kopfschlag Beim Belegen auf einer Klampe wird das letzte Ende so über Kreuz gelegt, daß es sich bekneift.

Krängung Schräglage (eines Bootes).

Kreuzen Mit Zickzack-Kurs auf ein Ziel in Windrichtung zusegeln.

L

Lateralplan Die Silhouette des Unterwasserschiffs von der Seite gesehen. Je nachdem ob der Kiel lang, kurz oder tief ist, spricht man von einem langen, kurzen, tiefen oder auch flachen Lateralplan.

laufendes Gut Alles Tauwerk, das beweglich ist und über Blöcke, Scheiben und dergleichen läuft (Fallen, Schoten, Dirken, Flaggleinen usw., aber nicht Backstagen).

Lee Die dem Wind abgekehrte Seite.

leegierig Ein Boot, das die Eigenschaft hat, ständig abzufallen.

lenzen 1. Ein Boot leerpumpen oder ausschöpfen. –
2. Mit einem Schiff vor einem Sturm herlaufen.

Liek (das, Mehrz.: Lieken) Die verstärkten Kanten eines Segels (Vor-, Achter-, Ober-, Unterliek).

Lippe (Lippklampe) Klauenartige Durchführung für einen Leinen im Schanzkleid oder auf Deck.

Lose Wenn ein Ende nicht dichtgesetzt ist, hat es Lose. Lose geben heißt, mit einem dichtgesetzten Ende nachgeben.

Lümmel Die Verbindung zwischen Baum und Mast, bestehend aus dem Lümmelbeschlag am Baum und dem Lümmellager am Mast. Das kann ein einfacher Haken sein, ein rundum schwenkbarer Zapfen, eine Steckbolzen-Verbindung, ein Schlitten mit Manschette und ist – sofern vorhanden – mit dem Patentreff kombiniert.

Luv Die dem Wind zugekehrte Seite.

luvgierig Ein Boot, das die Eigenschaft hat, ständig in den Wind zu drehen.

M

Marlspieker Ein starker Stahldorn, zum Arbeiten mit Drahttauwerk, hauptsächlich jedoch zum Öffnen festgefressener Schäkelbolzen verwendet.

Mastspur Eine Ausnehmung im Kielschwein oder ein Beschlag, der den Mastfuß hält und mitunter in der Längsschiffsrichtung verstellt werden kann, um den Mast weiter nach vorne oder achtern zu trimmen.

N

Nock (die) Das Ende des Baumes, nicht aber des Mastes. Das heißt Topp. Auch die Enden der Kommandobrücke auf Großschiffen werden als Brückennock bezeichnet.

O

Ösfaß Gefäß zum Wasserschöpfen (ösen), meist aus Kunststoff.

P

Patenthalse Unfreiwilliges Halsen, verursacht durch Unaufmerksamkeit des Rudergängers oder starkes Gieren oder Rollen des Bootes. Auf Jollen kann sie leicht zum Kentern führen, auf schweren Kielyachten zu Bruch in der Tagelage.

Patentreff (auch Rollreff) Die Segelfläche wird verkleinert, indem man das Tuch auf den Baum wickelt.

Persenni(n)g (die) Eine wasserdichte Abdeckplana für die Segel, das Cockpit oder das ganze Boot.

Pinne (auch Ruderpinne) Waagerechter Hebelarm am Kopf des Ruderschaftes, oft klappbar. Gelegentlich wird das Steuern auch als Pinnieren bezeichnet.

Plicht (die) Seltenere Bezeichnung für das Cockpit, der Vertiefung im Deck, in der die Crew, die Besatzung, sitzt.

Poller (der) Starker, kurzer Pfahl aus Holz, Metall oder auch Stein zum Festmachen von Leinen an Land. Auch die kleineren Versionen an Deck heißen Poller. Man unterscheidet, je nach Form, einfache, Doppel-, Kreuz- und Doppelkreuzpoller.

Protest Einspruch einer Yacht gegen eine andere, die in einer Regatta gegen die Wettsegelbestimmungen verstoßen hat. Er wird durch eine Protestflagge angezeigt.

pullen Seemännische Bezeichnung für rudern.

Pütting (das; auch Rüsteisen) Beschlag, mit dem die Wanten am Bootsrumpf befestigt sind.

R

raumen Eine günstige Winddrehung mehr nach achtern. (Gegensatz: schralen.)

reffen Ein Segel verkleinern.

Regatta Ursprünglich die venezianische Bezeichnung für das Wettrudern der Gondolieri, heute zum Begriff für segelsportliche Wettkämpfe geworden. Eine Regatta umfaßt im allgemeinen mehrere Wettfahrten, die an einem Tag hintereinander oder auf mehrere Tage verteilt ausgetragen werden.

Reitbalken Eine quer übers Cockpit laufende Strebe, unter die man beim Ausreiten des Bootes die Füße haken kann.

Riemen Seemännischer Ausdruck für „Ruder" mit denen nicht gerudert, sondern gepullt wird.

Rigg (das) Moderne Bezeichnung für Takelage. Sammelbegriff für Masten, Bäume, stehendes und laufendes Gut. Entsprechend wird eine Yacht „geriggt" oder „aufgeriggt".

rollen Die Bewegung einer Yacht im Seegang um ihre Längsachse.

Ruder Seemännischer Ausdruck für „Steuer", auch „Rohr" genannt. Verballhornung des flämischen Roer. Man steuert mit dem Ruder. Jollen haben meist einen Steuermann, Yachten dagegen einen Rudergänger.

Ruderblatt Der unter Wasser befindliche Teil des Ruders.

Rumpfgeschwindigkeit Jedes Schiff hat eine konstruktiv bedingte Rumpfgeschwindigkeit, die es nicht überschreiten kann. Sie ist leicht zu errechnen: Wurzel aus der Wasserlinienlänge in Metern x Faktor 2,43 = Geschwindigkeit in Knoten. Nur bei Gleitfahrt wird die Rumpfgeschwindigkeit überschritten.

Rundspanter Boote, deren Rümpfe einen runden Querschnitt haben. Er kann sehr schmal oder auch extrem breit sein. (Gegensatz: Knickspanter.)

Rüsteisen Pütting (s. dort)

Rutscher (auch Schlitten) Gleitschuh am Vorliek eines Segels, der in der Gleitschiene an der Rückseite des Mastes läuft.

S

Saling (die) Waagerechte Streben am Mast, die im oberen Bereich die Wanten abspreizt, um eine bessere Mastverspannung zu erzielen.

Schäkel (der) Durch Schraub- oder Steckbolzen verschließbare Metallbügel unterschiedlicher Größen und Stärken, um stark beanspruchte Teile an Bord miteinander zu verbinden. Beispielsweise den Anker mit der Kette oder das Fall mit dem Segel.

schamfilen Scheuern, reiben.

scheren 1. Ein Ende durch einen Block, ein Auge oder eine Leitöse führen. – 2. Im Sinne von „laufen". Ein Schiff schert aus dem Kurs.

schiften Den Baum von einer Seite auf die andere nehmen.

Schlag Die zwischen zwei Wendemanövern beim Kreuzen zurückgelegte Strecke.

schlingern Eine periodische Bewegung um die Längsachse.

Schot (die) Leine zum Regulieren der Segelstellung. Entsprechend Fockschot, Großschot oder Spinnakerschot.

Schothorn Die hintere untere Ecke eines Segels.

Schotring Ein runder Bügel am Großbaum, an dem die Schot angreift.

schralen Eine ungünstige Winddrehung mehr nach vorne. (Gegensatz: raumen.)

schricken Etwas fieren. „Einen Schrick in die Schot geben".

Schwell (der) In Häfen hineinstehende schwache Dünung. Von vorbeifahrenden Schiffen verursachter Wellenschlag.

Schwert Senkrecht in einem Schwertkasten steckende Platte auf Jollen, die beim Segeln der seitlichen Abdrift entgegenwirkt. Es gibt Steckschwerter und drehbar gelagerte Senkschwerter.

schwojen Das Pendeln eines Bootes um seinen Anker oder seine Muring, hervorgerufen durch Wind oder Strom.

Seemeile (sm) Sie ist 1852 m lang. Das entspricht der Länge des 60. Teiles eines Längengrades, also einer Längen- oder Meridianminute. In der Seefahrt werden alle Entfernungen in sm angegeben.

slippen 1. Das Zuwasserbringen eines Bootes auf einem Slip, einer Bootsrampe. – 2.Schnelles Loswerfen einer Leine. „Auf Slip belegen."

Spant (das; Mehrz.: Spanten) Die Quer- und Längsrippen eines Schiffes. Der Kunststoff-Bootsbau kommt weitgehend ohne sie aus. Längsspanten werden auch Stringer genannt.

Spiegel Der Abschluß des Hecks. Ist er einwärts geneigt, spricht man von einem einfallenden Spiegel, bei Neigung nach auswärts entsprechend von einem ausfallenden.

spleißen Das dauerhafte Verflechten von Tauwerk. Entweder um zwei Enden miteinander zu verbinden oder um ein Auge zu bilden.

Spring Zusätzliche Festmacheleinen zu der Vor-und Achterleine, die eine Bewegung des Bootes in der Langsrichtung verhindern. Die Vorspring verläuft vom Vorschiff schräg nach hinten, die Achterspring vom Achterschiff nach vorne.

Stag (das) Drahttauwerk zum Abstützen und Versteifen der Masten nach vorne und achtern. – Über Stag gehen, dasselbe wie wenden.

Stander 1. Für bestimmte Zwecke fertig gespleißtes Drahtende, z.B. der Bojenstander. – 2. Kurze dreieckige Flagge (Vereinsstander), im Gegensatz zum Wimpel, der auch dreieckig, aber lang und schmal ist.

Steuerbord (Stb) In Fahrtrichtung gesehen die rechte Seite eines Bootes. Rechts.

Steven Vorderer und hinterer Abschluß des Bootsrumpfes, entsprechend Vor- und Achtersteven.

Stringer Versteifung des Bootsrumpfes in Längsrichtung (s. Spanten)

T

Takelage Sammelbegriff für Masten und Bäume, stehendes und laufendes Gut. Moderne Bezeichnung: Rigg

Takelung Die Art und Weise, wie ein Boot getakelt oder geriggt ist: Slup, Kutter, Ketsch usw.

Tamp(en) Die beiden Enden einer Leine (seemännisch: eines Endes).

Tide (die) Eine Tide oder auch Gezeit umfaßt Flut und Ebbe. Sie reicht von einem Niedrigwasser über das Hochwasser zum darauffolgenden Niedrigwasser.

Tonne Bezeichnung von „schwimmenden Seezeichen". Je nach ihrer Form bezeichnet man sie als Baken-, Spieren-, Spitz-, Stumpf-, Kugel oder Faßtonnen. Unter den Bakentonnen gibt es wiederum Heul-, Leucht- und Glockentonnen.

Topp Spitze des Mastes

Toppnant Aufholer für den Spinnakerbaum.

Törn 1. Eine Segelfahrt. – 2. Ein ungewollt in eine Leine eingedrehtes Auge. Eine vertörnte Leine = unklare Leine.

Trailer Ein- oder doppelachsiger Bootsanhänger. Bis zu einer Achsbelastung von 375 kg kann er ungebremst sein, darüber hinaus muß er eigene Bremsen haben.

Trapez Ein auf Rennjollen oben im Mast befestigter Draht mit einem Gurt, in dem sich der Vorschotmann weit nach Luv aus dem Boot hängt, um als „lebender Ballast" die Stabilität zu erhöhen.

Traveller (engl. Laufkatze) Genaugenommen der Schlitten, an dem der Großschot-Fußblock auf einer Schiene oder einem Rohr gleitet. Inzwischen aber hat sich die Bezeichnung für die gesamte Einrichtung eingebürgert, die dem besseren Trimm des Großsegels dient.

trimmen (der Trimm) Alle Maßnahmen, die ein Boot schneller machen und sein Seeverhalten verbessern.

U

über Stag gehen Eine andere Bezeichnung für „wenden".

V

verholen Ein Schiff mit Leinen von einem Platz zu einem anderen bringen.

Verklicker Drehvorrichtung für einen Stander am Masttopp zur Windrichtungsanzeige.

Verstagung Dasselbe wie „stehendes Gut". Sammelbegriff für die Masthalterungen: Vor- und Achterstag und Wanten.

Vorschiff Der vor dem Mast liegende Teil eines Bootes. Entsprechend das Vordeck.

Vorschoter Derjenige, der nicht steuert, sondern die Vorschot bedient.

Vorsegel Alle Segel vor dem Mast, also Fock, Genua, Klüver, Spinnaker.

W

Want (das; Mehrz.: Wanten) Das stehende Gut rechts und links vom Mast. Kleine Boote haben nur ein Wantenpaar, größere Yachten mehrere (Topp-, Ober-und Unterwanten).

wenden Mit dem Bug durch den Wind gehen.

Wirbelschäkel Schäkel mit einem drehbaren Auge oder drehbar verbundene Doppelschäkel.

wriggen (auch wricken) Ein Ruderboot mit einem Riemen am Spiegel durch schraubenartige Bewegung vorwärtsbewegen.

Y

Yardstick Von dem Engländer Zillwood Milledge 1951 ausgeknobelte Handikap-Methode, nach der Jollen und Yachten, Einrumpf- und Mehrrumpfboote gegeneinander segeln können. Jedes Boot erhält eine empirisch ermittelte Yardstick-Zahl, durch die die gesegelte Zeit geteilt wird.

Z

zeisen Zusammen- oder anbinden, etwa aufgetuchte Segel. – Beschlag-Zeiser = Bänder zum Zeisen der Segel.

zurren Zusammenschnüren, festbinden. Etwas seefest zurren.

Stichwortverzeichnis